APPLICATIONS NOUVELLES

DE LA

SCIENCE ET DE L'INDUSTRIE

A L'ART DE LA GUERRE.

APPLICATIONS NOUVELLES

DE LA

SCIENCE ET DE L'INDUSTRIE

A L'ART DE LA GUERRE.

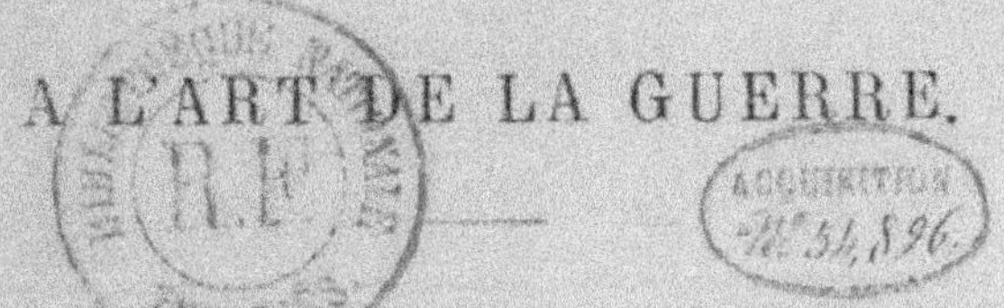

TÉLÉGRAPHIE MILITAIRE. — AÉROSTATION. — ÉCLAIRAGE DE GUERRE. — INFLAMMATION DES MINES.

PAR

H. WAUWERMANS,

Capitaine en premier du Génie, Chevalier de l'Ordre Léopold.

« Les plus ingénieuses, les plus brillantes inventions
» de la paix, celles qui séduisent le plus les yeux et l'es-
» prit, parce qu'elles ont réussi dans les garnisons,
» échouent misérablement dans la guerre, quand elles
» manquent de simplicité et quand la pratique ne les a
» pas conseillées. »

Général TROCHU.

PARIS,

CH. TANERA, ÉDITEUR,

LIBRAIRIE POUR L'ART MILITAIRE, LES SCIENCES ET LES ARTS,

Rue de Savoie, 6.

1869

A M. Charles de Bériot,

Membre de l'Académie Royale de Belgique, &c. &c.

C'est chez vous à Paris en 1867, *cher Oncle, c'est dans nos bonnes causeries, où vous vous plaisiez à vous faire rendre compte des merveilles de l'Industrie rassemblées au Champ-de-Mars, que l'idée m'est venue d'écrire ce petit ouvrage. Le placer sous le patronage d'un nom illustré dans les Arts est peut-être afficher une prétention que mon livre ne justifie pas; mais je ne puis résister au plaisir de vous offrir ce témoignage de mon affectueux dévouement.*

H. Wauwermans.

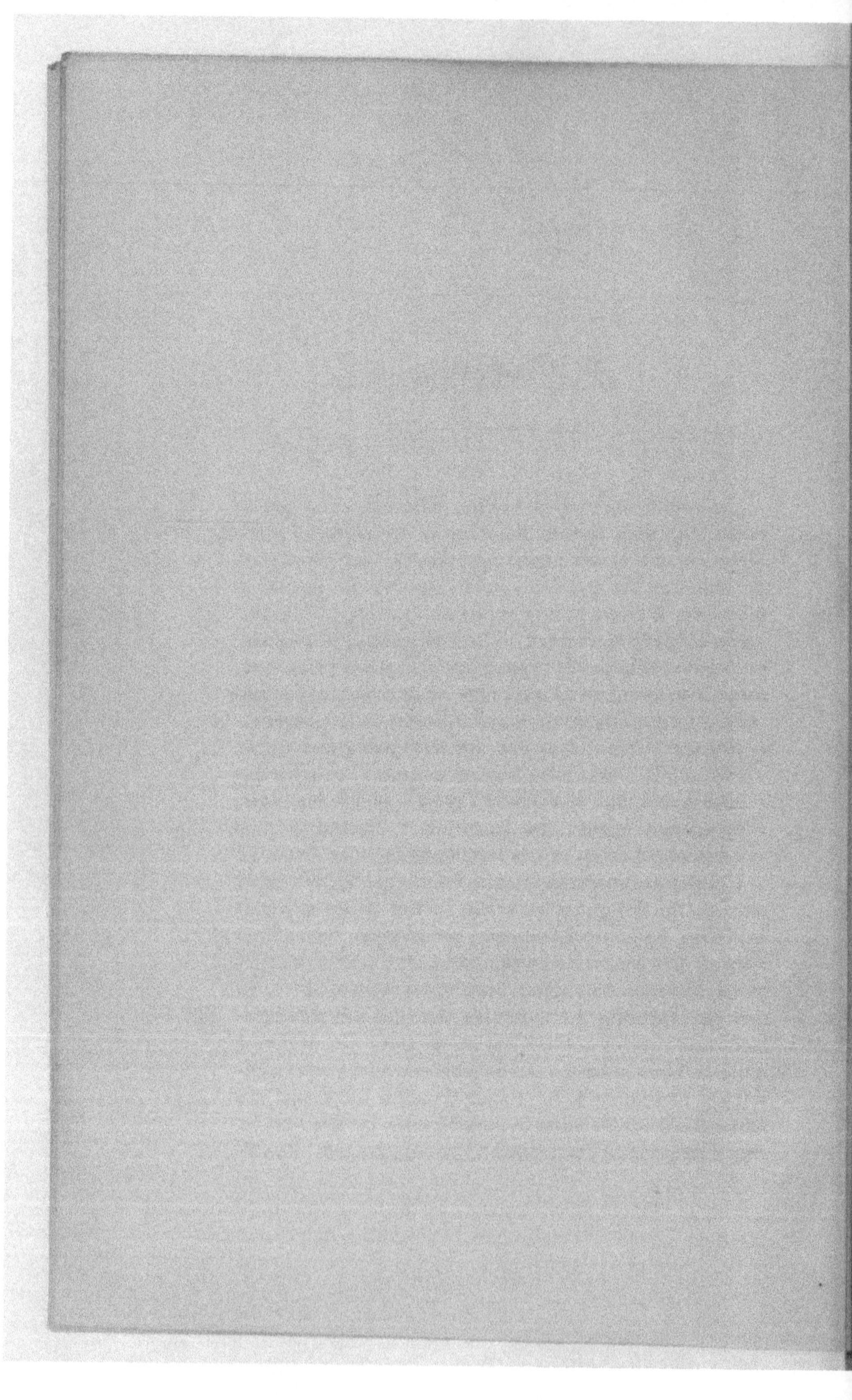

PRÉFACE.

Les travaux des troupes du génie sont, en général, peu ou mal connus dans l'armée. Beaucoup de militaires ne considèrent ces troupes que comme des brigades d'ouvriers chargés de l'entretien des fortifications. Ils ignorent les travaux si difficiles et si divers qu'elles apprennent à exécuter dans leur polygone. Tout récemment, un officier général, très-éclairé, proposait en Belgique d'y suppléer par des soldats d'infanterie, proposition singulière dont la contre-partie seule serait admissible. « Le désir de rester dans les limites de la plus stricte » économie, lit-on dans les *Annales parlementaires* de » 1867-1868, a déterminé le gouvernement à ne créer que » deux compagnies spéciales (du génie), sauf à demander, » s'il en était besoin, des auxiliaires à l'infanterie pour » concourir à l'exécution des travaux de l'arme. » (Page 2.)

L'expérience prouve que, toutes les fois que les troupes du génie ont fait défaut, les travaux de l'armée ont été en grande souffrance. La guerre d'Amérique, par exemple, nous offre le spectacle d'un déploiement d'efforts immenses pour attaquer les places, détourner des rivières, détruire des chemins de fer : on crée par l'industrie des ressources nouvelles très-remarquables, mais tous ces travaux mal coordonnés, mal définis, à cause de l'absence des troupes du génie exercées, restent stériles. Les guerres de la Révolution française fournissent des faits semblables ; les belles troupes du génie formées sous les règnes de Louis XIV et de Louis XV se désorganisent ; les officiers-ingénieurs préparés par de fortes études à l'avénement des idées libérales, se hâtent de chercher une carrière plus brillante dans l'infanterie, où les vides produits par l'émigration leur permettent d'occuper des commandements importants, et bientôt les opérations militaires se ressentent du défaut de sapeurs. A Anvers, par exemple, en 1792, les capitaines Senermont, Dejean, Marescot, qui débutaient dans leur brillante carrière, furent obligés de remplacer les sapeurs par de l'infanterie en ajoutant les fatigues des travaux d'école à celles du siége. Avant d'envoyer à la tranchée ces sapeurs improvisés, ils étaient exercés dans un endroit couvert, hors de la portée des projectiles, à construire des communications, des parallèles, etc. En Espagne, les Anglais ne suppléèrent aux sapeurs que par les sacrifices les plus douloureux. « Il n'existait aucun » corps de cette espèce dans leurs armées, dit le colonel John » Jones; il fallut donc renoncer à conduire les cheminements » à couvert, jusqu'au pied des murailles des places attaquées. » On dut perdre beaucoup d'hommes et de temps, en employant » des soldats de la ligne à pousser les tranchées assez près de » la place pour y établir des batteries de canons qui pussent » battre l'enceinte en brèche. Les troupes de ligne, officiers » comme soldats, dit le même auteur, n'avaient reçu aucune » instruction préliminaire pour la guerre de siége, et le peu » d'artificiers royaux militaires (sapeurs-mineurs) qui s'y » trouvaient étaient aussi neufs que les autres, dans ce genre » d'opérations; de sorte qu'un officier du génie se trouvait » souvent seul pour diriger un corps nombreux d'hommes » qui tous ignoraient comment ils devaient exécuter ce qui » leur était ordonné. Comme cet officier ne pouvait se multi- » plier pour le leur indiquer à tous ensemble, on perdait » nécessairement plus de temps et cette perte de temps nous » coûtait beaucoup d'hommes, surtout là où l'on avait des loge- » ments à faire sous un feu très-rapproché. Le soldat, qui » était incapable de remonter aux causes pour lesquelles nous » avions tant d'hommes sacrifiés, pensait que cela était inhé-

» rent à ce genre de travaux, et, ne croyant pas qu'il y eût
» remède au mal, il faisait tout à contre-cœur. Ce défaut
» d'énergie dans le travail décuplait la perte d'hommes et de
» temps. »

La proposition de suppléer aux troupes d'infanterie par des troupes du génie bien exercées serait plus raisonnable, comme le fait observer le général Burgoyne. Dans la *Military opinion of general sir John Fox Burgoyne*, publiée en 1859, par le capitaine Wrottesley, on lit que, suivant l'opinion de cet illustre vétéran des guerres de Péninsules, les troupes du génie sont représentées par un effectif trop faible, dans toutes les armées européennes, tandis que leur utilité augmente chaque jour. Jamais général ne s'est plaint d'en avoir trop ; le duc de Wellington a maintes fois exprimé le regret de n'en pas avoir assez, et cela se conçoit : les soldats du génie, alors qu'ils n'exécutent pas les travaux spéciaux pour lesquels ils sont particulièrement aptes, peuvent se servir du fusil tout aussi bien que la meilleure infanterie. Aussi à Waterloo, et plus récemment à Inkermann, les troupes du génie ont été employées en ligne avec succès.

Ce fut à la fin du siècle dernier que l'on commença à armer les troupes du génie comme l'infanterie, et, dès l'adoption du fusil, elles eurent l'occasion de montrer leur valeur dans le double rôle qui leur était assigné. Une compagnie de sapeurs soutint à peu près seule les attaques de l'avant-garde de l'archiduc Charles, à Stockach, le 21 mars 1799, et protégea la retraite de l'armée française. « La retraite se fit avec le plus
» grand ordre, dit le général Jourdan, et fut particulièrement
» soutenue par la 7e compagnie du 3e bataillon de *sapeurs*,
» qui, après avoir coupé, sous le feu de l'ennemi, les ponts qui
» sont sur l'Ostrach, combattirent comme grenadiers. » A Krasnoï, en 1812, une compagnie de sapeurs, sous les ordres du lieutenant Poncelet, qui devait dans la suite s'illustrer par ses travaux mathématiques, chargea héroïquement les batteries russes qui enfilaient la route.

Si les services des troupes du génie sont, en général, mal connus de l'armée, cela tient surtout à l'éloignement dans lequel on les tient des autres corps avec lesquels elles n'ont qu'exceptionnellement des rapports. Rarement elles participent aux réunions de manœuvre, et encore, dans ce cas, leurs services sont-ils peu appréciés. Dans ces circonstances, dit le capitaine du génie français Heydt, « ces troupes ne sont pas » toujours employées d'une manière judicieuse. On ne voit » que trop souvent les sapeurs relégués dans le rôle de » terrassiers; pour s'en débarrasser, on leur fait construire » des ouvrages inutiles qui absorbent beaucoup de temps et » n'ont pas le moindre rapport avec le but général des ma- » nœuvres. Heureux quand ils ne sont pas chargés des der- » nières corvées du camp! »

La tendance de l'artillerie de se suffire à elle-même en s'isolant des autres armes dans tous les services, notamment dans la construction des batteries, qui appartient essentiellement aux sapeurs (1), a eu également pour résultat d'écarter les troupes du génie des rassemblements de cette arme et de les priver complétement de l'expérience des polygones de tir. Une excellente mesure prescrit, il est vrai, depuis peu d'années, qu'un capitaine et quelques lieutenants du génie assisteront aux expériences de Brasschaet, mais ils n'y sont admis que par tolérance et sans *pouvoir siéger dans les commissions*.

L'éloignement des officiers du génie, pendant la paix, de tous les travaux purement militaires, outre qu'il a le fâcheux résultat de faire méconnaître leurs services par les autres

---

(1) Ce ne fut qu'à partir de 1703 que la construction des batteries fut enlevée aux troupes du génie. En Angleterre, ces travaux leur sont encore réservés et le général Burgoyne a beaucoup insisté sur les avantages de cette méthode. Il en est de même en Espagne, où elles construisent les batteries de siége, et en Italie, où elles exécutent les batteries blindées et concourent avec l'artillerie à la construction de toutes les autres batteries.

armes, a encore celui de leur faire dédaigner la partie militaire, la plus essentielle de leur art, pour lui préférer exclusivement les travaux qui se rapprochent de ceux du génie civil. Les suffrages des chefs appartiennent à ceux qui construisent habilement une écluse, un pont, et les qualités militaires ne sont que trop dédaignées. Puis, lorsqu'arrive la guerre, au lieu de ce courage froid et calme, si nécessaire à l'exercice de son art, l'ingénieur militaire s'efforce de montrer par sa témérité que son courage n'est inférieur à celui d'aucun de ses camarades des autres armes, et, dans son imprudence, il compromet des vies précieuses qu'il avait la mission de protéger. « Dans les tranchées de Sébastopol, nous disait un officier d'infanterie français, témoin oculaire, nos officiers du » génie furent bien plus remarquables par leur témérité et » leur audace que par les travaux qu'ils firent exécuter. Nous » leur reprochions de vouloir prouver un courage dont aucun » de nous ne pouvait douter. De là les pertes immenses que » fit l'arme du génie. » Les mêmes causes amènent toujours les mêmes effets : une ordonnance de 1744, glorieuse pour le corps du génie, prescrivait aux ingénieurs de ne se rendre à la tranchée qu'armés de la cuirasse et du pot en tête, *sous peine d'être renvoyés de l'armée à leur résidence.* « Il y a » deux sortes de bravoure, dit Carnot : l'une est ce bouillant » courage qui fait oublier le danger, lorsque la mort vous » environne de toute part, qui est soutenu par la présence » de ceux qui partagent le péril, qui s'augmente par le bruit » des armes; c'est celui du guerrier qui vole à la victoire! » Celui de l'officier du génie doit être bien différent. Il est » au milieu du péril, mais il est seul et dans le silence; il » voit la mort, mais il faut qu'il l'envisage de sang-froid; il ne » doit point courir à elle, comme le héros des batailles, mais » la voir venir tranquillement; il se porte où la foudre éclate, » non pour agir, mais pour observer; non pour s'étourdir, » mais pour délibérer. »

La tendance peu militaire qui résulte de notre système

d'instruction des ingénieurs (1) a attiré, dans ces dernières années, l'attention de plusieurs écrivains militaires; on lui a attribué la décadence de l'art de la fortification, et, en présence des progrès de l'artillerie, on a conseillé de réunir les deux corps, artillerie et génie, en un seul. Sans admettre une mesure aussi radicale, condamnée d'ailleurs par l'expérience, nous croyons qu'on peut atteindre le même résultat par une distribution plus équitable des services, de manière à détruire les sentiments d'antagonisme qui se produisent souvent entre les deux armes (2) en les obligeant à des réunions plus fréquentes dans lesquelles elles puissent se prêter un concours réciproque. De telles réunions seraient très-favorables aux progrès de l'art, ainsi qu'il est facile de le montrer.

L'instruction annuelle des troupes du génie se divise en deux périodes bien distinctes : la *période de détail*, où l'on enseigne au soldat les procédés élémentaires de son art, et la *période d'ensemble*, où on lui montre, par l'exécution d'un épisode de siége comprenant les principaux détails d'approche, de tranchées et de batteries, le moyen de combiner les éléments de détail pour former une attaque. Il a été admis en Belgique, il y a quelques années, que cette seconde période du travail annuel consiste alternativement en un simulacre d'attaque de sape et un simulacre de guerre souterraine. Cette période d'ensemble doit se rapprocher autant que possible des travaux de guerre, et c'est pourquoi, dans la plupart des pays, on a placé les troupes du génie dans des garnisons

---

(1) Cette tendance se traduit chez nous par l'abandon complet des principes de la *hiérarchie d'emploi* ou *de fonction* indiquée dans notre règlement organique du 14 janvier 1815. Cette hiérarchie, intimement liée à celle *du grade et de l'ancienneté* religieusement respectée en France, même dans les plus mauvais temps de la période révolutionnaire (*voir* décret du 29 septembre 1800) prévient de douloureux froissements d'amour-propre et assure la récompense aux services rendus.

(1) Voir, dans le *Spectateur militaire* de 1866, la polémique soulevée au sujet de l'ouvrage du général De Blois.

où se trouve aussi de l'artillerie, qui concourt à cette partie de leur instruction. Rien ne serait plus facile que de réaliser le même résultat chez nous : tandis que l'artillerie serait appelée à participer chaque année aux travaux d'ensemble des troupes du génie au polygone d'Anvers, des compagnies du génie seraient désignées, à tour de rôle, pour se rendre au polygone de Brasschaet, afin de seconder l'artillerie dans l'exécution de batteries de siége, de blindages, etc. « Une telle » mesure serait excellente, dit le capitaine Heydt, pour rap- » procher deux services destinés à se retrouver dans les » siéges et dont les travaux ont une corrélation intime. Tout » progrès de l'une des armes réagit sur l'autre ; il est donc » indispensable qu'elles se familiarisent avec le matériel qui » sert à chacune d'elles. »

D'un autre côté, puisque l'on est d'accord pour reconnaître la nécessité de pouvoir employer les troupes du génie, au besoin, comme infanterie (1), nous croyons qu'il conviendrait de les faire concourir de temps à autre aux grandes manœuvres, comme troupe d'infanterie, et de les appeler à profiter de l'instruction qui en résulte. Les armes spéciales pourraient réclamer, en retour, que, de temps à autre, les travaux du camp d'instruction se transformassent en un camp d'artillerie, sous les ordres d'un officier général de leur arme, dans lequel on exécuterait, avec le concours des autres armes, des travaux d'ensemble de siége analogues à ceux qui ont été exécutés en France, en Prusse, en Autriche, à Saint-Omer, à Juliers, à

(1) En Belgique, ce principe est loin d'être généralement admis. Beaucoup d'officiers sont opposés à l'armement des troupes du génie comme infanterie, à cause des abus auxquels il a entraîné, en les assimilant à l'infanterie pour le service des gardes, les manœuvres, etc., sans égard pour le temps considérable qu'exige leur instruction spéciale. Ce n'est pas par une faute que l'on parvient à corriger une autre faute, et nous croyons qu'il suffira de faire mieux apprécier l'importance de leurs services pour détruire les abus signalés. C'est là le résultat qu'il est avant tout utile de chercher à atteindre.

Neiss, etc. (1). De tels travaux d'ensemble détruiraient bien des préjugés à l'égard des troupes du génie et permettraient d'apprécier les qualités militaires de leurs chefs.

Sans avoir la prétention d'atteindre à un résultat aussi élevé, nous avons essayé, dans la limite de nos forces, de vulgariser dans l'armée les travaux des troupes du génie, en publiant dans le *Journal de l'Armée* une série d'études sur les applications nouvelles de la science et de l'industrie à l'art de la guerre. Dans ce travail, nous nous sommes efforcé de faire remarquer combien leur importance, ainsi que le dit le capitaine Heydt, « doit nécessairement s'élever avec le pro- » grès de la civilisation, car plus la civilisation crée de tra- » vaux d'art, plus on en détruira dans les guerres futures. »

Cette revue des progrès réalisés de nos jours dans les arts militaires conduit, d'ailleurs, à une conclusion inattendue qu'il importe de faire remarquer, car elle répond d'une manière péremptoire à ceux qui considèrent les armées comme une *force morte et improductive*. Elle prouve que la plupart des grandes inventions modernes, dont nous nous enorgueillissons avec tant de raison, a pris naissance dans les armées. La

---

(1) Nous croyons que le *roulement* des *travaux d'ensemble* des troupes du génie devrait être établi par périodes sexennales, comme suit :

1re année. Attaque de sape avec le concours de l'artillerie.

2e année. Guerre souterraine —

3e année. Camp d'instruction comme infanterie.

4e année. Attaque de sape comme ci-dessus.

5e année. Guerre souterraine —

6e année. Camp d'artillerie sous le commandement alternatif d'un général d'artillerie et d'un général du génie, avec le concours d'une division d'infanterie.

Le milicien, présent pendant trois années sous les armes, assisterait, par conséquent, à chacune de ces variétés d'instruction.

télégraphie, l'imprimerie n'ont pas d'autre origine, et, de notre temps, l'industrie métallurgique doit d'immenses progrès aux efforts faits pour perfectionner l'artillerie. Le génie de l'homme excité par les grandes passions devient naturellement créateur. « Une longue paix perfectionne les arts et les » talents, dit Ancillon ; la guerre, donnant une forte impul- » sion aux esprits, fait inventer et découvrir. » — « Les » sacrifices faits en faveur de l'armée, dit le maréchal de » camp espagnol Osorio, rejaillissent en grands avantages » pour le pays. (Los sacrificios que se hagan en favor de » ejercito, refluyen en grandes beneficios para el pais.) » — Perfectionner la guerre c'est répondre à un besoin de la civilisation, c'est conserver un foyer de passions généreuses et désintéressées au milieu du bien-être matériel créé par l'industrie, qui énerve et corrompt les caractères.

Elle répond aussi à un besoin militaire de nos jours. « Le » temps, avec les enseignements et les redressements qu'il » apporte, dit le général Trochu, a fait justice, dans le » monde moderne, de cet esprit étroit qui conduisait autre- » fois les gouvernements à cacher, avec un soin jaloux, les » secrets à l'aide desquels ils prétendaient assurer le triomphe » de leurs armées, de leur commerce, de leur industrie, etc. » A présent que les nations, au lieu de se renfermer chez » elles, vivent en état d'échanges continuels, au milieu des » informations d'une publicité illimitée, le mystère à l'égard » des inventions nouvelles et des perfectionnements de toute » sorte est à la fois inutile et impossible. On sait aujourd'hui » ou on saura demain. C'est la loi des temps. Les armées » bien avisées seront celles qui, mettant cartes sur table, » soumettront leurs voies et moyens à la discussion la plus » étendue, par comparaison avec les voies et moyens des » autres armées *qu'elles auront l'obligation d'étudier avec* » *soin.* »

Les encouragements bienveillants que ces études nous ont valus de la part de quelques-uns de nos camarades belges et étrangers et de plusieurs revues militaires, nous engagent aujourd'hui à rassembler la première série en volume, en la complétant.

Anvers, janvier 1869.

H. W.

TÉLÉGRAPHIE MILITAIRE.

Trois éléments tendent à modifier le système des guerres modernes, sinon dans leur principe du moins dans leurs détails : la longue portée des armes, — le chemin de fer, — le télégraphe.

Le perfectionnement des armes fait l'objet des études de l'artillerie, et chacun connait les immenses progrès accomplis pendant ces dernières années dans cette branche de l'art militaire. L'emploi du télégraphe et des chemins de fer dans les opérations de la guerre commence à préoccuper également beaucoup d'ingénieurs. Plusieurs armées européennes possèdent déjà des corps spéciaux exercés à réparer et à desservir les lignes du réseau civil qu'elles peuvent rencontrer sur le théâtre de leurs opérations stratégiques et à construire des lignes auxiliaires, pour le compléter éventuellement. La Belgique, à son tour, va entrer dans cette voie :

La commission mixte d'organisation militaire de 1867 propose l'institution d'une compagnie du génie, qu'elle a désignée sous le nom de *compagnie spéciale*, et qu'il conviendrait de nommer *compagnie d'électriciens*, analogue à un corps institué, déjà depuis plusieurs années en Russie, sous le nom de *compagnie galvanique*. Elle a pour but la préparation et l'emploi de tous les appareils militaires fondés sur l'électricité : le *télégraphe*, les *mines sous-*

marines, l'*éclairage électrique*, auxquels viendront se joindre, sans doute, la fabrication et l'emploi des *moyens d'enflammer les mines*, dont l'électricité constitue aujourd'hui la base essentielle.

Il n'est pas sans intérêt d'étudier le présent et l'avenir de cette création nouvelle. Nous nous bornerons dans cette première étude à la *télégraphie militaire*. Nous jetterons un coup d'œil rapide sur les organisations de ce service proposées dans les divers pays et sur les types d'appareils et de matériel qui sont déjà en usage ; plusieurs ont été popularisés par l'Exposition universelle de Paris en 1867 ; puis nous chercherons, en nous basant sur l'expérience des dernières guerres, à distinguer entre ces types ceux auxquels il convient de s'arrêter.

I

La télégraphie a déjà reçu de nombreuses applications à la guerre. Sans remonter dans l'histoire du passé de la télégraphie, elle renaît en 1794, par la construction d'une grande ligne aérienne destinée au service civil de Paris à Lille, par l'abbé Chappe. Cette ligne débuta comme auxiliaire des opérations militaires ; l'heureux inventeur eut la bonne fortune de l'inaugurer par l'envoi à Paris d'une dépêche annonçant une victoire : « *Reprise de Condé sur les Autrichiens* : » à laquelle l'Assemblée constituante répondit : « *L'armée du Nord a bien mérité de la patrie.* » Ce succès valut à Chappe le brevet de lieutenant du génie.

A la même époque, le capitaine du génie Coutelle introduisait également l'emploi de l'aérostation dans les armées. Pendant la bataille de Fleurus, un aérostat captif lui permit d'observer les mouvements de l'ennemi, qu'il faisait connaître au quartier général par des signaux télégraphiques exécutés au moyen de drapeaux (1).

---

(1) Le comité de salut public avait institué une commission composée de Monge, Berthollet, Fourcroy, Guyton-Morveau, Carnot et d'autres savants, chargée d'appliquer au progrès des opérations militaires les découvertes de la

Toutes les puissances s'efforcèrent d'imiter ces intéressantes expériences, et divers systèmes de télégraphie militaire furent proposés. Parmi ceux-ci nous citerons les systèmes du major-général Money et du lieutenant-colonel Mac Donald, des ingénieurs royaux en Angleterre, du colonel du génie Reveroni de Saint-Cyr, en France. Le lieutenant-colonel Perronet-Thompson proposa même de créer pour le service des télégraphes un *corps de télégrapheurs à pied et à cheval*.

Au nombre des applications les plus remarquables de la télégraphie militaire à cette époque, nous citerons les signaux exécutés au moyen de fusées, à Glogau, en 1815; les postes télégraphiques construits par les Anglais dans les lignes de Torrès-Vedras en 1809, basés sur l'emploi de signaux imités de ceux en usage dans la marine; enfin, la correspondance télégraphique établie par les Français en Afrique dès 1830 et destinée à relier entre eux les divers points de la colonie.

On peut citer de nombreuses applications de la télégraphie à la guerre, mais ce ne fut réellement qu'à partir de l'invention du télégraphe électrique que ce mode de correspondance devint d'un usage général.

En 1845, le major Fallot proposait déjà son emploi en Belgique, et en 1849 le capitaine Navez créait un système de télégraphe électrique destiné au service spécial du polygone de Braeschaet. Mais l'honneur revient, paraît-il, à la Suisse d'avoir, avant les autres nations, appliqué cette importante découverte au service des armées en campagne : les premières expériences en furent faites dans les camps d'instruction en 1854.

Depuis, on ne peut citer aucune guerre de quelque importance où l'on n'ait pas fait un usage stratégique des télégraphes électriques. Les Français et les Anglais en firent établir en Crimée, par l'administration civile; le major anglais Stockes y organisa même pour l'armée turque un matériel de télégraphe portatif.

Pendant la guerre de l'Inde, le télégraphe électrique portatif, qui fut adopté dans l'armée anglaise, rendit d'immenses services

---

science. Cette commission patronna puissamment l'idée d'employer la télégraphie et l'aérostation dans les armées.

sous l'habile direction du major Stewart, des ingénieurs du Bengale.

Pendant les campagnes de Chine, du Maroc, d'Italie, on a fait usage de télégraphes électriques pour relier le quartier-général à la base d'opérations et assurer constamment les services des approvisionnements, quelquefois très-difficiles. La guerre du Schleswig démontra l'importance des télégraphes électriques de campagne, organisés également par les Prussiens et les Autrichiens, à l'imitation des Anglais. Aux États-Unis, ce service reçut une énorme extension et rendit des services incalculables; il y suppléa souvent au défaut d'organisation de l'armée improvisée pendant la guerre.

Lors de la campagne de l'Italie méridionale de 1860, deux corps italiens partis de Toscane et des Romagnes, opérant chacun sur un versant opposé des Apennins, purent exécuter leur jonction à Osino, afin de se porter sur Ancône, avec la même facilité que s'ils n'avaient pas été séparés par un obstacle infranchissable aux officiers d'état-major. Des communications électriques, construites à la hâte à Ancône, mirent le quartier-général en relation non-seulement avec les divers corps et Turin, mais encore avec la flotte. Au siége de Gaëte, on construisit plus de 40 kilomètres de lignes électriques.

Dans la guerre de 1866, le télégraphe électrique eut un rôle non moins important. Ce fut grâce à la rapidité de cette méthode de correspondance, que les deux armées prussiennes, opérant en Bohême et en Silésie, purent exécuter leur jonction décisive dans les champs de Sadowa.

Il est incontestable que la télégraphie constitue désormais une partie importante des opérations secondaires de la guerre.

Une question intéressante se présente tout d'abord pour l'organisation du service télégraphique. A quel corps de l'armée faut-il le confier, ou faut-il créer une arme nouvelle pour le desservir? D'après les traditions admises dans la constitution de l'armée, et si l'on ne considère que le but à atteindre, c'est-à-dire la *correspondance rapide*, le service télégraphique appartient à l'état-major; mais si l'on tient compte des travaux considérables que nécessite l'établissement des lignes, du matériel compliqué qu'elles exigent, du personnel indispensable pour les desservir, il n'est pas douteux que le service télégraphique doive être attribué au corps du génie, qui dispose de troupes exercées aux travaux de tous genres. Toutes les puissances de l'Europe ont résolu la question dans ce sens et confié la direction du service télégraphique aux troupes du génie, ou tout au moins à l'état-major de cette arme : la France, la Prusse, l'Autriche, le Hanovre, la Bavière, l'Italie, l'Angleterre. Aux États-Unis, la question a été résolue par la création d'un corps spécial de télégraphistes, complétement indépendant, mais on ne doit pas perdre de vue qu'au début de la guerre civile, la Fédération ne disposait réellement pas de troupes du génie; ce ne fut que plus tard, lorsque les ambassades envoyées en Europe eurent expédié en Amérique les meilleurs instruments fabriqués à l'usage des armées, que le corps de télégraphistes fut organisé par le général Morgan, au moyen d'ingénieurs civils et d'employés de télégraphes. Une telle organisation, toute de circonstance, n'est évidemment pas nécessaire dans les armées régulières où l'on trouve des officiers du génie instruits et parfaitement aptes à diriger la télégraphie militaire.

On est moins d'accord sur le mode à adopter pour la construction des lignes. Il faut distinguer dans le service télégraphique deux opérations importantes : la *construction des lignes* et les opérations de signaux ou la *correspondance*.

Pendant la campagne d'Italie, le service télégraphique de l'armée française confié à M. Lair, inspecteur de l'administration des télégraphes, fut organisé avec une rapidité remarquable, au moyen de brigades de *constructeurs* et d'*opérateurs*, prises dans l'administration civile et qui suivaient l'armée.

En Prusse, en Autriche, en Hanovre, où l'on a fait les premières expériences sur une grande échelle pour appliquer le télégraphe électrique militaire, les troupes du génie ont été exercées à la *construction* des lignes ; après leur construction, elles étaient remises aux employés de l'administration civile, pour la *correspondance*.

Pendant la guerre de l'Inde, l'Angleterre fut obligée d'employer les troupes du génie au double service de *constructeurs* et d'*opérateurs*; l'indépendance des administrations civiles appartenant la plupart à des sociétés privées, ne permettait pas de charger leurs employés de fonctions aux armées, comme on peut le faire sans difficulté dans les pays où cette administration appartient à l'État. Les puissances allemandes, dans ces dernières années, ont imité cette organisation.

Enfin, nous pouvons encore citer un quatrième système, adopté dans ces derniers temps en Belgique : des essais de télégraphie électrique ont été tentés en 1865 dans le camp retranché d'Anvers, au moyen de lignes *construites* par l'administration civile et desservies par des *opérateurs* militaires. Ce système, évidemment défectueux, et qui n'avait probablement d'autre but que de constater la possibilité de donner rapidement aux soldats l'instruction propre au maniement des appareils télégraphiques, ne peut être considéré que comme une transition pour préparer le système définitif.

Le système adopté en France est celui qui offre les meilleures garanties d'exécution, à cause de l'expérience des agents exercés qu'il emploie. Le courage n'est pas l'apanage exclusif des militaires, et l'expérience de la guerre d'Italie démontre que l'on peut trouver dans l'administration civile tout ce que l'on peut désirer aussi bien sous le rapport de la discipline que de l'énergie devant l'ennemi. Mais pour qu'une semblable organisation puisse répondre aux exigences de la guerre, dans un service où la moindre trahison peut entraîner les conséquences les plus graves, il faut soumettre les employés civils détachés aux armées à la puissance de la loi martiale. Rien n'empêche d'étendre aux employés du télégraphe de l'État les obligations des décrets de 1814 et du 20 juin 1851, qui imposent déjà aux ingénieurs civils des Ponts et Chaussées et des Mines le service militaire en cas de guerre ; mais il ne paraît pas possible d'étendre la même obligation aux ouvriers. Si, en cas de guerre, on peut compter sur des *opérateurs* civils, il n'en est donc pas de même des *constructeurs*. Il faut de toute nécessité que l'armée puisse se suffire à elle-même pour cette opération et qu'elle possède un corps spécial exercé à ce genre de travail, auquel on peut, d'ailleurs, adjoindre les ouvriers de bonne volonté de l'administration. On est ainsi ramené à adopter le système prussien et autrichien de la construction des lignes par la troupe.

Si l'on suit par l'imagination les mouvements d'une armée en campagne, on ne tarde pas à reconnaître que la question de l'organisation du service télégraphique se complique encore. Sur sa base d'opération elle pourra utiliser les télégraphes électriques de l'administration civile, si multipliés de nos jours, et y installer les opérateurs qu'elle mène à sa suite. Mais dès qu'elle arrivera à portée de l'ennemi, il est probable qu'elle trouvera les fils de ces télégraphes coupés, les appareils enlevés par les coureurs de son adversaire, et il lui faudra un matériel pour remplacer le matériel détruit. Jusqu'ici rien n'empêchera d'employer le télégraphe électrique; il suffira, pour parer à toutes les éventualités, de disposer d'un matériel suffisamment transportable pour la réparation des lignes. Si l'armée arrive enfin en présence de l'ennemi, des nécessités d'un autre ordre apparaissent. Il faudra créer à la hâte des lignes nouvelles pour relier le quartier-général sur le champ de bataille avec les lignes voisines et avec les divers corps de l'armée. Très-souvent le télégraphe électrique pourra suffire pour cette correspondance improvisée, mais il pourra arriver aussi qu'il soit impossible de relier les stations mobiles par des fils télégraphiques. Ce fil peut être exposé à être coupé avec trop de facilité par les partisans ennemis, ou bien les corps d'armée peuvent être séparés par l'ennemi ou par un obstacle qu'il est difficile de franchir. Il faudra alors recourir aux anciens procédés de la *télégraphie aérienne* ou aux *signaux acoustiques* qui permettent seuls l'usage de stations indépendantes. Ce cas se présenterait, par exemple, entre les forts d'un camp retranché où l'ennemi peut essayer de couper les fils électriques, soit en envoyant des partisans isolés, soit par une attaque vigoureuse, ainsi qu'il est arrivé dans les lignes fédérales devant Richmond aux État-Unis. Dans la guerre de l'Inde, lorsqu'on avait à franchir un fleuve de grande largeur qui eût exigé l'emploi d'un câble sous-marin, on rattachait souvent les lignes électriques entre elles par des postes aériens établis sur les deux rives. Les sémaphores des côtes de France, reliés aux télégraphes électriques de l'intérieur, communiquent également avec la flotte en mer au moyen de signaux de la télégraphie aérienne.

Ces circonstances marquent une différence essentielle entre la télégraphie militaire et la télégraphie civile. On ne peut employer, pour les télégraphes aériens, des opérateurs civils exclusivement exercés à la télégraphie électrique, et il faut de toute nécessité pourvoir à cette partie du service par des opérateurs militaires.

Ceci nous ramène à reconnaître l'utilité de la création d'un service exclusivement militaire, propre à satisfaire aux exigences variées de la guerre et afin de pouvoir suffire à toutes les éventualités, ainsi que l'ont fait les Anglais.

Dès 1858, dans une série d'articles sur la *télégraphie militaire* publiés dans le *Moniteur de l'Armée,* j'indiquais la nécessité de mettre à l'étude, dans notre régiment du génie, les systèmes de télégraphie militaire. Ma proposition n'eut alors aucune suite, mais, depuis, l'expérience a confirmé mes prévisions sur l'utilité qu'un tel service peut présenter. La création d'une *compagnie spéciale* destinée au service télégraphique, proposée par la commission mixte, comblera une lacune importante de notre organisation militaire. Les études entreprises par toutes les armées ont déjà produit des résultats remarquables, et les renseignements qui ont été publiés par les journaux étrangers et par divers auteurs sur ces travaux, nous permettent d'indiquer sans difficulté les bases qu'il conviendra d'adopter pour l'installation de ce nouveau service.

II

Télégraphie électrique.

Il convient, ainsi que nous l'avons dit, de diviser le service de la *télégraphie électrique* en deux sections :

1° La *télégraphie mixte,* destinée à prolonger, à réparer et à desservir, loin de l'ennemi, les lignes détruites du service ordinaire;

2° La *télégraphie de campagne,* destinée au service des champs de bataille, des camps et cantonnements, à la portée de l'ennemi.

Télégraphie mixte.

Pour la télégraphie mixte, desservie par des opérateurs de l'administration civile, il est indispensable d'adopter, autant que possible, le matériel des lignes de l'État, c'est-à-dire les fils portés sur des poteaux munis d'isolateurs en porcelaine et les appareils de transmission et de réception du système Morse modifié par Digney, qui sont généralement en usage dans notre administration.

On peut prendre comme modèle, pour organiser ce service, le service télégraphique de l'armée française en Italie, dont l'installation, quoique improvisée au moment de la guerre, est digne des plus sérieuses études.

Aux débuts de la guerre, on réunit en toute hâte à Lyon, à Avignon, et à Marseille, environ 3,000 poteaux de 6 mètres de longueur, les plus légers que l'on pût trouver dans les dépôts, 5,000 kilogrammes de petits fils de fer, des isolateurs en porcelaine, des piles électriques et des appareils Morse disposés de façon à être aussi portatifs que possible. Tout ce matériel fut débarqué à Gênes et transporté à Alexandrie, où l'on avait fait confectionner encore 2,000 poteaux en perches légères de $4^{m},50$ de hauteur. Quatorze voitures du train étaient affectées au service du transport, que l'on divisa en deux brigades.

De Vercelli à Valeggio, du 31 mai au 6 juillet, on a réparé et construit plus de 400 kilomètres de lignes, au moyen de fils portés tantôt par des poteaux, tantôt accrochés aux arbres, aux maisons, et l'on a installé plus de trente-cinq bureaux qui ont assuré les communications du quartier-général avec la France et avec les commandants des corps. Plusieurs fois les lignes poussées en avant des avant-postes de l'armée ont pu transmettre des renseignements au général en chef sur les mouvements de l'ennemi. La liste des bureaux installés et la date de leur ouverture nous donne une idée de l'activité déployée :

Vercelli, 30 mai ;
Novarre, 2 juin ;
Galliate, 3 juin ;
Turbigo, 4 juin (soir) ;
Trecate, id. ;
Saint-Martin de Tessin, 5 juin (midi) ;
Magenta, 5 juin (soir) ;
Milan, 6 juin (matin) ;
Melzo, 9 juin (soir) ;
Trecello, 10 juin (matin) ;
Melegnano, 10 juin (matin) ;
Binasco, 11 juin (soir) ;
Treviglio, 13 juin (matin) ;
Bergame, 14 juin (soir) ;
Chiari, 15 juin (soir) ;
Pavie, 15 juin (soir), etc., etc.

La création d'un système de télégraphie mixte se borne donc à la recherche de bonnes méthodes de construction et de réparation des lignes, et à la préparation d'un matériel de parc bien approprié. La seule difficulté sérieuse à vaincre consistait à trouver un appareil de signaux simple, portatif et d'assez petit volume; ce problème a été résolu tout récemment par l'habile constructeur-mécanicien Digney, qui a exposé à Paris, en 1867, un petit appareil analogue à celui en usage sur les lignes de l'État, mais approprié au service de la télégraphie militaire. Il est renfermé dans une boîte d'environ $0^m,40$ sur $0^m,20$ de base sur $0^m,20$ de hauteur.

Télégraphie de campagne.

La création d'un bon système de télégraphie de campagne offre de plus sérieuses difficultés.

Au camp de Lintz de 1854, les Autrichiens faisaient déjà usage d'un télégraphe électrique portatif de campagne. Le fil enroulé sur des bobines, était porté par des voitures d'équipage; il était déroulé à terre au moyen d'une petite brouette ou *charrette mécanique*, sur laquelle on plaçait successivement les bobines. Le camp autrichien à l'Exposition de 1867 a fait connaître un type de cette charrette. Plus tard, on reconnut la nécessité d'élever ce fil au-dessus du sol au moyen de perches et d'isolateurs en porcelaine. Ces perches sont fichées en terre et espacées de 50 mètres. Le matériel télégraphique adopté par l'armée autrichienne constitue aujourd'hui un équipage capable de construire une ligne de 20 myriamètres de longueur, et l'on estime qu'on peut construire 15 kilomètres de ligne par jour au moyen de ces appareils.

L'armée anglaise a fait usage en Crimée de fils isolés au moyen d'une enveloppe de gutta-percha, qu'on enterrait à $0^m,50$ sous le sol. On évitait, par l'emploi des fils isolés, le matériel encombrant des supports d'isolation, mais on ne tarda pas à reconnaître à cette méthode de graves défauts. Les soldats, en creusant le sol pour rechercher des racines d'arbres afin d'alimenter leurs feux, ou en établissant des rigoles pour assainir leurs camps, ont fréquemment coupé les fils. Il est arrivé même, dans la ligne de Kasatch, qu'un mulot rongea le gutta-percha et détruisit l'isolement. Dans la guerre de l'Inde, on en revint à l'usage des fils aériens non isolés. Il est vrai que la terre brûlée et sèche suffisait souvent pour produire un isolement parfait ; on n'avait aucune difficulté à transmettre des dépêches, même au moyen de fils simplement jetés sur le sol ou accrochés aux arbres, sans isolateurs.

L'emploi des poteaux isolateurs expose, d'ailleurs, aux mêmes inconvénients que les fils enterrés. Pendant la campagne d'Italie, les poteaux furent souvent renversés par les voitures ou les mulets de transport, et il arrivait même que les soldats les arrachaient pour les employer à dresser leurs tentes ou à alimenter les feux du bivac.

Les fils enterrés et dissimulés à l'ennemi offrent des avantages trop réels pour qu'on n'ait pas cherché à les perfectionner.

En Suisse, on a proposé de faire usage d'un double fil (aller et retour) renfermé dans la même enveloppe, afin de diminuer les chances de perte d'électricité par le défaut d'isolement.

En Angleterre, on fait aujourd'hui usage de fils isolés, recouverts de gutta-percha, protégés par une enveloppe de chanvre. Un système ingénieux a été adopté pour les enterrer. Un chariot spécial, portant à l'avant-train une bobine, déroule le fil dans un sillon creusé par une charrue placée à l'arrière-train ; la charrue referme elle-même le sillon sur le fil après sa pose.

Tout récemment, M. Siemens a soumis au département de la guerre britannique un modèle de fil télégraphique isolé très-solide qui, lorsqu'il est simplement jeté sur le sol, n'est pas détruit par le passage d'un chariot. Il est formé d'un fil de cuivre enveloppé de gutta-percha ou de caoutchouc, protégé par une double enveloppe de chanvre goudronnée, recouverte elle-même d'une armature en feuilles de cuivre enroulée en spirale. Le diamètre de ce fil est d'environ $0^{m},007$.

Pendant la guerre du Maroc, les Espagnols ont fait usage de fils du même genre préparés par M. Henley ; les Italiens en ont également fait l'essai au camp de Somma, en 1865. Le savant professeur Mateucci, qui avait recommandé l'usage de ces fils en Italie, a conseillé, à cause de leur prix élevé, de diviser le matériel en deux parties : l'une pour la construction de lignes aériennes, avec poteaux isolateurs, pour lequel on ferait usage de fils de fer recuits et galvanisés (c'est-à-dire recouverts de zinc) qu'il appelle le *matériel fixe;* l'autre formée de fils de cuivre recuits et enduits de gutta-percha, qu'il désigne sous le nom de *matériel volant.*

Dans les premiers essais de télégraphie électrique de campagne, on fit usage en Autriche de l'appareil Morse. Il était porté par une élégante voiture suspendue à quatre roues, espèce de bureau télégraphique mobile, renfermant le manipulateur, la pile et un bureau pour le télégraphiste avec les siéges nécessaires. Un modèle de cette voiture-bureau était exposé dans le compartiment autrichien de l'Exposition de 1867.

L'ingénieur Hipp, en Suisse, a construit, vers 1854, un petit appareil portatif du même système, que l'opérateur peut porter en bandoulière. Cet appareil, qui ne pèse pas plus de 6 kilogr., est renfermé dans une boîte de $0^m,14$ de longueur, $0^m,06$ de largeur et $0^m,07$ de hauteur.

En Angleterre, on a préféré d'abord faire usage de l'appareil à aiguilles de Whaetstone, à cause de la simplicité de sa construction. Il peut fonctionner avec un courant très-faible, et exige, par conséquent, un matériel de pile moins encombrant.

Le professeur Mateucci, en Italie, rejette l'appareil à aiguille; malgré sa simplicité, il lui reproche d'être exposé à de nombreuses chances de dégradations; les aiguilles se détachent, les axes se faussent, et l'opérateur en campagne est le plus souvent dépourvu d'instruments pour le réparer. Il préfère l'appareil Morse, à cause de l'avantage qu'il possède de conserver, sur les lignes de campagne, les signaux en usage dans les grandes lignes de l'État.

La partie la plus difficile à créer, pour les appareils portatifs, est la pile avec ses approvisionnements : leur transport est toujours difficile. Le professeur Whaetstone a trouvé le moyen d'affranchir la télégraphie de campagne de cette difficulté, par l'invention d'un télégraphe électro-magnétique. L'instrument dont il a introduit l'usage dans l'armée anglaise était représenté, à l'Exposition de 1867, dans le compartiment du ministère de la guerre britannique. Il a la forme d'un cadran portant les lettres de l'alphabet sur des touches analogues à celles du piano. On produit le courant par la rotation d'un électro-aimant mû par une manivelle : l'opérateur le moins adroit parvient rapidement à signaler une lettre en appuyant le doigt sur la touche correspondante.

L'Exposition autrichienne fournissait également un appareil de ce genre, construit par le mécanicien Markus, de Vienne, et récemment adopté dans l'armée autrichienne.

D'après l'expérience acquise, il semble qu'on doive s'arrêter, pour la constitution du matériel de télégraphie électrique de campagne, à l'emploi de l'appareil électro-magnétique de Whaetstone et aux fils isolés du système anglais. Cependant, par mesure d'économie, et pour se relier aux grandes lignes en dehors des atteintes probables de l'ennemi, on pourra substituer aux fils isolés, d'un prix assez élevé, les fils zingués avec supports isolateurs, ainsi que l'a proposé Mateucci. Le matériel de campagne comprendrait donc :

1° Des voitures portant des bobines de fil de fer et des poteaux isolateurs. On a reconnu que des fils de fer de 0^{m},002 de diamètre étaient très-suffisants pour la télégraphie militaire. Chaque voiture pourra porter quatre bobines de 2,000 mètres de fil et du poids d'environ 80 kilogrammes chacune, ainsi que 180 poteaux légers, qui permettront d'installer 8 kilomètres de ligne. Ces voitures serviront également au matériel mixte ;

2° Des voitures portant des bobines de fils de cuivre isolés, une charrue pour enterrer les fils et une brouette mécanique pour les dérouler. La voiture-charrue anglaise, servant à la fois à dérouler le fil, à creuser le sillon et à recouvrir le fil après sa pose, est si compliquée, qu'il nous paraît préférable de séparer les trois opérations dont l'exécution simultanée nous semble au moins douteuse et difficile. Six bobines de fil Siemens, portant 1,000 mètres de fil, pesant 112 kilogrammes chacune, constitueront le chargement d'une voiture propre à exécuter 6 kilomètres de ligne ;

3° De petites voitures-stations, de forme légère et suspendues sur ressorts, à deux roues et à un cheval, portant un appareil de transmission, le sous-officier opérateur, une petite tente et le matériel de bureau nécessaire à la station télégraphique. Des voitures de même modèle pourraient servir à transporter plusieurs appareils Digney pour la télégraphie mixte.

Si, dès aujourd'hui, la possibilité de créer un matériel portatif de télégraphie électrique de campagne peut être considérée comme établie, il reste néanmoins encore bien des questions intéressantes à étudier pour le perfectionner. Le capitaine Bolton, auquel l'armée anglaise doit d'importants perfectionnements du télégraphe (1), a proposé un système très-portatif de télégraphe électrique auditif. L'appareil, que l'on peut porter sur l'épaule, près de l'oreille, produit une légère crépitation au moyen de l'armature d'un électro-aimant, crépitation rendue plus sensible encore par l'emploi d'une caisse renforçante. Les conducteurs sont formés de deux fils minces en cuivre, reliés entre eux par un fil de fer et enveloppés de soie. Ils ont l'apparence d'une corde de jalousie.

On conçoit d'ailleurs qu'il soit possible de créer, au moyen de l'appareil de sonnerie électrique ordinaire, un télégraphe auditif simple et grossier. Un coup ou deux coups répétés produiront un signal équivalent au *point* (.) ou au *trait* (—) de l'appareil Morse. Des essais de ce système ont été tentés en Amérique, et l'Exposition universelle de Paris fournissait un appareil de ce genre exposé par l'Institut galvanique de Saint-Pétersbourg.

Au besoin, une simple boussole, enveloppée d'un fil enroulé plusieurs fois autour de la boîte, suffit pour transmettre des signaux ; si l'on introduit dans le fil, successivement, un courant direct et inverse qui fait écarter l'aiguille à droite ou à gauche, chacun de ces écarts signalera le point ou le trait de l'alphabet Morse, d'après une convention admise (2).

Le télégraphe de campagne se lie d'une manière intime à l'aérostation, ainsi que le prouve l'exemple de l'application faite à la bataille de Fleurus, que nous avons déjà rapportée. Cette expérience, répétée avec succès aux États-Unis, sous une forme nouvelle, a produit des résultats remarquables qu'il est utile de faire connaître.

Au commencement de 1861, l'ingénieur Allan, de Rhode

---

(1) Cet officier, qui appartient à l'infanterie britannique, a été chargé d'organiser le service de la correspondance au moyen du câble transatlantique.

(2) Le télégraphe électrique a reçu dans plusieurs villes une application remarquable pour l'organisation des secours en cas d'incendie. A Caen, un télégraphe avertit chaque pompier-volontaire, dans sa propre maison, du lieu où il doit se rendre en cas d'incendie. A Montréal au Canada, un système semblable, très-complet, a été établi par les ingénieurs britanniques. On remarquait, à l'Exposition de 1867, une voiture-station du chevalier Bergmüller, destinée aux pompiers de Vienne.

Island, proposa d'envelopper l'amarre d'un ballon captif d'un fil électrique, de manière à permettre à un observateur, placé dans le ballon, de signaler au quartier-général, à terre, les mouvements de l'ennemi qu'il observerait de sa station aérienne. Un essai fut tenté à Washington par le professeur Love, qui réussit à transmettre avec facilité une longue dépêche. Il ne restait qu'à appliquer l'expérience à la guerre.

Vers la fin de mai 1862, l'armée du Potomac, sous les ordres du général Mac-Clellan, avait franchi le Chickahominy et menaçait Richmond, défendu par de nombreux ouvrages avancés et couvert par l'armée confédérée, sous les ordres du général Johnston. Un officier d'état-major fut chargé, en s'élevant dans le ballon captif, de reconnaître les positions de l'ennemi, qu'on se proposait d'attaquer le lendemain. Il parvint à reproduire, au moyen de la photographie, la vue à vol d'oiseau du champ de bataille probable et lorsqu'il fut descendu à terre, on tira plusieurs épreuves de ce plan photographique sur une feuille divisée en carreaux soigneusement numérotés. Les pluies continuelles et les débordements du Chickahominy obligèrent d'ajourner l'attaque. Elles rendaient même très-périlleuse la situation de la partie de l'armée qui avait franchi la rivière, sur laquelle on n'avait pas eu le temps de jeter un nombre de ponts suffisants pour assurer sa retraite. Prévoyant une attaque des confédérés, le général Mac-Clellan donna l'ordre, le 31 mai, d'observer de nouveau les mouvements de l'ennemi, au moyen du ballon. L'aéronaute emportait, cette fois, un appareil télégraphique ainsi qu'une des épreuves photographiques du terrain. Arrivé à une hauteur de 300 mètres, il signala, à midi, le mouvement d'un corps ennemi se dirigeant vers la gauche de la position des fédéraux. A une heure, il annonça l'attaque contre la division Casey, à l'extrême gauche, et la déroute de celle-ci. Le général en chef, prévenu de la direction exacte de ce mouvement dans les carreaux du plan, eut le temps d'envoyer à son secours le général Heintzelmans. Grâce à l'observatoire aérostatique, partout où les confédérés tentaient une attaque de la ligne fédérale, ils trouvaient leurs ennemis en force, tandis que leurs points faibles étaient eux-mêmes exposés à de vifs retours offensifs. Le ballon ayant été aperçu des confédérés, un canon à longue portée fut dirigé sur lui et un boulet explosif faillit l'atteindre; on se hâta de le ramener à terre et de le lancer dans une autre direction. Dans la soirée, l'observateur aéronaute signala encore, sur la droite, un mouvement tournant qui menaçait de couper la communication avec les ponts construits à la hâte sur le Chickahominy, et le général Summer se porta au secours de l'aile menacée. La nuit mit fin à la bataille, qui a reçu le nom de Fair-Oakes. Le mouvement tournant sur l'aile droite, habilement dissimulé derrière un rideau de bois, eût probablement réussi sans le secours du ballon; la moitié de l'armée du Potomac, aventurée sur la rive droite de la rivière grossie par les pluies, et privée de communication, eût été obligée de mettre bas les armes devant les forces supérieures de Johnston. « Il semblait, dit la relation américaine, que le Dieu » des batailles avait complétement abandonné les forces confédé- » rées en ce jour. Elles se voyaient conduites en avant pour ser- » vir de but au canon des Yankees, et ne pouvaient suivre aucune » direction sans rencontrer un mur de baïonnettes. »

Tout en faisant la part de l'exagération américaine dans le récit des résultats obtenus par le ballon à Fair-Oakes, il est évident que cette expérience est digne de fixer l'attention des militaires.

III

Télégraphie aérienne.

Il existe une foule de circonstances, ainsi que nous l'avons dit, où il importe de disposer d'appareils aériens pour prolonger les lignes électriques. Il est donc très-important d'adjoindre au matériel électrique de campagne un matériel portatif de télégraphie aérienne. Quelques auteurs ont même émis l'opinion que cette dernière devait toujours être préférée pour le service des champs de bataille.

Lorsqu'il fut question en Angleterre d'établir des appareils télégraphiques pour relier entre eux les ouvrages de Gibraltar, le commandant de cette forteresse conseillait de se borner à établir des sémaphores dans les divers ouvrages. Il objectait au télégraphe électrique la facilité d'interrompre la correspondance en coupant les fils (1). Le major Stewart, qui avait dirigé le service télégraphique dans la campagne de l'Inde, consulté sur cette question, plaida pour le télégraphe électrique, qu'il considérait comme supérieur aux signaux aériens, parce que la correspondance n'est pas interrompue par les diverses causes qui empêchent la transmission aérienne : la fumée des combats, la nuit, le temps brumeux. Son opinion prévalut et on se décida à appliquer les signaux de télégraphie électrique dans toutes les grandes positions défensives britanniques, à Porthsmouth, à Grosport, à Gibraltar, à Malte, etc., sans renoncer cependant complétement au télégraphe aérien, qui devint aussi l'objet d'études et de recherches importantes.

De nombreux appareils aériens ont été imaginés pour le service de guerre. Nous nous bornerons à indiquer, avec quelques détails, les principaux.

Il y a peu d'années, l'armée anglaise faisait usage d'un appareil, imité de la méthode de Chappe, d'une forme très-simple. Un mât portait à son extrémité supérieure deux branches AB et AC mobiles autour de l'axe A, dites *indicateurs ;* on pouvait les faire mouvoir au moyen d'une poulie placée à la partie inférieure du mât. A mi-hauteur de ce mât se trouvait une branche mobile semblable, dite *régulateur*, qui, placée dans la position horizontale, appelait l'attention de la station voisine sur les signaux, et que l'on abaissait aussitôt la transmission

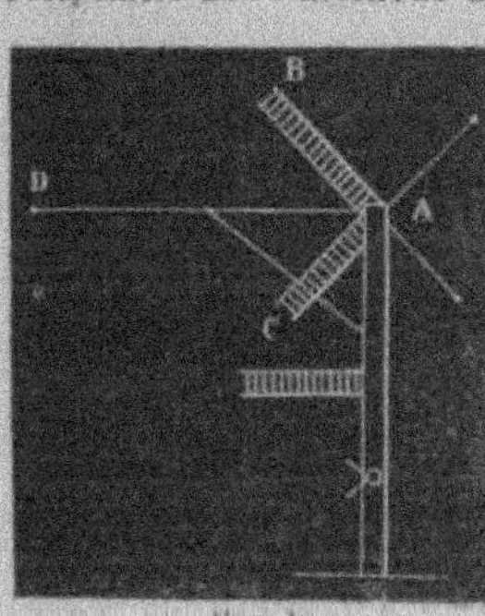

Fig. 1.

(1) Pendant la guerre d'Amérique, on parvint non-seulement à couper la correspondance, mais encore en établissant un appareil récepteur au point de coupure, à saisir la correspondance transmise.

Un hardi partisan sudiste, dont les exploits dans le Missouri, le Kentucky et le Tennessée, en 1861 et 1862, devinrent légendaires, le général Morgan, sut tirer parti de ce stratagème, avec une dextérité remarquable, pour dérouter les armées fédérales, lancées à sa poursuite. Il menait à sa suite un habile télégraphiste nommé Ellesworth, et portait dans ses bagages un appareil portatif. Toutes les fois que sa guérilla rencontrait un fil, on se hâtait de le couper et de le mettre

achevée. Chaque indicateur pouvait occuper six positions distinctes et parfaitement visibles :

N° 1 à 45° au-dessous N° 2 horizontale N° 3 à 45° au-dessus	à gauche du mât.
N° 4 à 45° au-dessus N° 5 horizontale N° 6 à 45° au-dessous	à droite du mât.

La position verticale était proscrite, parce que son image se confondait avec celle du mât.

Au moyen de deux indicateurs, et en négligeant les positions dans lesquelles ils se recouvraient, on pouvait donc produire vingt et un signaux différents, savoir :

1	2	3	4	5	6
	1—2	1—3	1—4	1—5	1—6
		2—3	2—4	2—5	2—6
			3—4	3—5	3—6
				4—5	4—6
					5—6

Les mêmes signaux pouvaient d'ailleurs être reproduits pendant la nuit ; il suffisait pour cela de placer des lanternes aux points A, B, C sur le mât et à l'extrémité des indicateurs, ainsi qu'une lanterne en D à l'extrémité d'une tige en fer attachée au mât. Les deux lanternes fixes A et D, et les lanternes mobiles B et C dessinaient, dans l'espace, des figures variées correspondantes aux vingt et un signaux ci-dessus, ainsi que le montre l'exemple suivant :

---

en communication avec l'appareil. On obtenait ainsi des renseignements précieux que l'on complétait même par de nouvelles demandes ; on transmettait aussi des avis capables de dérouter les armées du Nord, de manière à les éloigner des opérations de la guérilla, qu'elles croyaient poursuivre. Morgan, quoique pressé par le général Baxton-Bragg et enveloppé de forces supérieures, put ainsi continuer impunément ses audacieuses déprédations.

Signal de jour.

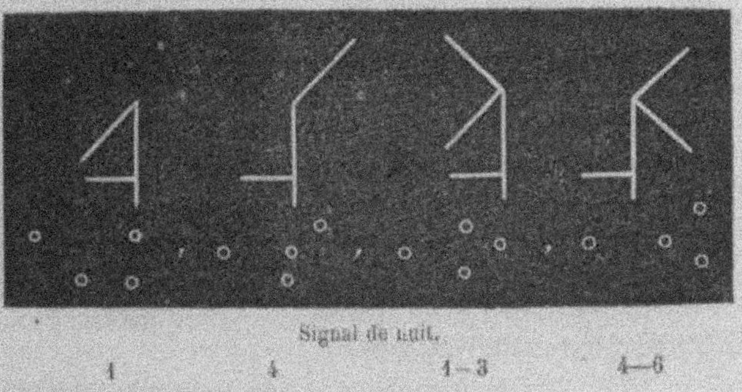

Signal de nuit.

1 4 1—3 4—6

Fig. 2.

Il était donc possible, par ce système de 21 signaux, de représenter toutes les lettres de l'alphabet, en adoptant pour chacune un signal particulier ; il suffisait de confondre cinq d'entre elles, ayant la même valeur phonétique, sous le même signe : par exemple, K et Q, J et G, V et W, C S et Z.

Le système le plus généralement admis, à cause de sa rapidité, consistait à signaler des phrases faites et insérées dans un vocabulaire ou *Code des signaux* formé de 21 pages, divisées en 21 colonnes, contenant 21 phrases ou lignes. Pour signaler les 21 × 21 × 21 = 9,261 phrases du *Code des signaux*, on adoptait un mode de *signaux ternaires*, c'est-à-dire on signalait par trois opérations successives la page, la colonne et la ligne.

Un système ayant beaucoup d'analogie avec celui-ci a été proposé en France par le colonel Reveroni de Saint-Cyr. Suivant l'inventeur, il aurait été adopté par les Espagnols pendant les guerres de l'Empire.

L'armée française a adopté, en Afrique, un appareil se rapprochant beaucoup du télégraphe de Chappe. Nous en donnerons la description d'après Laisné. Trois stations intermédiaires suffisaient avec cet appareil, pour assurer la correspondance entre Alger et Bouffarick, sur un parcours de 9 lieues.

« L'appareil se compose de deux poteaux plantés en terre,

» réunis par des planches de manière à former un tableau » d'environ 3 mètres de longueur, 4 mètres de hauteur, dont » la partie supérieure est horizontale. A l'extrémité de chaque poteau » se meut un bras en tôle d'environ $1^m,60$ de longueur, qu'un homme » fait manœuvrer au moyen d'une tige » articulée, en se tenant derrière le » tableau. Les bras sont peints en » blanc et le tableau en noir. »

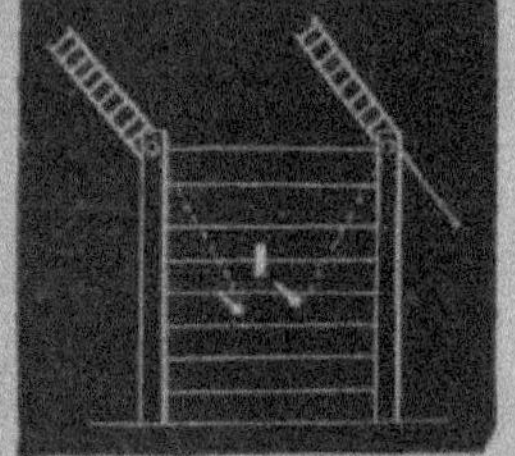

Fig. 3.

Chaque indicateur peut prendre quatre positions distinctes, savoir :

Indicateur de gauche.	*Indicateur de droite.*
N° 1 horizontale à gauche.	N° 5 à 45° à gauche.
N° 2 à 45° à gauche.	N° 6 verticale.
N° 3 verticale.	N° 7 à 45° à droite.
N° 4 à 45° à droite.	N° 8 horizontale à droite.

On peut donc, avec cet appareil, reproduire 24 signaux :

1	2	3	4
5	6	7	8
1—5	1—6	1—7	1—8
2—5	2—6	2—7	2—8
3—5	3—6	3—7	3—8
4—5	4—6	4—7	4—8

Plus tard, on a cherché à donner à ces postes télégraphiques un caractère permanent, en les établissant dans de petits bâtiments défensifs pour les mettre à l'abri des surprises des Arabes. Le capitaine du génie de La Tour a donné, dans l'*Illustration*, la description d'un de ces postes :

» Le type des postes télégraphiques se compose uniformément » d'une petite cour précédant le bâtiment, au centre duquel on » a élevé un étage pour servir de chambre d'observation et de » manipulation.

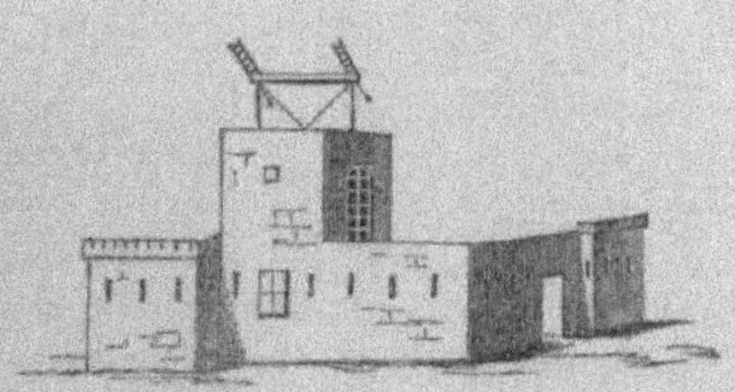

Fig. 4.

» La cour, longue de 12 mètres et large de 6 mètres, est gar-
» nie d'une petite banquette qui permet de tirer par des créneaux

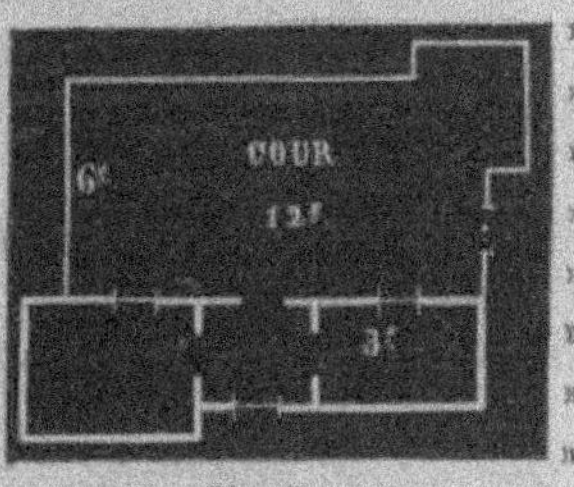

Fig. 5.

» ménagés tout autour du mur
» d'enceinte. Une porte solide et
» garnie de plaques de tôle à l'ex-
» térieur donne accès dans cette
» cour et par conséquent dans le
» poste. Un petit bastionnet garni
» de créneaux ayant des feux sur la
» porte et sur le pignon du télé-
» graphe, vient encore augmenter
» la force de la défense; dans ce bastionnet on a aussi ménagé
» des machicoulis ou créneaux horizontaux, par lesquels on peut
» jeter sur ceux qui tentent l'escalade toute sorte de matières et
» de projectiles. Cette cour sert aux employés pour élever leur
» volaille et pour leurs besoins usuels; elle serait leur prome-
» noir, dans le cas où le poste serait bloqué.

» Le bâtiment se compose au rez-de-chaussée de trois cham-
» bres d'environ 10 mètres carrés. Les chambres latérales sont
» destinées à chacun des employés, et celle du milieu, qui est
» commune, sert pour ainsi dire d'antichambre. C'est dans cette
» chambre qu'est l'échelle de meunier, donnant accès à l'étage ou
» chambre d'observation, dans laquelle est placé le mécanisme.
» Cette chambre d'observation est éclairée par deux portes vitrées
» donnant accès sur les terrasses qui recouvrent les chambres
» d'employés. Sur l'angle diagonalement opposé à l'angle de la
» cour où est le bastionnet, se trouve aussi un autre bastionnet,
» qui augmente d'autant l'espace habitable par l'employé auquel

» échoit en partage la chambre de droite. Tous les murs sont » crénelés, et le bastionnet est aussi garni de mâchicoulis.

» Sous la chambre du milieu, une vaste citerne, pouvant » contenir 2,500 à 3,000 litres d'eau, sert de réserve en cas » d'attaque ou même pour l'usage journalier des employés, s'ils » sont trop loin d'une source. Les eaux de pluie, recueillies sur » les terrasses, se dirigent par des tuyaux de descente dans un » petit citerneau où elles abandonnent d'abord le plus possible » de matières qu'elles tenaient en suspension; de là, par une » plaque en tôle percée de trous, elles se rendent dans la citerne » à la partie inférieure de laquelle se trouve un filtre fait de » couches alternatives de charbon et de gravier qu'elles traver- » sent pour se rendre dans un puisard: on recueille une eau » parfaitement claire et très-agréable à boire en même temps » qu'elle est très-saine.

» Sous chaque chambre d'employé on a aussi ménagé une cave » dans laquelle on descend par une trappe et une petite échelle. » Des volets garnis de plaques en tôle ferment à l'intérieur » toutes les fenêtres qui peuvent donner issue à la balle d'un » guetteur de nuit; les créneaux eux-mêmes sont garnis de » petits volets en bois s'ouvrant à l'intérieur de l'habitation. »

On a pris la précaution de construire ces petits *bordj* sans permettre jamais aux Arabes d'y pénétrer, et on recommande aux employés de leur en interdire l'accès; ils sont restés pour les indigènes un sujet d'étonnement : ils ont toujours regardé avec une terreur superstitieuse ces bras faisant un mouvement sans mécanisme apparent. Aussi n'a-t-on presque pas d'exemple de la prise de ces petits forts.

Deux postes seulement de la province d'Alger ont été attaqués et pris par les Arabes, dans des conditions particulières de trahison et de vengeance, par suite de la négligence des employés à fermer leur porte, et de la complaisance avec laquelle ils s'étaient familiarisés avec ceux chargés d'apporter les provisions. Ils profitèrent de la liberté avec laquelle ils pouvaient aborder ces habitations, pour les surprendre. La défense opiniâtre que la femme d'un employé put opposer seule aux Arabes en 1851, alors que son mari avait été assassiné et que l'autre employé était grièvement blessé de deux coups de yatagan, prouve la valeur défensive de ces petites citadelles isolées.

Les Anglais ont plus tard substitué, au télégraphe de Chappe, une méthode plus simple, imitée de la méthode télégraphique de Redel, en usage dans le service civil britannique. Indiquons d'abord en quoi consiste le système Redel, dont la première idée paraît, d'ailleurs, appartenir au major général Blanshard des ingénieurs royaux, et que l'on trouve encore en usage dans les polygones d'artillerie de l'armée anglaise.

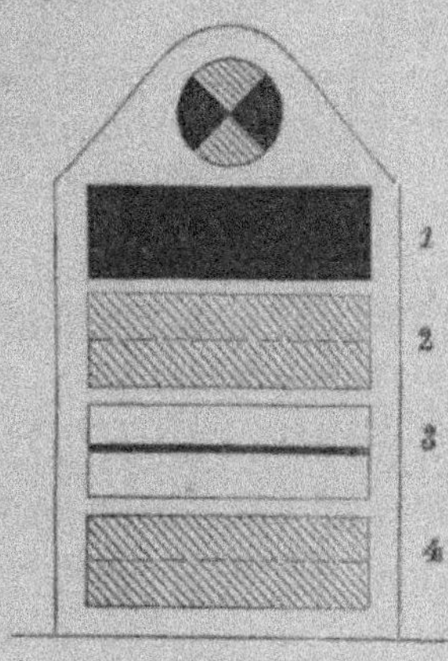

Fig. 6.

Un cadre porte quatre planchettes ou volets mobiles autour d'un axe horizontal servant d'*indicateur*; à sa partie supérieure se trouve un signal *régulateur*. Chaque volet est numéroté de 1 à 4; si l'on ferme un ou plusieurs volets (comme les nos 1, 2 et 4 dans la figure ci-contre), leur position par rapport au régulateur permet de reconnaître le ou les numéros signalés, les autres volets continuant à présenter la tranche et étant effacés par conséquent pour la station voisine. On peut, à l'aide de cet appareil, former 15 signaux différents, savoir :

1	2	3	4
	1—2	1—3	1—4
		2—3	2—4
			3—4
		1—2—3	1—2—4
			2—3—4
			1—2—3—4

Cinq de ces signaux servent de *signaux de police* dont nous indiquerons l'utilité plus loin; les dix autres sont affectés aux dix chiffres.

1, 2, 3, 4, 5, 6, 7, 8, 9, 0.

Au moyen d'un système de signaux *quaternaires*, on peut donc signaler 9,999 phrases différentes, insérées dans un *Code de signaux* établi par ordre numérique. Ainsi, par exemple, pour signaler les phrases insérées dans le Code sous les n°s 542 et 6,724, on signalera successivement 0—5—4—2 et 6—7—2—4.

Cet appareil, connu sous le nom d'*appareil à volet* (shutter apparatus), peut également servir aux signaux de nuit ; il suffit de placer une lumière derrière le châssis et d'enlever le volet régulateur ; le signal se donne alors par un mouvement inverse du volet : en ouvrant le volet on découvre la lumière.

L'appareil à volet, ainsi que nous l'avons dit, est encore en usage au polygone de Shœburiness. Il présente la forme d'un carré de 2^{m}.50 de côté ; on constate qu'il peut transmettre des signaux à 24 kilomètres de distance (15 milles).

Le même mode de signaux peut être appliqué au service de campagne, avec un appareil très-simple. Que l'on imagine une potence à laquelle on suspend un certain nombre d'objets au nombre de cinq au plus ; on pourra, en variant leur espacement, reproduire tous les signaux de l'appareil à volet. L'objet supérieur servira de *régulateur* pour fixer la position relative des *indicateurs*. (Le signal ci-contre répond au signal 1—3—4 de l'appareil à volet.) Les indicateurs dont on fait le plus généralement usage sont des cônes en osier recouverts de toile peinte, et suspendus par leur sommet ; ils ont l'avantage de présenter dans tous les sens la forme triangulaire △.

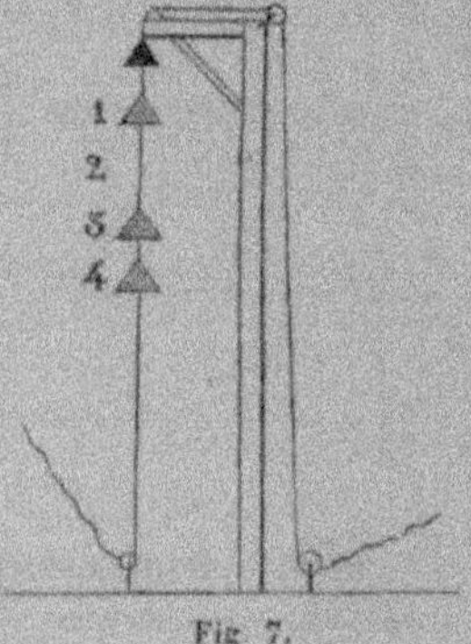

Fig 7.

On peut substituer aux cônes un objet quelconque. En 1860, le capitaine Shaw a obtenu de très-bons résultats en suspendant des sacs de paille et des boulets de gros calibre les uns au-dessus des autres. Dans ces expériences, il a reconnu cependant qu'en général les sacs de paille offrent trop de prise au vent et que les boulets ne donnent des signaux distincts que jusqu'à la distance de 1,600 mètres (1 mille).

Un Code de signaux, renfermant 8,241 mots et phrases, a été rédigé pour l'emploi de cet appareil, d'après les ordres du Département de l'Ordonnance, par le capitaine Ross, de l'armée britannique et par le lieutenant Colomb, de la marine.

Le capitaine Bolton et le lieutenant Colomb ont fait de nombreuses études sur la télégraphie aérienne, à la suite desquelles ils ont proposé une méthode basée sur les apparitions successives d'un même objet à intervalles courts ou prolongés, que l'on peut représenter par le *point* (.) ou le *trait* (—) de l'alphabet Morse. Imaginons un homme porteur d'un petit *appareil portatif* formé d'un disque en carton de $0^m,60$ à $0^m,80$ de diamètre, peint en noir ou en blanc, suivant le fond sur lequel il doit être placé, et muni d'une poignée. Suivant qu'il présentera l'appareil par la face ou par la tranche, il sera visible ou effacé pour la station voisine. Une succession d'apparitions espacées de 1/2 seconde servira à signaler des (.) ou des (—), suivant que l'apparition aura 1/2 seconde ou 1 1/2 seconde de durée.

Pour appliquer cette méthode de signaux au vocabulaire adopté dans l'armée anglaise, les auteurs ont admis la table de signaux suivante :

1	.	6	—
2	..	7	.—
3	...	8	—.
4	....	9	..—
5	.....	0	—..

Cette méthode de signaux permet de transmettre avec facilité une dépêche *alphabétique* et une dépêche *phrasique*. Il suffit d'indiquer la nature de la dépêche par un signal préliminaire, dit *signal de police*, comme ceux en usage dans la télégraphie électrique. Ces signaux sont les suivants :

1° Le signal —.—.—.—.—. sert à *effacer* le signal précédent défectueux ;

2° Le signal .—.. indique que la dépêche suivante est *phrasique* d'après le vocabulaire, c'est-à-dire *quaternaire ;*

3° Le signal —... indique que la dépêche est numérique d'après les chiffres indiqués ci-dessus ;

4° Le signal — — indique une dépêche *alphabétique*. Les diverses lettres de l'alphabet se signalent dans ce cas par une méthode *binaire numérique* comme suit :

A=5	F=10	K=15	P=20	U=25	Z=30
B=6	G=11	L=16	Q=21	V=26	
C=7	H=12	M=17	R=22	W=27	
D=8	I=13	N=18	S=23	X=28	
E=9	J=14	O=19	T=24	Y=29	

Les lettres A, B, C, D, E ne sont signalées que par un seul signe, mais on ne peut jamais les confondre avec les signaux binaires, car aucun de ceux-ci n'a pour premier signe un chiffre supérieur à 5.

L'*appareil portatif* de Bolton et Colomb est en usage dans la marine anglaise et au polygone de Shœburiness. On a constaté qu'il peut transmettre, dans l'espace d'une minute, par un temps clair, les signaux les plus compliqués à 4 1/2 kilomètres de distance (3 milles).

Divers appareils ont encore été conseillés par les mêmes officiers. Ils proposent l'emploi, pour les signaux de jour, du *tambour compressible* et des *cônes compressibles*.

Le *tambour compressible* (collapsing drum) consiste en un double cône tronqué réuni par la grande base, qui affecte à peu près la forme d'un tonneau ; on le suspend à l'extrémité d'une vergue. Ce tambour est formé de cercles d'acier recouverts de toile ; il se replie sous l'action de son poids sur la base commune des deux cônes et ne présente plus alors que l'apparence d'un disque horizontal. Au moyen d'un cordage on peut le déployer, pendant un temps plus ou moins long, pour donner un signal.

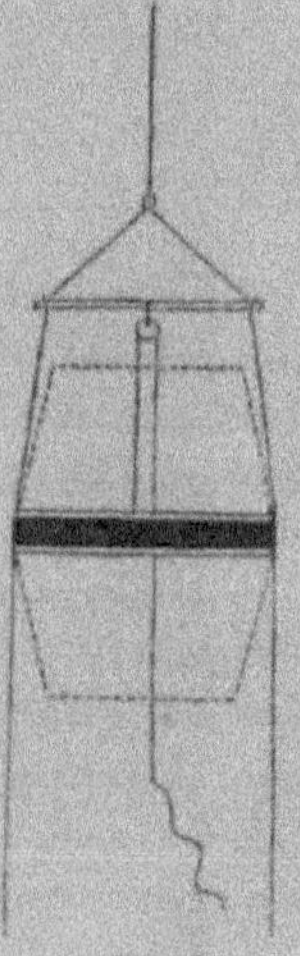
Fig. 8.

Les *cônes compressibles* ou *appareil en parapluie* (collapsing cones or umbrella) se fixent au sommet d'un mât; ils consistent en deux cônes réunis par la base en forme de parapluie qui se replient sous l'action de leur poids, suivant leur axe; on peut les déployer à l'aide d'un cordage.

Pour les signaux de nuit, ils font usage d'une *lanterne à écran mobile.* Divers systèmes ont été essayés pour produire une lumière de grande intensité. Le capitaine Bolton a proposé différents appareils de petit volume pour produire l'éclairage au *gaz light*, à la *lumière Drummond* ou au *magnesium*. Ces divers appareils se trouvaient exposés dans le compartiment de la marine anglaise, à Paris en 1867.

Les officiers autrichiens ont également fait de nombreuses études sur la télégraphie aérienne de campagne. Dès 1834, on cherchait à créer un appareil portatif de télégraphie aérienne, mais on reconnut qu'avec les appareils qui furent proposés, la correspondance était moins rapide que celle que l'on obtenait au moyen d'une estafette à cheval. Depuis on est arrivé à des résultats très-satisfaisants. L'Exposition de Paris fournissait un type de l'*appareil optique* de l'invention du colonel du génie baron d'Ebner, qui est actuellement en usage dans l'armée autrichienne.

L'*appareil optique* est formé de trois disques minces en métal, de $0^m,30$ de diamètre, mobiles autour d'un axe horizontal, de ma-

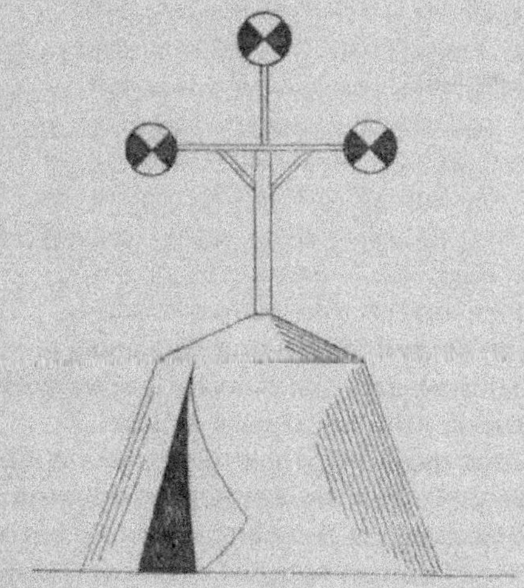

Fig. 9.

nière à s'effacer lorsqu'ils présentent la tranche, ou à produire un signal lorsqu'on les place verticalement, comme les volets de l'appareil à volets. Ces disques sont portés par un bâti en fer au pied duquel un levier très-simple permet de leur transmettre le mouvement à l'aide de tringles. Les deux disques inférieurs sont portés par un axe commun et se meuvent simultanément, tandis que le disque supérieur a un mouvement indépendant. On peut ainsi signaler à volonté :

. au moyen du disque supérieur seul ;

. . ou — au moyen des deux disques inférieurs ;

.˙. ou △ au moyen des trois disques.

Ces trois signaux élémentaires combinés 1 à 1, 2 à 2, 3 à 3, créent 39 combinaisons différentes qui suffisent pour signaler toutes les lettres de l'alphabet et les chiffres numériques. Le système *alphabétique* constitue d'ailleurs la base du système autrichien. Voici sa formation :

—.	A	..	I ou J	.—	R
— —.	B ou P	—△.	K ou Q	.△	S
— —	D ou T	△.	L	△—	U
.	E	.—.	M	△	V ou F
...	G	—	N	.△.	W
—△	H ou CH	—..	O	△—.	Z

.	1	.△	6
—	2	—.	7
△	3	—△	8
— —	4	△.	9
.—	5	△—	0

Les signaux de nuit s'obtiennent en plaçant derrière chaque disque une lanterne que l'on découvre par un mouvement du disque, inverse de celui des signaux du jour.

L'appareil est complété par une petite tente établie au pied, de l'intérieur de laquelle les télégraphistes peuvent observer la station opposée, au moyen d'une longue-vue. Le matériel complet d'une station est transporté sur une voiture de bagage à quatre chevaux.

Indépendamment de ces appareils, qui ont reçu en quelque sorte une consécration officielle par leur adoption dans certaines armées, il existe encore un grand nombre de méthodes différentes pour transmettre des signaux, ayant chacune certaines qualités spéciales, que l'on pourrait utiliser dans le service de campagne. Le capitaine Van den Bogaert, dans une brochure publiée sous le titre : *Signaux à l'usage de troupes en campagne*, a fait connaître une collection intéressante de méthodes de signaux dont quelques-unes ont été utilisées dans la guerre américaine; mais ces méthodes, par leur éclectisme, excluent toute idée de *système*, dont l'expérience prouve cependant l'impérieuse nécessité, ainsi que nous le verrons plus loin.

IV.

En présence des nombreuses propositions faites par les auteurs, il est difficile de fixer son opinion sur le mode qu'il convient d'adopter pour l'organisation du service de télégraphie aérienne de campagne. Faut-il conserver l'éclectisme et multiplier les types d'appareils, afin de profiter des ressources diverses en matériaux que l'on peut rencontrer à la guerre, pour créer des appareils de circonstance, ou faut-il, au contraire, s'arrêter à un *système* déterminé, reconnu le plus parfait, afin que des télégraphistes, médiocrement exercés (comme le sont en général les militaires), puissent se mettre immédiatement en rapport, sans aucune convention ni aucun exercice préalable ? Pour résoudre ce problème important, il importe d'étudier séparément la question des *signaux* et celle des *appareils*.

Deux systèmes de *signaux* ou *écriture télégraphique* ont été adoptés. Les Anglais préfèrent le *système numéral*, qui constitue la base du *système phrasique*, et dont le système alphabétique n'est qu'une application particulière. Les Autrichiens adoptent le *système alphabétique*. Au point de vue de la rapidité de la correspondance, le système phrasique est incontestablement le meilleur, mais il a le défaut de ne permettre de signaler aucun fait particulier qui échappe au Code de signaux, sans avoir recours à un changement de système; sur le champ de bataille, l'usage d'un Code de signaux est très-difficile : très-souvent les télégraphistes seront dépourvus de l'*aide-mémoire* nécessaire. Ces observations démontrent suffisamment que le système alphabétique, qui constitue déjà la base de la correspondance électrique, doit être préféré au système phrasique (1).

Certaines conventions très-simples permettent, dans tous les cas, d'activer considérablement la correspondance alphabétique. On peut, comme l'a remarqué l'abbé Moigno, supprimer dans une dépêche un grand nombre de lettres sans nuire à la clarté; ainsi, par exemple, la dépêche :

L'armée ennemie est rassemblée sous les murs de Valenciennes, qui comprend 51 lettres, pourra être signalée par :

L arm enmi e rasembl sou l mur d Valencienn, qui ne comprend plus que 34 lettres.

Le système alphabétique n'exclut pas d'ailleurs l'usage du vocabulaire. Il suffira, pour l'employer, d'ajouter aux 26 lettres de l'alphabet deux *signaux de police* : *alph.* (alphabétique) et *syll.* (syllabique), qui affecteront les signaux qui suivront et indiqueront le mode de correspondance adopté. On pourra se borner en tous cas à un vocabulaire comprenant 26 pages et 26 lignes, qui permettra de transmettre 676 phrases différentes par le système *binaire,* nombre bien suffisant pour l'usage de l'armée de terre.

Les motifs à faire valoir en faveur de l'adoption du système alphabétique tendent également à faire repousser l'éclectisme dans le choix de l'alphabet. Pour assurer avec simplicité le service des télégraphistes, il importe de renoncer à l'usage d'alphabets trop nombreux et il faut se rapprocher autant que possible de l'alphabet Morse, déjà adopté pour la correspondance électrique. Les alphabets variés surchargent la mémoire et exigent dans la correspondance télégraphique un concert préalable entre les opérateurs, afin de se mettre d'accord, concert que les circonstances de guerre ne permettent pas toujours. Un épisode important de la guerre de l'Inde servira de démonstration à ce principe :

Le 30 juin 1857, après la bataille de Chinhut, une poignée d'Anglais se trouvaient renfermés dans Lucknow, entourée d'un

---

(1) Il importe de remarquer que le système phrasique anglais a été établi principalement en vue du service de la marine, où l'inconvénient de devoir recourir au vocabulaire n'est pas le même.

cercle de cipayes révoltés. La garnison était réduite à 600 Européens armés et à 250 femmes et enfants; elle était vouée à une mort certaine si la ville tombait au pouvoir des insurgés. La place se composait de deux parties distinctes : le fort de ***Muchie-Bhaoun*** au moyen duquel l'énergique gouverneur, sir Henry Lawrence, avait pu jusque-là maintenir la ville dans l'obéissance, et la *Résidence*, située à quelque distance. Muchie-Bhaoun était un château à murailles massives, mais en réalité fort délabrées ; il renfermait d'immenses approvisionnements de tous genres. La Résidence n'était qu'un grand pentagone de bâtiments fortifiés à la hâte. Avec une garnison réduite et sans espoir de secours immédiat, il fallait se résigner à ne conserver qu'une seule de ces positions, et l'on se décida à abandonner le fort, en ralliant la garnison de la Résidence. Comment transmettre l'ordre d'évacuation au capitaine Francis, commandant du fort ? Aucun Européen ne pouvait songer à traverser les lignes insurgées, et la garnison était trop faible pour tenter une sortie. Divers émissaires indiens envoyés au dehors, avaient prouvé qu'on ne pouvait avoir aucune confiance dans les natifs. On résolut d'essayer l'emploi du télégraphe. On construisit à la hâte un appareil élémentaire composé d'un mât surmonté d'une vergue, à laquelle on suspendit, au moyen de poulies pour les manœuvrer, une rangée de sacs de toile bourrés de paille. On espérait ainsi en reproduisant des signaux d'après un système bien connu dans l'armée anglaise (1), être compris du commandant du fort. A peine l'appareil fut-il porté sur la terrasse de la Résidence, qu'une pluie de balles vint couper les cordes des sacs. Il fallut à deux reprises démonter et replacer l'appareil entier. On en vint enfin à bout, après trois heures de travail, accompli sous un soleil ardent et un feu de mousqueterie soutenu. Après quel-

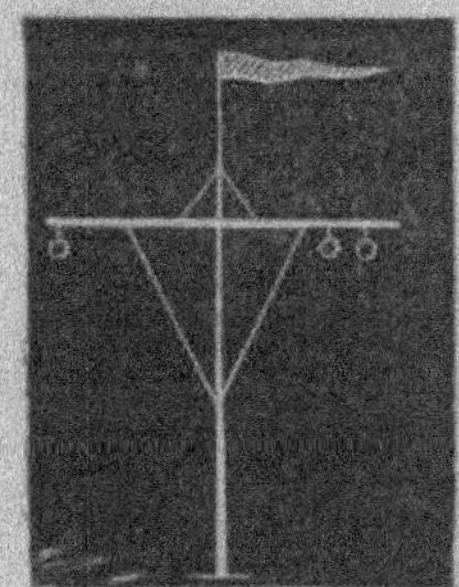

Fig. 10.

(1) Ce télégraphe était analogue à celui employé dans les lignes de Torrès-Védras, que l'on trouve décrit dans plusieurs ouvrages anglais.

ques signaux préparatoires, on fut assuré d'être compris de Muchie-Bhaoun et un message fut lancé à sir Francis. Le gouverneur lui ordonna de sortir du fort vers minuit, emportant avec lui les canons et le trésor de la place, après avoir détruit autant que possible les munitions. Le commandant fit aussitôt ses préparatifs; à minuit précis, la garnison se frayait passage l'épée à la main, au travers des insurgés surpris; une mèche lente avait été établie dans le magasin à poudre, et au moment même où sir Francis atteignait la Résidence, une magnifique explosion de 240 barils de poudre et de six cent mille cartouches transformait Muchie-Bhaoun en un monceau de décombres. Ajoutons que l'héroïque garnison de Lucknow, après une énergique résistance, fut secourue le 25 septembre par le vaillant général Havelocke.

Il est évident qu'à défaut d'un alphabet bien connu et déterminé, la correspondance eût été impossible dans ce cas. Remarquons aussi qu'en général une ligne télégraphique se composera de plusieurs postes où l'on sera souvent obligé d'établir des appareils de formes différentes, suivant les matériaux dont on pourra disposer, et que la nécessité de traduire d'un poste à l'autre les signaux dans des alphabets différents exposerait alors à de nombreuses erreurs.

On objecte, il est vrai, contre l'emploi d'un alphabet-type déterminé d'avance, le défaut de renseigner l'ennemi sur les signaux qu'il peut lire avec la même facilité que le poste de correspondance. Mais il est facile d'éviter cet inconvénient en employant un chiffre secret semblable à ceux en usage dans la diplomatie.

Indiquons en quelques mots un système de ce genre. Imaginons une table construite en forme de table de Pythagore, comme celle dont nous donnons ci-contre un fragment; cette table est composée de 26 × 26 cases. Dans la colonne verticale AB on inscrit les 26 lettres de l'alphabet dans leur ordre naturel, puis ensuite dans

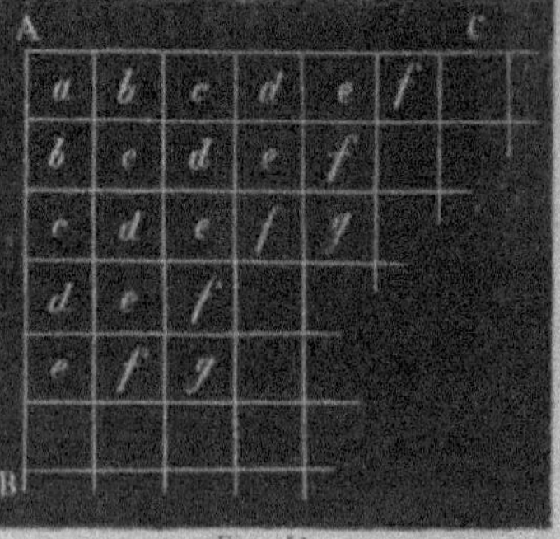

Fig. 11.

les diverses colonnes horizontales, on inscrit les lettres dans le même ordre, en commençant par la lettre indiquée dans la colonne verticale et en faisant suivre le *z* de *a*.

Pour traduire au moyen de cette table une dépêche en chiffre secret, voici comment on procède : on adopte une *clef* ou *mot d'ordre* (par exemple César), que l'on inscrit successivement lettre par lettre sous la dépêche à expédier, comme ci-dessous :

E—n—v—o—y—e—z d—e l—a p—o—u—d—r—e.
C—e—s—a—r—c—e s—a r—c e—s—a—r—c—e.

Puis on cherche dans la ligne AB la lettre de la dépêche, dans la ligne AC la lettre du mot d'ordre placée au-dessous, et on inscrit dans la dépêche chiffrée la lettre correspondante au croisement des deux lignes. Ainsi, par exemple pour E de la dépêche, sous lequel se trouve C du mot d'ordre, on trouve G. En procédant ainsi pour toutes les lettres, la dépêche :

Envoyez de la poudre

est traduite par :

Grnopgb ve ce tguuti.

qui est parfaitement inintelligible pour celui qui ne possède pas le mot d'ordre, mais qu'à l'aide de celui-ci il est facile de rétablir dans son état primitif.

L'emploi du mot d'ordre exige, il est vrai, une convention préalable (1) qui, dans un cas analogue à celui de Lucknow, est impossible ; mais nous croyons que, dût-on être compris de l'ennemi en pareil cas, il est encore préférable de pouvoir transmettre une dépêche, ce qui n'est possible qu'avec un type d'alphabet déterminé.

La question de l'alphabet se lie d'une manière intime à celle des instruments. Les appareils Bolton et Colomb, adoptés en Angleterre, et celui d'Ebner, adopté en Autriche, prouvent qu'il est possible de créer un instrument très-satisfaisant pour signaler l'alphabet Morse. Mais le problème ne consiste pas seule-

---

(1) Le général en chef adopte généralement d'avance une série de *mots d'ordre* pour chaque jour. (Voir art. 52 du *Règlement du service des armées en campagne*.)

ment à créer un bon instrument portatif pour le service de campagne, il faut encore que l'alphabet soit de nature à pouvoir être reproduit par les instruments variés que l'on peut créer, à défaut du matériel réglementaire. Une étude détaillée de l'alphabet Morse nous permettra de décider s'il suffit à cette dernière condition, ou s'il peut être utile de multiplier les alphabets.

L'alphabet Morse se compose, ainsi qu'on le sait, de deux *signes élémentaires* A et B (. et —) que l'on combine 1 à 1, 2 à 2, 3 à 3, etc., pour produire les signaux alphabétiques. Deux signaux A et B combinés

1 à 1	donnent	2	caractères.
2 à 2	—	4	—
3 à 3	—	8	—
4 à 4	—	16	—
Total .	.	30	caractères.

D'où résulte qu'en se bornant à l'emploi de quatre signes élémentaires, on peut représenter les vingt-six lettres de l'alphabet, plus quatre caractères *supplémentaires* (que dans la télégraphie électrique on a affecté à des lettres doubles, d'un usage commun dans les langues étrangères : ä, ü, ö, ch). Les chiffres numériques sont représentés au moyen de caractères de cinq signes élémentaires, choisis d'une manière spéciale, afin de faciliter la mémoire. (Deux caractères de cinq signes élémentaires ont été aussi adoptés pour représenter é et ñ.)

Dans la rédaction de l'alphabet Morse, on a eu soin d'adopter les caractères les plus simples, pour représenter les lettres qui se reproduisent le plus fréquemment dans la correspondance. C'est ainsi qu'on a formé l'alphabet suivant :

a .—	*j* .———	*s* ...	*ä* .—.—
b —...	*k* —.—	*t* —	*ö* ———.
c —.—.	*l* .—..	*u* ..—	*ü* ..——
d —..	*m* ——	*v* ...—	*ch* ————
e .	*n* —.	*w* .——	
f ..—.	*o* ———	*x* —..—	
g ——.	*p* .——.	*y* —.——	
h	*q* ——.—	*z* ——..	*é* ..—..
i ..	*r* .—.		*ñ (gn)* ——.——

0 — — — — —	5 . . . . .
1 . — — — —	6 — . . . .
2 . . — — —	7 — — . . .
3 . . . — —	8 — — — . .
4 . . . . —	9 — — — — .

Pour appliquer cet alphabet à la télégraphie de campagne, il importe de réduire autant que possible le nombre de signaux élémentaires affectés à chaque caractère, leur signalement entraînant toujours une certaine perte de temps. On pourra, dans tous les cas, se borner à quatre de ces signes :

1° En substituant aux caractères de cinq signes qui représentent les chiffres, ceux des dix lettres dont les caractères sont les plus simples, que l'on fera précéder du signal de police : *chiff.* (chiffre);

2° En supprimant les lettres supplémentaires et assignant les quatre caractères correspondants aux signaux de police : *alph.*, *syll.*, *chiff.*, dont nous avons reconnu la nécessité, auxquels on pourra ajouter le signe *eff.* (effacer), pour faire supprimer un caractère mal transmis ou mal compris.

Dans cet état, l'alphabet Morse constitue, en réalité, une *combinaison binaire* des caractères formés de un ou deux signes élémentaires, comme le montre le tableau suivant. La lettre *b*, par exemple, résultera de la combinaison binaire BA—AA que l'on peut représenter par les numéros des colonnes (VI—II,) ou bien par (.........)

	I	II	III	IV	V
		AA	AB	BB	BA
I	A . e 1	AAA ... s 7	AAB ..— u 8	ABB .— — w 9	ABA .—. r 0
II	B — t 2	BAA —.. d	BAB —.— k	BBB — — — o	BBA — —. g
III	AA .. i 3	AAAA .... h	AAAB ...— v	AABB ..— — *eff.*	AABA ..—. f
IV	AB .— a 4	ABAA .—.. l	ABAB .—.— *syll.*	ABBB .— — — j	ABBA .— —. p
V	BB — — m 5	BBAA — —.. z	BBAB — —.— q	BBBB — — — — *alph.*	BBBA — — —. *chiff.*
VI	BA —. n 6	BAAA —... b	BAAB —..— x	BABB —.— — y	BABA —.—. c

Un grand nombre de combinaisons peuvent être adoptées pour signaler toutes les lettres du tableau qui précède, au moyen d'un petit nombre de conventions faciles à imaginer. Nous indiquerons les principales.

1re *Combinaison.—L'apparition successive d'égale durée d'un même objet, à intermittences égales,* peut signaler successivement la colonne verticale et la colonne horizontale, dans laquelle se trouve une lettre (*b* =VI — II = ...). Cette combinaison binaire n'exige pour signaler une lettre, que 6+5 signaux au plus. On peut appliquer ce système au moyen :

1° De *drapeaux* que l'on agite à intermittences égales. Polybe avait déjà conseillé cette méthode deux siècles avant l'ère chrétienne et en attribuait l'invention à Cléoxène et à Démoclite ;

2° De *torches* agitées de même, pour les signaux de nuit. Végèce rapporte que ce mode de signaux était en usage de son temps dans les Gaules ;

3° Du *tambour compressible*, des *cônes compressibles*, ou de l'*appareil portatif* du lieutenant Colomb ;

4° Des *lanternes à écran* du capitaine Bolton ;

5° De *coups de canon, de fusil, de fusées éclatant avec bruit*. Cette méthode, conseillée par M. Sudre, fut essayée au polygone de Vincennes en 1846 ;

6° De *fusées éclairantes*. L'expérience prouve que ces fusées sont visibles à 60 kilomètres de distance. On peut employer soit des *fusées à baguettes*, soit des feux fixes ou *feux de bengale* brillant sur une éminence. Le lieutenant Colomb, de la marine anglaise, a imaginé des feux de ce dernier genre (rouges, verts et blancs) visibles à 30 kilomètres (20 milles), désignés sous le nom de *feux d'avertissement* (warning lights) qu'il a présentés à l'Exposition de Paris de 1867.

Il est évident que les deux derniers modes de signaux ne peuvent servir qu'à transmettre des dépêches phrasiques. Dans ces conditions même, une dépêche exige onze coups de canon. En général, ce système de signaux sera peu praticable, puisque le moindre raté peut le faire échouer.

2e *Combinaison. — L'apparition successive d'inégale durée*

d'un objet, à intermittences égales, peut reproduire successivement le (.) par l'apparition courte, et le (—) par l'apparition prolongée, et signaler tous les caractères de l'alphabet Morse. Ce système est adopté en Angleterre d'après les conseils du capitaine Bolton et du lieutenant Colomb. Une lettre n'exige au plus que quatre signaux élémentaires; il est supérieur au précédent sous le rapport de la rapidité, ainsi qu'il est facile de le démontrer. Si l'on emploie, par exemple, l'*appareil portatif,* la lettre *c*, qui dans la première combinaison exige le plus grand nombre de signaux, nécessite onze apparitions de 1 1/2 seconde de durée et à 1/2 seconde d'intervalle; ces apparitions sont séparées en deux groupes espacés eux-mêmes de 1 1/2 seconde (...... .....); soit 11 1/2 secondes. Dans la seconde combinaison, le signe *alph.* (— — — —), qui est le plus complexe, exige quatre apparitions de 1 1/2 seconde de durée, espacées de 1/2 seconde, soit 7 1/2 secondes. Ce système peut être appliqué, comme le précédent, au moyen :

1° De *drapeaux ;*

2° De *torches;*

3° Des appareils Colomb ;

4° De *lanternes à écran ;*

Auxquels on peut ajouter :

5° Les *instruments de musique.* Une *note noire* indiquera le (.) et une *note blanche* le (—). Cette méthode constituait la base du système de *téléphonie* de M. Sudre qui fut expérimenté, en 1850, au Champ-de-Mars à Paris; on put, à l'aide de postes de clairons échelonnés, transmettre des signaux jusqu'à 10 kilomètres de distance. On estime qu'il faut espacer ces postes de 800 mètres.

3e *Combinaison.* — Par l'*apparition successive de deux objets de forme différente,* l'un A marquant le (.), l'autre B le (—), on obtient une méthode plus distincte que la précédente. Cette combinaison peut s'appliquer au moyen :

1° De *drapeaux* et de *torches* inclinés tantôt à gauche (.), tantôt à droite (—). Cette méthode ne diffère pas de celle que nous avons indiquée pour le télégraphe électrique établi avec une boussole. Elle est employée dans le télégraphe à aiguille de Whaetstone ;

2° D'une *lanterne à écran*, portée tantôt à gauche, tantôt à droite d'une lanterne fixe servant de repère ;

3° De *deux drapeaux de couleur différente*, ou d'un *appareil portatif* dont les deux faces seraient colorées différemment, le blanc indiquant le (.) et le rouge le (—), par exemple ;

4° De *deux drapeaux de forme différente*, hissés au sommet d'un mât : le *drapeau* indiquant le (.) et la *flamme* le (—);

5° D'*objets quelconques de forme différente* hissés à un mât ou à une vergue ; par exemple, un panier conique suspendu par son sommet qui présente l'aspect du △ (.), et un panier cylindrique suspendu suivant son axe qui présente l'aspect du □ (—). En Angleterre, on a essayé avec succès de suspendre le même cône, tantôt par le sommet, tantôt par la base, de manière à produire les deux signaux différents △ et ▽ (. et —) ;

6° Au lieu de hisser des objets que l'on doit attacher ou détacher successivement, on obtient des signaux plus rapides en attachant au mât d'une potence un point de repère (un panier, par exemple) et en marquant le (.) et le (—) par un objet mobile élevé, tantôt au-dessus, tantôt au-dessous du repère. Ce mode ingénieux de signaux a été indiqué par le capitaine Van den Bogaert et peut s'appliquer avec facilité, ainsi qu'il le remarque, aux perches avec boucles d'osier dont on se sert à l'entrée des stations de chemins de fer pour indiquer que la voie est libre. Le même appareil peut être employé pour signaux de nuit en substituant aux deux objets des lanternes qui marqueront deux figures ˙ . (.) et .˙ (—). Dans cette méthode il faut ramener chaque fois l'objet mobile au repère, c'est-à-dire produire le signal intermédiaire . . ce qui a l'inconvénient de doubler en réalité les signaux élémentaires ;

7° Deux *lanternes avec verres mobiles de deux couleurs* blanc et rouge, marqueront également le (.) et le (—) ;

8° A l'aide d'instruments de musique, on peut signaler le (.) par une *note aiguë* et le (—) par une *note grave*. Ce mode de signaux paraît préférable à celui qui consiste à distinguer les notes par leur durée, ainsi que nous l'avons indiqué précédemment. Le tambour permet de distinguer le *ra* et le *fla*.

4° *Combinaison*. — Par l'*apparition simultanée de quatre ob-*

jets de deux formes différentes A et B, dans l'ordre indiqué par l'alphabet Morse, on obtient souvent des signaux plus rapides. On peut appliquer ce système :

1° En suspendant à une vergue quatre objets de deux formes A et B — sacs en toile de deux couleurs — cône et cylindre — cône droit ou renversé, etc. — Ce mode de signaux était adopté par les Anglais dans les lignes de Torrès-Vedras et fut appliqué à Lucknow.

2° En suspendant les mêmes objets à un mât ou à une potence, on peut obtenir les mêmes signaux à l'aide de drapeaux de deux formes ou de deux couleurs.

Remarquons que, dans ces applications, il faut disposer de huit objets (quatre de chacune des formes A et B) pour signaler tous les caractères de l'alphabet Morse. L'emploi des cônes droits ou renversés a l'avantage de réduire le nombre des objets nécessaires à quatre seulement.

3° Pour le service de nuit, on peut disposer quatre *lanternes à deux couleurs et à écran* sur un mât.

4° Un poste de quatre hommes sur un rang, élevant à volonté au bout de leurs fusils deux objets différents, un shako et une capote d'uniforme, par exemple, rempliront le même but. Ce mode de signaux avait déjà été conseillé en 1784 par Bergstrasser et essayé dans l'armée prussienne par le colonel Boucheroeder. Ces expériences, reprises en Bavière, ont permis de constater que, par un temps clair, les postes doivent être espacés de 800 pas, et par un temps brumeux, de 3 à 400 pas.

5° *Combinaison.* — Par *l'apparition successive de deux objets choisis dans une série de six objets différents* on peut, en employant le procédé binaire, signaler les lettres de l'alphabet ; il suffit d'assigner à chacun d'eux un numéro distinct de 1 à 6. Ce système peut être employé :

1° Avec des pavillons de six couleurs différentes, hissés à un mât, en les numérotant suivant l'ordre des couleurs du spectre solaire : blanc, rouge, orangé, jaune, vert, bleu, indigo, violet, noir ;

2° Au lieu de pavillons de couleurs uniformes, on peut employer des pavillons formés de deux couleurs différentes, disposées diversement. Le colonel Mac Donald a proposé d'employer un pavillon carré, portant à chaque angle un œillet que l'on peut fixer à un bouton de bois ou *cabillot*, et mi-partie blanc (B), mi-partie rouge (R). Suivant la disposition relative des couleurs par rapport au mât, ce pavillon fournit quatre signaux, savoir :

$$BR, \quad RB, \quad \frac{B}{R}, \quad \frac{R}{B},$$

auxquels on peut ajouter deux pavillons B et R. Dans cette disposition, il suffit donc de trois pavillons différents pour produire six signaux.

3° Avec des *fusées de couleurs différentes*.

Il est douteux, cependant, que ces deux méthodes puissent produire de bons résultats, parce que l'expérience prouve qu'à distance, les couleurs se confondent. Elles exigent d'ailleurs des conventions assez compliquées ;

4° Au moyen de l'*appareil Chappe*, modifié par les Anglais et réduit *à un seul indicateur*. Tout récemment, cette méthode a encore été proposée en France par le capitaine Galloti (au lieu de la combinaison binaire ; il signale les lettres par la *position de l'indicateur* et par la *direction de son mouvement*) ;

5° *Un soldat*, armé de son fusil, auquel il fixe un fanion ou un shako, peut remplacer l'appareil précédent et imiter les inclinaisons diverses de l'indicateur. Ce mode a été conseillé en France par Reynold de Chauvancy. En Belgique, le capitaine Van den Bogaert a proposé d'armer le signaleur d'un *disque en carton* qu'il tient à la main et qui, par l'inclinaison du bras, indique les différentes positions de l'appareil Chappe.

6e *Combinaison. — L'apparition simultanée de deux objets choisis dans une série de six objets différents,* évite les pertes de temps qui résultent de l'emploi du système binaire. Ce système peut être appliqué :

1° Au moyen de deux mâts chargés de drapeaux ;

2° Au moyen de deux *appareils Chappe* semblables au précédent, ou mieux encore de l'*appareil Chappe à deux indicateurs*, tel que celui employé en Crimée ;

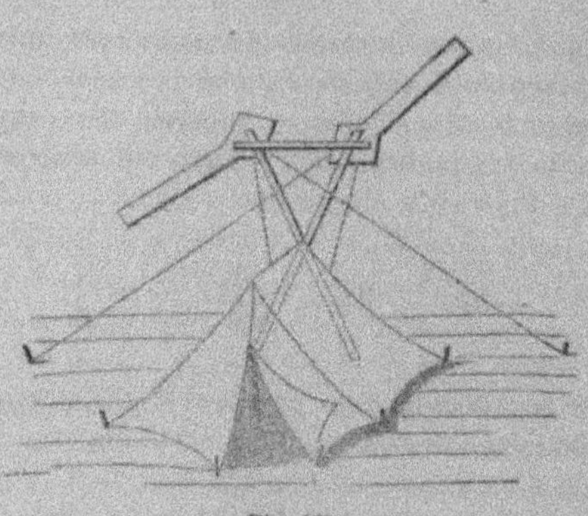

Fig. 12.

3° Au moyen de postes de *deux hommes* armés comme ci-dessus.

Les méthodes qui précèdent, par leurs combinaisons variées, qu'il est possible d'ailleurs de multiplier jusqu'à l'infini, suffisent évidemment à toutes les nécessités du service de campagne. Quel que soit l'appareil que l'on adopte, un certain nombre de signaux préliminaires fixeront les idées des deux stationnaires sur le mode suivi pour la transmission de la dépêche, sans aucune autre convention préalable. Des exercices avec un *matériel de place* de formes variées lèveront d'ailleurs toute difficulté à cet égard.

Les appareils qui semblent devoir être préférés, pour le *matériel de campagne* proprement dit, tant à cause de leur simplicité que de la rapidité de la correspondance, sont les suivants :

1° Les *tambours compressibles* de Colomb. Ils occupent peu de place dans les voitures de transport, mais pour les employer dans beaucoup de circonstances en campagne, à défaut de mâts ou d'arbres pour les suspendre, il faut y joindre une potence;

2° L'obligation d'introduire une potence dans le matériel fera préférer souvent l'*appareil de Chappe à un indicateur* qui a, en outre, l'avantage de transmettre chaque lettre par deux signaux seulement au lieu de quatre ;

3° *L'appareil à quatre cônes droits ou renversés* n'exige qu'un seul signal pour chaque lettre ; mais la nécessité d'attacher et de détacher les cônes pour chaque signal entraîne une perte de temps qui le rendra souvent inférieur au précédent;

4° *L'appareil de Chappe à deux indicateurs* est celui dont les signaux sont le plus rapides, mais il a le défaut d'exiger un matériel plus considérable.

Si l'on compare ces divers appareils au *télégraphe optique* du colonel d'Ebner, on ne peut méconnaître que ce dernier présente des avantages marqués sous le rapport de la simplicité de l'appareil et de la rapidité des signaux. On peut lui reprocher seulement la nécessité de faire usage d'un alphabet spécial composé de trois signes élémentaires (., — et △).

Les trois signes élémentaires combinés

1 à 1 donnent 3 caractères.
2 à 2 — 9 —
3 à 3 — 27 —

Total . . 39 caractères.

Ils permettent donc de reproduire, à l'aide de trois signes au plus :

26 lettres de l'alphabet,
10 chiffres numériques,
3 signaux de police *alph.*, *syll.* et *eff.* (le signal *chiff.* devient inutile dans ce cas).

Total 39.

Remarquons d'ailleurs que, dans cet alphabet, quatorze signes obtenus à l'aide des combinaisons 1 à 1, 2 à 2, 3 à 3 du (.) et du (—) ne différeront pas de l'alphabet Morse.

L'adoption de ce nouvel alphabet aurait l'avantage de simplifier notablement les appareils de circonstances dans plusieurs cas ; il conduirait à des combinaisons nouvelles :

7ᵉ et 8ᵉ *combinaisons* analogues aux 3ᵉ et 4ᵉ; lorsqu'on dispose de *trois objets différents*, leurs *apparitions successives ou simultanées* gagneraient en rapidité, puisqu'au lieu de quatre signes élémentaires, on se bornerait à trois. Ces combinaisons pourraient être appliquées :

1° Au moyen de *trois drapeaux de couleurs différentes* hissés au sommet d'un mât, ou de *trois objets de formes différen-*

tes suspendus à une vergue, tels que sphère, cylindre et cône (O, □, △) ;

2° Au moyen de *trois fusées de couleurs différentes*, telles que les *feux d'avertissement* du lieutenant Colomb.

3° Au moyen de *trois lanternes avec écrans de trois couleurs ;*

4° Au moyen d'instruments à *trois notes de musique ;*

5° Au moyen de postes de *trois hommes* munis d'objets différents : shakos, capotes, fanions, qu'ils élèveraient sur leurs fusils.

La simplification des signaux, que l'on pourrait obtenir par l'emploi de ce nouvel alphabet, justifie, selon nous, son adoption.

Nous croyons donc qu'il conviendra d'adopter l'*appareil optique* comme appareil de campagne. L'adjonction de *lampes au magnésium* permettra de produire des signaux de nuit de grande intensité. L'Exposition de Paris a fourni deux bons modèles de ces lampes : celui du capitaine Bolton et celui de Salomon, de Londres.

A ce matériel il conviendrait de joindre un petit *observatoire portatif* semblable à celui proposé par le major général Money, qui permettrait d'élever l'appareil à signaux à une certaine hauteur au-dessus de la campagne. Cet observatoire se compose de quatre perches de 8 à 10 mètres de longueur, réunies en pyramide par trois planchers mobiles sur lesquels on peut monter au moyen d'échelles de corde ; il est maintenu debout par quatre haubans. Un tel observatoire, qu'il est facile de monter et de démonter rapidement, formerait un poste très-utile au général en chef, pour observer les mouvements de l'armée. Chacun se rappelle les services rendus à l'Empereur par le poste d'observation du tertre de la *Belle-Alliance*, pendant la bataille de Waterloo.

La télégraphie aérienne, comme la télégraphie électrique, se lie à l'aérostation. Le capitaine Martin de Brettes a proposé, pour les signaux de nuit, de suspendre à un ballon captif une *lampe électrique* en communication avec le sol par un fil enroulé autour de l'amarre ; les interruptions successives et plus ou moins prolongées du courant électrique, peuvent produire des éclipses de lumière et signaler le *point* et le *trait* de l'alphabet Morse.

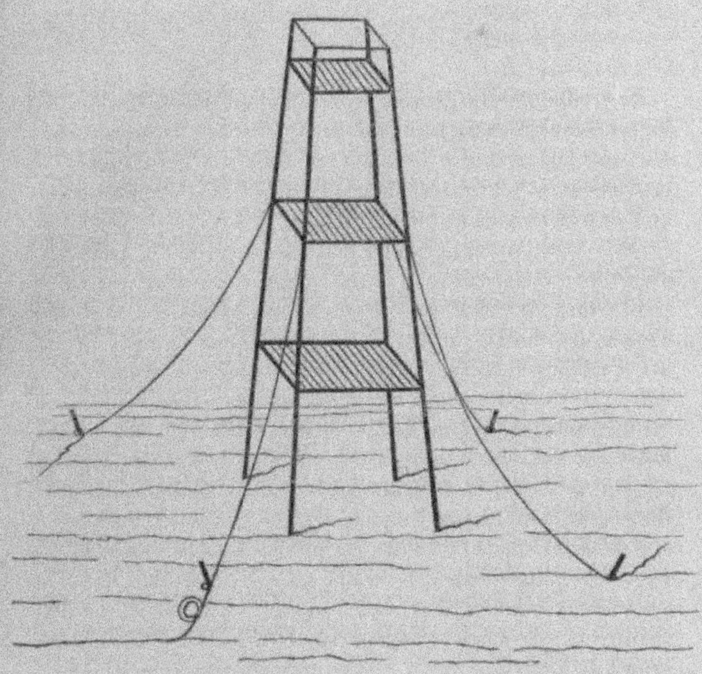

Fig. 13.

V

Personnel.

Après avoir étudié la partie matérielle de l'organisation du service télégraphique militaire, il nous reste à dire quelques mots au sujet de l'organisation du personnel et de l'instruction.

Le projet de la commission mixte affecte au service télégraphique une compagnie dont le cadre permanent se compose de :

1 capitaine en premier,
1 lieutenant,
1 sous-lieutenant,

1 sergent-major,
1 sergent-fourrier,
2 tambours.

On y adjoint des sergents, caporaux et soldats choisis dans les autres compagnies du génie, suivant les besoins. (Il serait désirable que les tambours fussent remplacés par des clairons. Cet instrument est plus favorable aux exercices de télégraphie acousques et aux signaux à grande distance.)

Cette organisation satisfait à toutes les éventualités. Les seules difficultés à vaincre pour la bonne organisation d'un service de cette nature, se réduisent à des questions de matériel et d'ordre dans la distribution du travail, ce qui ne demande qu'un personnel d'officiers instruits et exercés. L'expérience prouve qu'en quinze jours ou un mois d'exercices, avec un sergent ou un caporal un peu lettré, on peut former un bon *opérateur*, et il est probable que des soldats exercés aux travaux, comme les sapeurs, seraient en fort peu de temps de bons *constructeurs* de lignes. On pourra donc varier fréquemment le personnel inférieur et répandre dans toute l'arme du génie les connaissances nécessaires au service télégraphique. Il serait néanmoins désirable, dans l'intérêt de l'instruction, d'adjoindre au cadre permanent un petit nombre de sous-officiers pour servir d'instructeurs et pour l'entretien du matériel.

L'organisation du service télégraphique des troupes du génie entraîne nécessairement l'établissement d'un système télégraphique complet pour la place d'Anvers, analogue à celui établi dans les grandes positions défensives de l'Angleterre. « On établira » entre les forts de l'enceinte des fils télégraphiques enterrés à » plus d'un mètre de profondeur, dit le lieutenant-colonel Brialmont, au moyen desquels les commandants des forts correspondront entre eux et avec le commandant en chef dont le » quartier-général sera établi au centre de l'enceinte, dans l'hôtel » du gouverneur militaire. Cette communication instantanée des » forts avec le centre de la position rendra les surprises impossibles et fera disparaître ainsi le seul inconvénient que présentent les lignes de défense de plusieurs lieues d'étendue. »

Nous croyons que ce quartier-général télégraphique, dont l'importance devient immense, doit être mis à l'abri de toute surprise. Le fortin de Berchem (ancien fortin n° 4), au centre de la partie attaquable de l'enceinte d'Anvers, paraît bien approprié à ce rôle. Des fils partiraient de ce point vers les divers forts, où l'on établirait des stations télégraphiques militaires, qui elles-mêmes seraient reliées entre elles. Un fil traversant l'Escaut, au moyen d'un câble sous-marin, relierait la rive gauche au centre télégraphique. Des signaux aériens, établis aux divers saillants de l'enceinte, suffiraient aux premiers besoins de cette partie de la défense.

Le service de la correspondance et l'entretien de ce réseau télégraphique servirait en temps de paix à développer l'instruction de la compagnie télégraphique sous le rapport de la *télégraphie mixte* et des signaux de la *télégraphie de position*.

Ce service a déjà été organisé en partie. Par une convention passée entre le Département des Travaux Publics et le Département de la Guerre, en date du 12 octobre 1865, des lignes téléphiques en relation avec les lignes de l'État ont été établies par le premier, pour être desservies par des militaires sous la direction d'un officier du génie, dans plusieurs bureaux ouverts au public. Ce système est évidemment défectueux au point de vue militaire, car ainsi que nous l'avons dit, les fils aériens en usage dans l'administration civile ne peuvent convenir comme appareil de guerre dans une position avancée et exposée aux attaques ; il a pour résultat de placer les agents militaires subalternes sous l'autorité des agents de l'administration civile avec lesquels ils sont en rapport, au lieu de les faire dépendre exclusivement de leurs chefs. Il conviendra donc de donner au service télégraphique d'Anvers une direction plus exclusivement militaire, et si rien n'empêche d'utiliser les bureaux dans l'intérêt de la population civile, il faudra que les rapports des deux services soient exclusivement établis par le bureau central militaire, afin de ne pas détourner les soldats de l'autorité de leurs chefs directs.

Indépendamment du service de place, les manœuvres du camp de Beverloo permettront chaque année de soumettre à l'expérience le *service mobile de campagne*. Pour préparer les télégraphistes à ce genre de travaux, il conviendra de mettre à la disposition de la compagnie un détachement du train, si mieux on ne préfère créer, comme dans les autres pays, un *train spécial du génie*.

L'exécution des travaux de campagne, aussi bien que la surveillance des bureaux d'Anvers, obligera les officiers du service télégraphique, qui en campagne constituent une section importante de l'état-major général, à être montés. En indiquant la composition du matériel de l'équipage télégraphique, nous avons supposé que les sous-officiers chefs de brigades, seraient transportés sur de petites voitures légères, renfermant les appareils de transmission. Les travailleurs pourront être transportés sur les voitures du matériel, convenablement disposées, comme les servants de l'artillerie montée.

D'après les expérience faites en Allemagne, on peut admettre qu'une section télégraphique de campagne, propre à établir dix à douze kilomètres de ligne, doit comprendre :

2 voitures-stations à un cheval,

2 voitures de transport pour le matériel électrique, quatre chevaux,

1 voiture de transport pour le matériel aérien, à quatre chevaux,

---

5

Le personnel nécessaire est :

1 officier monté (deux chevaux),

2 sous-officiers chefs d'ateliers et stationnaires,

2 brigadiers id.

12 soldats pour la construction de la ligne et sa surveillance,

1 brigadier du train,

6 conducteurs id.

---

24 hommes et 16 chevaux (1).

L'expérience de la guerre d'Italie démontre qu'un service permanent de télégraphie répond à une nécessité urgente de la guerre. Le rapport de l'inspecteur Lair signale les graves embarras auxquels on est exposé avec un service organisé d'urgence au dernier moment : « La plus grande difficulté que nous ayons eue

---

(1) On peut consulter à ce sujet l'*Essai de règlement sur le service télégraphique de campagne*, par le capitaine d'état-major Costa de Serda.

» à surmonter pendant toute la campagne, dit-il, a été celle du » transport de notre matériel sur des charrettes de toutes formes, » nullement appropriées à nos besoins et ne pouvant prendre que » de très-faibles chargements ; il était, en outre, très-difficile de » faire marcher les voituriers, qui, n'étant soumis à aucune disci- » pline, n'obéissaient que contraints par la force, et se sauvaient » avec leurs voitures quand ils n'étaient pas bien surveillés, lais- » sant sur la route nos poteaux et nos fils. La main-d'œuvre pour » la plantation des poteaux a été souvent aussi un obstacle à la » prompte exécution des lignes ; il fallait perdre un temps pré- » cieux pour recruter directement ou réclamer aux municipalités » des manœuvres qu'elles étaient elles-mêmes très-embarrassées » de fournir, et toujours en nombre très-insuffisant. »

En dehors des nécessités de la correspondance officielle, l'habitude de pratiquer les signaux dans les corps de troupes peut rendre d'incalculables services. Indépendamment du service télégraphique proprement dit, on avait organisé en Amérique, dans les diverses divisions de l'armée, des corps dits *de signaux* dont la mission était de transmettre les ordres du général en chef, par des pavillons ou des fanions pendant le jour, et de feux pendant la nuit. « Bien des surprises ont été éventées, dit le » capitaine Van den Bogaert, par un seul homme muni d'un » petit drapeau ou d'une torche ; bien des succès ont été dus à » des hommes qui, en apparence, ne portaient rien sur eux, et » que l'ennemi avait laissés passer sans défiance. Souvent les » signaleurs se trouvaient derrière les ennemis et envoyaient » par-dessus ces derniers les avis qui devaient contribuer à leur » défaite. Il leur est arrivé, étant à terre, de donner aux artil- » leurs des flottes des indications nécessaires pour diriger le tir » vers les côtes et atteindre et déloger des troupes ennemies em- » barquées sur les rives, pour empêcher un débarquement, alors » qu'il était impossible à ces mêmes artilleurs et aux vigies de » voir où les projectiles allaient frapper. »

Le développement donné aux exercices télégraphiques inspirera aux troupes le goût de ce genre de travaux et entraînera des perfectionnements nombreux. Le soldat est ingénieux à s'assimiler, pour ses besoins personnels, les grands faits qu'on lui montre ; souvent les petites pratiques de détails qu'il s'ingénie à perfectionner, méritent de fixer l'attention des esprits sérieux et deviennent une source de progrès réels. La *tente-abri* française, par exemple, née de l'invention du soldat, puis réglementée ensuite, a rendu en Crimée des services immenses.

Dans les tranchées de Sébastopol, les troupes avaient imaginé tout un système de signaux au clairon, pour annoncer les sorties des Russes et indiquer leur point d'attaque, aux réserves massées à l'endroit appelé le *Clocheton*. Chose remarquable, ces signaux de clairons dominaient la fusillade et la canonnade. L'exemple suivant montre surtout la faculté du soldat à imiter et à s'approprier les méthodes qu'il voit pratiquer.

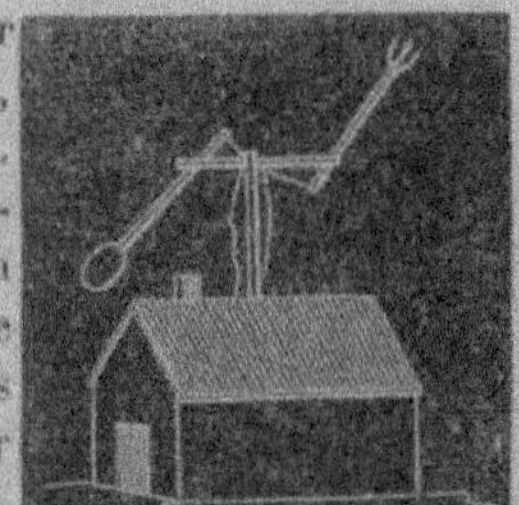

Un régiment en Crimée dut quitter son campement par mesure hygiénique, pour aller s'établir un peu plus loin. Les tentes d'officiers ainsi que les cuisines restèrent en place. Il en résulta que les cuisiniers étaient sans cesse assaillis, à l'heure des repas, par les plus affamés. Ils imaginèrent de créer un télégraphe qui, à l'aide de signaux, avertissait que l'heure de la soupe était arrivée. Aussitôt les hommes de corvée arrivaient sans entraver les cuisiniers dans leur service. Ce *télégraphe des cuisiniers*, qui eut d'abord un succès de rire, rendit plus tard des services sérieux pour les travaux journaliers du camp.

Janvier 1868.

AÉROSTATION MILITAIRE.

La curiosité publique a été vivement surexcitée, dans ces dernières années, par des expériences théâtrales sur l'*aviation* et l'*aérostation*. Exploitées par la réclame la plus étourdissante, ces expériences, d'un avenir contestable, ont détourné l'attention d'autres tentatives plus modestes et plus sérieuses, entreprises pour utiliser la force remarquable dont la découverte est due au génie des Mongolfier. Le problème de la navigation aérienne sera-t-il jamais résolu? L'avenir décidera cette question. Remarquons seulement que le pouvoir ascensionnel de l'air raréfié ou des gaz légers n'a reçu jusqu'ici d'application utile que pour certaines observations scientifiques, et pour les reconnaissances militaires.

Des tentatives importantes ont été faites pour appliquer l'aérostation aux opérations de guerre, et tout porte à croire que tôt ou tard on parviendra à vaincre les difficultés que l'on a rencontrées dans les premiers essais. Exposer l'histoire du passé, rappeler les résultats obtenus, les obstacles qui se sont présentés, indiquer les moyens qui ont été proposés pour les vaincre, c'est déjà faire un pas vers la solution d'un problème fort négligé.

Le colonel Brialmont, dans ses *Études sur la défense des États*, signale l'intérêt que l'art de l'*aérostation militaire* présente pour la défense du camp retranché d'Anvers :

« Dans certains cas, dit-il (par exemple dans les pays couverts » et lorsque l'ennemi fait ses préparatifs d'attaque à une grande » distance de la place, sous la protection d'une active surveil-

» lance), les ballons fourniront à la défense, aussi bien qu'à » l'attaque, un excellent moyen d'exploration dont les armées » n'ont pas, jusqu'ici, tiré un assez grand parti. Si, par » exemple, il se préparait dans le voisinage du camp retranché » quelque mouvement de troupes sur lequel on n'eût pas de » renseignements précis, on établirait un observateur dans un » ballon retenu captif au-dessus, ou en avant de l'un des forts. »

Nous croyons même que l'aérostation, qui complète en quelque sorte l'art de la télégraphie en campagne, ainsi que nous avons cherché à le montrer dans notre étude sur la *télégraphie militaire*, constitue le seul moyen efficace pour prévenir les effets des concentrations rapides de troupes, que l'on peut obtenir par ce nouveau mode de correspondance. Telle est aussi l'opinion du Ministère de la guerre autrichien, qui vient d'ordonner tout récemment de reprendre l'étude de l'aérostation militaire. L'*Allgemeine Militoër Zeitung* de Darmstadt (4 août 1866), auquel nous empruntons l'annonce de ce fait, ajoute : « Si l'armée de Benedeck » eût possédé un ballon de reconnaissance sur le champ de » bataille de Sadowa, elle n'eût pas été exposée à la *surprise* » de Chlum, qui fut la cause de son désastre. »

I

Vers la fin du siècle dernier, à la suite du célèbre voyage aérien de Pilastre des Rosiers et du marquis d'Arlandes (21 octobre 1783), chacun s'évertuait à utiliser la force nouvelle due aux travaux des frères Mongolfier et du physicien Charles. Dès le mois de juillet 1784, un jeune lieutenant du génie, Meusnier, le même qui s'illustra plus tard comme général dans la défense de Mayence, appelait l'attention du monde militaire sur cette invention, dans le *Journal de Physique* de l'abbé Rozier. Son mémoire, le plus remarquable qui ait encore été publié sur les aérostats, fut présenté à l'Académie le 3 décembre, et valut à son auteur le titre de membre de cette institution (1).

---

(1) Meusnier de la Place (Jean-Baptiste-Charles) était né à Tours, le 19 juin 1754. Il avait fait ses études à l'école de Mézières, dont il sortit en 1776 comme

Quelques jours plus tard (janvier 1784), le baron de Breteuil, Ministre d'État, chargeait cette société savante de chercher le moyen d'utiliser la nouvelle découverte. Le lieutenant Meusnier reçut la mission de s'occuper de ces recherches. La bibliothèque de l'école de Metz possède encore le manuscrit dans lequel il a consigné le résultat des études, qu'il n'eut pas le loisir d'achever.

Vers la même époque, Giroud de Villette conseilla l'usage des ballons pour les reconnaissances de terre et de mer. On sait que l'ascension du 21 octobre 1783 fut précédée d'une série d'ascensions en ballon captif faites d'après les ordres de Louis XVI dans le jardin de Réveillon au faubourg Saint-Antoine à Paris, dans le but de constater les dangers d'un voyage aérien exécuté par des hommes. Giroud, qui accompagna Pilastre des Rosiers dans l'une de ces ascensions préparatoires, rend compte au *Journal de Paris* des sensations qu'il éprouva ; il ajoute : « Je fus convaincu que cette machine, peu dispendieuse, » serait très-utile dans une armée pour découvrir la position de » celle de son ennemi, ses manœuvres, ses marches, ses dispo- » sitions, et les annoncer par des signaux aux troupes alliées de » la machine. Je crois qu'en mer il sera également possible, » avec des précautions, de se servir de cette machine. Voilà » une utilité incontestable, que le temps nous perfectionnera... » Il ne paraît pas que cette idée ait eu aucune suite immédiate.

La première application militaire des aérostats remonte au siége de Valenciennes de 1793. Le général Becayes-Ferrand, d'après les conseils du colonel du génie Tholozé, fit usage d'un ballon pour informer Custine, qui se trouvait alors au camp de César, de la situation désespérée de la garnison. « Les » assiégés imaginèrent alors, dit Louis Blanc, de faire partir un » ballon auquel ils attachèrent un paquet contenant une lettre » des deux commissaires de l'assemblée nationale (Cochon de

---

ingénieur militaire. Aussitôt sa sortie de l'école, il présenta à l'Académie un mémoire sur la Géométrie descriptive, dont il peut être considéré, avec Monge, comme le fondateur ; ce travail lui valut le titre de correspondant de l'Académie. A l'époque où il rédigea son Mémoire sur les aérostats il était employé aux travaux de Cherbourg. On sait qu'il fut tué à Mayence en 1793, étant parvenu au grade de général de brigade.

» Lapparent et Briez). Un billet joint à cette lettre promettait » une récompense à quiconque, ayant trouvé le paquet, irait » le remettre sur le champ à la municipalité la plus voisine. Le » ballon s'éleva très-bien. Un vent favorable le dirigeait vers la » France. Longtemps la garnison le suivit des yeux aux cris mille » fois répétés de : — « Vive la nation ! » — tandis que, sortis » de leurs tentes près de Famars, les ennemis criaient à leur tour » d'un air triomphant : — « Voilà les députés qui se sauvent ! » — » Malheureusement le ballon ne parvint pas à sa destination : » il alla tomber dans le camp de Cobourg, qui apprit de cette » manière que ceux de Valenciennes avaient juré de se défendre » jusqu'à la dernière extrémité. »

Le Comité de Salut public avait institué une commission chargée d'étudier le moyen d'appliquer à la guerre les progrès accomplis dans les sciences. L'un des membres de cette commission, Guyton-Morveau, qui s'était occupé d'aérostation et avait même fait plusieurs ascensions à Dijon, appella son attention sur l'emploi des ballons aux reconnaissances militaires. Cette proposition fut accueillie avec la réserve de ne pas employer l'acide sulfurique pour la préparation du gaz hydrogène. La guerre extérieure fermant les ports à l'importation du soufre de Sicile, on craignait une consommation inutile de cette matière, alors très-recherchée pour la fabrication de la poudre à canon.

Lavoisier avait déjà démontré qu'on pouvait produire l'hydrogène au moyen d'un courant de vapeur d'eau, dirigé sur du fer incandescent, mais il restait à constater si, par ce moyen, on pouvait fabriquer le gaz en assez grande quantité pour assurer l'approvisionnement régulier d'un aérostat.

Le capitaine du génie Coutelle (1), auquel on associa les physiciens Charles et Conté, fut chargé de cette recherche. Son laboratoire fut installé dans la salle des Maréchaux, aux Tuileries. Il construisit un grand fourneau, dans lequel il fit passer de la vapeur d'eau, au travers de tuyaux en fonte remplis de rognures

---

(1) Coutelle (Jean-Auguste-Fortuné), né à Paris, le 8 mars 1774, avait été élève de l'école de Mezières. Il fut nommé sous-lieutenant du génie, le 1er mars 1793, et capitaine le 16 décembre de la même année.

de tôle et de copeaux de fer chauffés au rouge. Il parvint à produire par cette méthode 5 à 600 pieds cubes d'hydrogène.

Cette première partie du problème étant résolue, on crut nécessaire, avant de poursuivre, de consulter sur l'utilité de son application, le général Jourdan, qui venait de succéder au général Houchard dans le commandement de l'armée du Nord, et qui était à cet époque en grande réputation. Coutelle reçut en conséquence l'ordre de se rendre à l'armée, près de ce général. Son voyage, accompli en toute hâte, fut accompagné de péripéties de tous genres. Voyageant à franc-étrier, il faillit être fusillé en route par ordre du Représentant du peuple Duquesnoy, qui ne comprenait rien à sa mission. Arrêté et amené devant cet émule de Joseph Lebon au moment où il se trouvait à table : — « Un » ballon, dit-il, un ballon dans le camp... Vous m'avez tout l'air » d'un suspect ; je vais commencer par vous faire fusiller... » — Coutelle eut beaucoup de mal à faire entendre raison au terrible commissaire. Il atteignit enfin Jourdan à Beaumont, au moment où celui-ci préparait le déblocus de Maubeuge. Jourdan approuva ses projets, mais lui conseilla de continuer ses études préparatoires à Paris, l'état de la frontière ne permettant pas d'y entreprendre des expériences régulières.

Aussitôt son retour à Paris, on mit à la disposition de Coutelle le petit château de Meudon pour y organiser ses ateliers, et on lui adjoignit Conté. Un grand fourneau fut construit pour la fabrication du gaz. On confectionna un ballon de 27 pieds (9^{m}00) de diamètre, capable d'enlever deux personnes, et on arrêta les dispositions à prendre dans les ascensions. Le ballon devait être retenu captif au moyen de deux cables de 270 toises longueur (540^{m}00) attachés à son équateur au moyen de filets. Dans l'opinion de Coutelle, un plus grand nombre d'amarres eût été nuisible, parce que le ballon, étant balancé continuellement par le vent, les câbles qu'on aurait pu ajouter eussent été constamment ou trop longs ou trop courts.

Conté imagina pour diriger la manœuvre, un système de signaux au moyen de flammes et de fanions (triangulaires ou carrés) de 18 pouces de longueur (0^{m},59) et de couleur blanche, rouge ou jaune ; attachés à la balustrade de la nacelle, ils permettaient à l'observateur de commander les mouvements et d'indiquer à terre de se porter en avant, en arrière, de remonter, de descendre, etc., etc. Des signaux semblables étendus à terre faisaient connaître à l'aéronaute les ordres du général en chef. Pour transmettre les avis on prépara de petits sacs de sable dans lesquels on pouvait placer une lettre ; ces sacs destinés à être jetés de la nacelle étaient pourvus de petites flammes qui permettaient à l'œil de les suivre dans leur chute. On reconnut que l'usage d'un cordage pour guider la chute des sacs vers un point déterminé, eût été embarrassant. (1)

Tout ayant été disposé pour les ascensions, les premières expériences furent exécutées devant Monge, Fourcroy et Guyton-Morveau. Coutelle s'éleva à diverses reprises à 540 mètres de hauteur. Le ballon était retenu par dix hommes. « Les commissaires, dit » Coutelle, m'engagèrent à me placer dans la nacelle, et me don- » nèrent une suite de signaux à répéter et d'observations à faire. » Je me fis élever successivement de toute la longueur des cordes, » 270 toises ; j'étais alors à 350 toises environ au-dessus du ni- » veau de la Seine : je distinguais parfaitement, avec une lunette, » les sept coudes de la rivière jusqu'à Meulan. Rappellé à terre, » je reçus des compliments des membres de la commission, aux- » quels je ne dissimulai pas l'impression que pouvait éprouver » celui qui, pour la première fois, se trouverait ainsi isolé à une » plus ou moins grande distance de la terre, et je leur fis sentir » la nécessité d'être toujours deux, c'est-à-dire une personne » avec celle qui est à la tête de toutes les opérations... Ce qui »

---

(1) Toutes les dispositions adoptées par Coutelle n'étaient d'ailleurs que l'application de procédés d'un usage commun. C'est ainsi que l'emploi des ballons captifs était naturellement indiqué par les expériences faites dans le jardin de Réveillon. Biot rapporte que dans sa jeunesse il existait dans la plaine de Grenelle, au moulin de Javelle, un établissement où des ballons étaient constamment tenus à la disposition des amateurs des deux sexes qui voulaient faire une ascension de quelques heures en ballon captif. Ces ascensions, qui furent longtemps de mode, ne donnerent lieu à aucun accident. — La correspondance au moyen de sacs munis de banderolles jetés à terre avait été pratiquée par Guyton Morveau dans son ascension de Dijon. — Dans cette même ascension, son ballon fut traîné triomphalement par la population du village de Trochère, où il était descendu, jusqu'à Dijon ; ce fait donna probablement l'idée du mode de transport que Coutelle adopta, comme nous le verrons, pour les aérostats militaires, etc.

» cause une impression à laquelle on a besoin de s'accoutumer, » c'est le bruit que fait le ballon lorsqu'il est comprimé par les » coups de vent répétés ; il s'y forme une concavité plus ou » moins grande, suivant la force du vent. Lorsque le coup de » vent a passé, le ballon reprend sa forme, par l'élasticité du gaz » qui était comprimé, avec une telle vitesse, que le bruit, du coup » de fouet du taffetas, se fait entendre à une grande distance ; ce » qui ferait craindre sa rupture s'il n'était pas contenu par le » filet. Du reste, cet accident ne m'est jamais arrivé, quoique » je me sois servi souvent d'un ballon dont le taffetas avait perdu » presque toute sa force. »

Ces expériences furent jugées si favorables qu'un décret du 14 germinal an II (2 avril 1794) organisa définitivement le service des *aérostiers* :

« Art. 1er. Il sera incessamment formé pour le service d'un » aérostat près de l'une des armées de la République, une com» pagnie qui aura la dénomination d'*aérostiers*.

» Art. 2. Elle sera composée d'un capitaine, ayant les ap» pointements de ceux de la première classe, d'un lieutenant, » un sergent-major, un sergent, deux caporaux et vingt soldats.

» Art. 3. La dite compagnie sera, pour le surplus de son or» ganisation et pour la solde, à l'instar d'une compagnie de » canonniers.

» Art. 4. Son uniforme sera habit, veste et culotte bleus, » passepoil rouge au collet, parements noirs (1), boutons d'in» fanterie avec pantalon et veste de coutil bleu pour le travail.

» Art. 5. L'armement des hommes consistera en un sabre » court et deux pistolets pour chacun.

» Art. 6. Le citoyen Coutelle, qui a dirigé jusqu'à ce jour les » opérations ordonnées à ce sujet par le comité, est nommé capi» taine de la dite compagnie et chargé de son organisation.

» Art. 7. Ceux qui seront admis à faire partie des aérostiers » se rendront sur-le-champ à Meudon pour y être exercés aux » ouvrages et manœuvres relatifs à cet art.

---

(1) Le collet et les parements de velours noir sont le signe distinctif du génie depuis l'ordonnance du 7 février 1744.

» Art. 8. La compagnie des aérostiers, lorsqu'elle sera à l'ar-
» mée ou dans une place de guerre, sera entièrement soumise
» pour son service à la police militaire, et prendra les ordres
» du général ou du commandant en chef.

» (Signé) Robespierre, Carnot, C.-A. Prieur, Barrère, Saint-Just, Billaud-Varennes. »

Coutelle reçut le brevet de *capitaine commandant des aérostiers dans l'arme de l'artillerie* (1), *attaché à l'état-major général*, ainsi que l'ordre de se rendre sans délai à l'armée de Sambre-et-Meuse. Conté resta chargé de la direction de l'*Institut aéronautique* de Meudon.

Coutelle arriva à Maubeuge avec sa compagnie vers le commencement de mai 1794 et installa immédiatement ses fourneaux à gaz ; son équipage qui le suivit à petites journées, le rejoignit vers la fin du mois. L'arrivée de cette troupe nouvelle, exécutant des travaux étranges, excita une certaine défiance dans l'armée ; on murmurait sur son passage des propos désobligeants. Pour mettre fin à cet état de choses, Coutelle sollicita la faveur de prendre part à une sortie dirigée contre les travaux d'attaque des Autrichiens sur la rive gauche de la Sambre ; le général y ayant consenti, deux aérostiers furent blessés dans l'affaire : le sous-lieutenant et un soldat. Coutelle n'eut qu'à s'applaudir de sa résolution : « Nous rentrâmes dans la place au rang de soldats de l'armée, » dit-il. »

L'équipage étant arrivé on mit le feu au fourneau. L'aérostat, qui reçut le nom de l'*Entreprenant*, put être gonflé en moins de 50 heures, au point de pouvoir enlever 500 livres. Dès lors on fit chaque jour deux ou trois ascensions pour observer les travaux des Autrichiens. Dans chacune de ces ascensions, Coutelle était accompagné d'un officier d'état-major. On observait en général les

(1) Il est difficile de comprendre pourquoi les aérostiers, créés par un officier du génie, furent attachés à l'artillerie. Cette circonstance bizarre ne peut s'expliquer que par les désordres de l'époque et aussi par les tendances envahissantes de l'artillerie. Il est à remarquer d'ailleurs qu'après la suppression des aérostiers, Coutelle rentra dans le génie, où il devint colonel.

travaux de l'ennemi à l'aide d'une lunette, mais on reconnut que très-souvent les observations au moyen d'instruments étaient difficiles, à cause du balancement de la nacelle. Il fut d'ailleurs possible de distinguer à simple vue les mouvements de troupe et même de compter les pièces de l'ennemi dans ses redoutes.

Les Autrichiens essayèrent, dans les premiers jours de juin, de se débarrasser de ces observateurs incommodes. Une pièce de canon embusquée dans un ravin, à mi-portée de canon, tira sur le ballon, au moment où il était en observation ; le premier boulet passa au-dessus. Coutelle put voir distinctement charger et mettre le feu à la pièce une seconde fois et le boulet passa si près de l'aérostat qu'il le crut percé. Un troisième boulet passa au-dessous. Il donna le signal de ramener à terre et l'opération s'exécuta avec une telle rapidité que l'ennemi ne put plus tirer que deux coups de canon pendant la descente du ballon. Les Autrichiens ne renouvelèrent plus la tentative de détruire le ballon à coups de canon.

Le 18 juin, Coutelle reçut l'ordre de rejoindre en toute hâte l'armée de Jourdan, qui se disposait à passer la Sambre pour attaquer Charleroi. Les opérations préliminaires pour l'installation du service des aérostiers avaient pris beaucoup de temps et rien n'avait été préparé pour leur entrée en campagne. On fit tous les préparatifs du départ pendant la nuit, et on arrêta le mode à suivre pour le transport.

La nacelle ainsi que les amarres fut détachée. Chaque aérostier fut muni d'une corde destinée à être fixée, au moyen d'un nœud coulant, à l'équateur du ballon. Vingt hommes marchant sur les deux côtés de la route, pouvaient ainsi traîner l'aérostat en le maintenant à une hauteur suffisante pour que les équipages, la cavalerie et l'artillerie puissent passer au-dessous. La nacelle fut placée sur un chariot qui portait en outre les deux grands câbles d'ascension, une grande toile destinée à contenir le ballon à terre pendant la nuit ou à l'abattre lorsque le vent était trop fort, des piquets, des masses, des outils pour fixer la toile ou les amarres au sol.

Quand il s'agissait de faire une ascension, une manœuvre très-simple permettait de détacher les cordes, puis d'attacher les câbles et la nacelle.

Le 19, à midi, le ballon sortit de Maubeuge ; tout était si bien disposé qu'on put lui faire franchir sans difficulté les remparts et les fossés. Le 21, étant en route, on fit une première reconnaissance à l'attaque dirigée contre la division Kléber à la chapelle de Herlaymont. Le 22, le ballon arriva à Charleroi. Le représentant Saint-Just, impatient de voir tomber la place, avait ordonné l'assaut; le commandant Marescot, qui dirigeait les opérations du génie, s'éleva avec Coutelle pour apprécier l'état des batteries de l'assiégé. Le 25, Coutelle faisait une ascension à Jumet, pour reconnaître les forces du prince de Cobourg, qui accourait au secours de Charleroi.

Le 26, le général de division Morlot resta en observation pendant deux heures avec Coutelle dans les champs de Fleurus et put fournir au général en chef des renseignements importants sur la position des alliés; le ballon fut en observation pendant plus de huit heures dans cette journée, tantôt sur un point, tantôt sur un autre, et contribua puissamment au gain de la bataille. Afin de le transporter plus rapidement d'un point sur un autre, où sa présence était jugée utile, on y attela 30 chevaux. Plusieurs essais furent faits par l'ennemi pour l'abattre; on tira sur lui à coups de carabine, mais sans succès.

Le représentant Guyton-Morveau, qui assistait à la bataille, écrivait le lendemain, 27 juin, au Comité de Salut public : « J'ai » eu la satisfaction de voir les généraux approuver l'usage de » cette machine de guerre, au point d'y monter eux-mêmes pour » observer; le général Morlot y est resté deux heures, la lunette » à la main, hier matin; il a jeté de là deux avis qui ont été » portés sur-le-champ au général en chef, et il est persuadé qu'ils » ont contribué à décider des dispositions utiles. »

Le 5 juillet, Coutelle faisait sa vingt-cinquième ascension avec le général en chef Jourdan lui-même, aux redoutes de Lambusart, et le même jour son lieutenant, Lomet, s'élevait avec Guyton-Morveau à Sombreffe.

Ces expériences parurent si décisives que l'on se décida à créer une seconde compagnie d'aérostiers. « Le ballon est un secours » important qu'il ne faut pas négliger, » écrivait Carnot à un de ses collègues de l'armée.

Coutelle se rendit ensuite à Bruxelles, où les armées du Nord et de Sambre-et-Meuse venaient d'opérer leur jonction. Arrivé près de cette ville, un accident faillit détruire son ballon; un coup de vent le jeta sur un éclat de bois qui pénétra dans sa partie inférieure et produisit une perte de gaz. Le dégât fut bientôt réparé et le ballon resta quelques jours dans le Parc, exposé à la curiosité du public; puis il fut dirigé sur Namur.

Il arriva devant cette ville le 16 juillet. Un coup de vent qu'on n'avait pu prévoir abattit le ballon contre un arbre, le fendit à sa partie supérieure et le vida en un instant. Pour le remplir de nouveau, on le transporta en poste à Maubeuge, où les fourneaux étaient restés installés.

Le ballon rejoignit l'armée et arriva à Liège le 27 juillet. Il passa la Meuse au moyen de bateaux, puis fut dirigé sur Borcette près d'Aix-la-Chapelle, où l'on construisit de nouveaux fourneaux. La compagnie d'aérostiers y séjourna quelque temps.

Coutelle retourna à Paris pour organiser la seconde compagnie d'aérostiers, laissant le commandement de la première compagnie au capitaine Lhomond.

Le 19 septembre, la compagnie de Lhomond rejoignit l'armée de Sambre-et-Meuse à Liège et rendit des services importants à la bataille de la Chartreuse. Le général Money de l'armée anglaise, témoin oculaire, qui a conseillé en 1803 d'introduire les aérostats dans l'armée britannique, dit au sujet de cette bataille : « On aurait pu supposer que les yeux du général français étaient » dans notre camp. — One would have supposed that the French » General's eyes were in our camp. »

L'*Entreprenant* assista encore à la bataille d'Aldenhoven, le 2 octobre, et à la prise de Bonn le 10 du même mois. A Andernach, le général Bernadotte, pressé de monter en ballon, refusa catégoriquement. — « Je préfère le chemin des ânes, » dit-il (1).

---

(1) On a prétendu que Napoléon Ier, étant lieutenant d'artillerie, avait fait une ascension en ballon. Cette histoire a été réfutée dans le *Mémorial de Sainte-Hélène*. Voici son origine : le 2 mars 1784, au moment où Blanchard se disposait à faire une ascension au Champ-de-Mars à Paris, un jeune élève de l'École militaire nommé Dupont de Chambon se précipita l'épée à la main pour prendre place dans la nacelle. La malignité s'es temparée de ce fait ridicule pour l'attribuer à Napoléon, qui rit beaucoup lorsqu'on le lui raconta.

Devant Ehrenbreitstein, le 23 octobre, les Autrichiens tentèrent vainement de démonter le ballon au moyen de boulets et de bombes.

La seconde compagnie formée à Paris par décret du 3 brumaire an III (23 octobre 1794), sous les ordres de Coutelle, fut dirigée sur l'armée du Rhin. Elle fit son premier établissement à Frankenthal, puis se rendit à Mayence le 1er décembre. Coutelle y exécuta de nombreuses reconnaissances. « Je reçus l'ordre, » dit-il, de faire une reconnaissance sur Mayence ; je me postai » entre nos lignes et la place, à une demi-portée de canon ; le » vent était fort, et pour lui opposer plus de résistance, je montai » seul avec plus de 200 livres d'excès de légèreté. J'étais à plus » de 150 toises d'élévation (300 mètres) lorsque trois bourras- » ques successives me rabattirent à terre avec une si grande » force, que plusieurs des barreaux qui soutenaient le fond de la » nacelle furent brisés. Chaque fois, le ballon s'élevait avec une » telle vitesse que 64 personnes, 32 à chaque corde, étaient » entraînées à une grande distance. Si les cordes avaient été » fixées à des grappins, ainsi qu'on me l'avait proposé, il n'y a » pas de doute qu'elles n'eussent été cassées ou que le filet n'ait » été rompu..... Le vent se calma un peu ; alors je pus compter » à la vue simple, les pièces de canons sur les remparts ainsi » que toutes les personnes qui marchaient dans les rues et sur » les places. » On raconte que le gouverneur de Mayence émerveillé du courage de l'aéronaute, et épouvanté des dangers qu'il courait, envoya un parlementaire prier le général français de le faire descendre.

« Généralement, dit Coutelle, les soldats ennemis, qui tous » voyaient un observateur plonger sur eux et prendre des notes, » étaient persuadés qu'ils ne pouvaient pas faire un mouvement » sans être remarqués. Nos soldats étaient de la même opinion » et trouvaient dans les observateurs un genre de bravoure nou- » veau qui excitait leur admiration et leur confiance. Dans nos » marches toujours pénibles, la surveillance continuelle ne per- » mettait pas à aucun aérostier de quitter la corde qui retenait le » ballon ; il nous est arrivé de trouver sur notre passage des » rafraîchissements préparés pour nous ; souvent aussi des sol- » dats de troupes légères nous apportaient du vin. »

Coutelle rapporte un fait singulier qui se produisit devant Manheim. « Nous étions campés sur les bords du Rhin devant » Manheim, lorsque le général qui nous commandait m'envoya » en parlementaire sur l'autre rive. Aussitôt que les officiers » autrichiens eurent appris que je commandais l'aérostat je fus » accablé de questions et de compliments. Un officier qui avait » passé le fleuve avec moi, observa que si mes cordes cas» saient, je pourrais être exposé en tombant dans le camp » ennemi. — « Monsieur l'ingénieur aérien, répondit un officier » supérieur, les Autrichiens savent honorer les talents et la bra» voure; vous seriez traité avec distinction. » — Je lui observai » qu'on ne devait pas, suivant l'usage, m'interdire l'entrée de la » place, puisque m'élevant sur l'autre rive je plongeais sur la » ville. Le général qui commandait envoya le lendemain l'autori» sation de me faire voir la place, si notre général consentait à » m'y laisser entrer. »

Pendant ces reconnaissances sur le Rhin, Coutelle fut pris d'une fièvre violente et dut céder le commandement de la compagnie à son lieutenant. Dès la première nuit, cet officier, ayant passé le Rhin, perdit son ballon qui fut criblé de chevrotines et mis hors de service.

Coutelle, rentré à Paris, fut élevé au grade de chef de bataillon et reprit la direction de l'Institut de Meudon.

Fourcroy constate dans un rapport à l'Assemblée nationale, en 1795, les résultats importants obtenus à l'aide des aérostats pendant la campagne précédente. « Une des découvertes qui étonne » le plus par ses effets, et qui frappe le plus l'imagination par la » place qu'elle fait occuper à l'homme en l'élevant sur l'aile des » vents, la machine aérostatique, qui n'a valu à son inventeur » qu'une décoration devenue ridicule depuis vos lois (1), mais » dont la source est toujours respectable à vos yeux, est devenue » pour votre Comité un nouvel instrument de guerre dont les » ennemis ont reconnu toute la supériorité et toute l'influence » sur les victoires.

---

(1) Mongolfier avait reçu de Louis XVI le cordon de Saint-Michel, ordre réservé aux savants.

» La Convention n'apprendra pas avec indifférence que plusieurs savants ont consacré dix mois de leurs veilles pour perfectionner l'art de l'aérostation, et pour le rendre facile à exercer dans les camps, dans les places et sur le théâtre même de la guerre; leurs recherches ont fourni un nouveau moyen de produire, à peu de frais et avec les matières qu'on trouve partout, le fluide léger qui distend les ballons, en quantité suffisante pour les plus volumineux des aérostats.

» La prévoyance a été jusqu'au point d'employer les talents les plus distingués en mécanique, les connaissances les plus étendues dans l'art des tissus, pour faire fabriquer à Lyon une étoffe de soie inconnue jusqu'ici, et qui réunit pour les machines aérostatiques les conditions de légèreté et de solidité qu'on n'aurait pas osé espérer. Plusieurs compagnies d'aérostiers ont été formées, des manœuvres nouvelles pour le service régulier de ces instruments de guerre ont été imaginées, et la République possède en ce moment une nouvelle institution que déjà trente-quatre ascensions ont forcé nos ennemis d'admirer, sans qu'ils aient encore pu l'imiter. Le Comité s'occupe sans relâche des mesures nécessaires pour multiplier ces instruments précurseurs de la victoire, et bientôt toutes nos armées auront leurs tentes, leurs agrès et leurs compagnies aérostatiques, comme leur parc d'artillerie. Les ateliers où l'on fabrique ces machines sont dans la plus grande activité; de jeunes citoyens pris dans l'École de Mars sont instruits aux manœuvres nécessaires pour diriger l'aérostation militaire, et tout sera bientôt disposé pour faire connaître aux ennemis du Midi, comme à ceux du Nord, quelle force la liberté tire du génie et des arts français. »

A partir de ce moment, cependant, l'histoire des aérostiers devient obscure. On retrouve encore la compagnie de Lhomond, à Francfort, le 16 juillet 1796, où son ballon fut criblé de balles; on a prétendu qu'il le fut par les aérostiers eux-mêmes, pour échapper aux fatigues d'un service très-pénible. Cette compagnie fut faite prisonnière à Wurtzbourg le 17 septembre de la même année.

Il ne paraît pas qu'après le départ de Coutelle, les aérostiers aient continué à jouer un rôle important; faut-il attribuer ce résultat au défaut d'énergie ou de talent des chefs qui furent appelés à lui succéder, ou au peu d'importance de l'institution elle-même? Si l'on consulte les *Mémoires* de Jourdan, il faudrait admettre la seconde opinion : « Quant au ballon, dit-il, il est si » peu utile que depuis on n'en a plus fait usage. » Cependant, un autre juge non moins compétent, le général Bonaparte, eut encore soin de former une compagnie d'aérostiers, au moment de son départ pour l'Égypte, en 1798, à l'aide des débris de la compagnie de Coutelle ; il en confia le commandement à Conté.

La compagnie de Conté ne put faire aucune ascension pendant la campagne d'Égypte, parce que les Anglais s'emparèrent du transport qui portait son matériel. Son rôle n'eut rien de belliqueux; il se borna à la construction d'une grande molgolfière tricolore de 15 mètres de diamètre que Bonaparte, désireux de frapper l'imagination des Orientaux, fit élever au Caire dans un but de réjouissance, le 9 vendémiaire, jour de la fête de la République. Le ballon qui ne portait personne disparut dans le grand désert de la Lybie ; on a toujours ignoré, dit Napoléon dans ses *Memoires*, le lieu où il est allé tomber.

Coutelle, ayant été nommé colonel, reprit son service dans le corps du génie, et l'École de Meudon, privée de ses chefs, se désorganisa. Le ministre de la guerre, le général Milet-Mureau, consulta le comité du génie sur l'opportunité de sa réorganisation. Après une visite minutieuse de l'établissement, le comité, par l'organe du chef de bataillon Prieur (de la Côte-d'Or), son rapporteur, tout en reconnaissant l'utilité des ballons pour les reconnaissances, émit l'opinion que leur application pouvait faire partie de l'enseignement de l'une des écoles spéciales militaires et qu'il était inutile de conserver cette école particulière. Il proposa au ministre d'ordonner :

1° Que l'art aérostatique appliqué à la guerre ferait partie de l'instruction donnée aux élèves du génie ;

2° Que le Comité du génie serait appelé à recueillir tous les documents et matériaux relatifs aux progrès de cet art ;

3° Que l'École du génie serait pourvue d'un aérostat capable de porter deux personnes, pour l'instruction pratique des élèves;

4° Que les officiers d'aérostiers seraient adjoints à l'École de Metz comme instructeurs.

Le ministre approuva ces conclusions, et les aérostiers furent supprimés en 1798. Les mesures d'organisation de ce service à l'École de Metz ne reçurent qu'un commencement d'exécution : le ballon le *Télémaque* avec ses agrès fut envoyé à l'École du génie, ainsi que trois militaires chargés de l'instruction et de la conservation du matériel. Ces militaires quittèrent l'École en 1799 et il ne resta que le *Télémaque*, qui, dit le colonel Augoyat, figura longtemps comme une énigme dans les inventaires de l'École.

Le matériel de Meudon fut vendu en 1802, et l'aéronaute Robertson acquit alors l'*Entreprenant*, qui lui servit encore à faire plusieurs ascensions.

II

Quelques applications des ballons et de la navigation aérienne, différentes des reconnaissances proprement dites, ont encore été proposées.

Lomet, ancien lieutenant de la compagnie de Coutelle, proposa, en 1802, d'employer les aérostats aux levées topographiques ; il publia, à cet effet, un *Mémoire sur l'emploi du sextant dans les observations aériennes*. Il paraît même, qu'il leva par ce moyen un plan de Paris. On conçoit qu'une station aussi mobile, où, de l'aveu de Coutelle, on a peine à faire usage de lunettes, soit peu propre aux observations de précision.

M. de Ségur, dans son *Histoire de la campagne de 1812*, rapporte que l'empereur Alexandre fit construire par un artificier allemand, un ballon monstrueux qu'on espérait pouvoir diriger. Il était destiné à planer sur l'armée française, afin d'y chercher Napoléon et de l'écraser sous une pluie de fer et de feu. Il était assez grand pour contenir cinquante personnes. Essayé à Moscou, les ailes et la machine, destinées à le mouvoir, se brisèrent et on renonça à l'employer.

Au commencement de ce siècle, on chercha, en Angleterre et en Danemarck, à prolonger l'éclat des fusées employées comme signaux, en suspendant la boîte contenant la composition à un parachute pouvant se déployer au moment où elle est chassée hors du pot. D'après les observations faites en Angleterre, qui sont rapportées par le baron Charles Dupin dans son *Voyage dans la*

Grande-Bretagne en 1820, les fusées de ce genre proposées par le général Congrève, étendent leur sphère éclairante dans l'espace de 500 mètres (1.500 pieds) et durent cinq minutes. On a constaté, en Danemarck, qu'elles étaient visibles à 134 kilomètres de distance; en Autriche, on a même pu les apercevoir au moyen de bonnes lunettes à 177 kilomètres. Moritz-Mayer a conseillé d'appliquer le même système aux signaux de jour, en suspendant au parachute des balles à fumée qui sont visibles à 20 kilomètres de distance.

L'emploi de cet artifice offre de grandes difficultés; tantôt le parachute ne se déploie pas et l'artifice tombe à terre sans produire aucun effet; tantôt le parachute est emporté par le vent et son effet devient nul. Des expériences récentes faites en France ont démontré que le parachute ne se développe bien que trois fois sur quatre.

Les insurgés de Milan firent usage, en 1848, de petites mongolfières pour porter les proclamations du gouvernement provisoire dans toute la Lombardie.

Au siége de Venise de 1849, les Autrichiens ont fait confectionner 200 petits aérostats portant chacun une bombe de 24 à 30 livres. A ces aérostats, destinés à être lancés par un vent favorable, on avait adapté des fusées lentes qui devaient les faire éclater à un moment donné, afin de jeter dans la ville les bombes munies de fusées explosives. Ces machines furent lancées le 22 juin, mais le vent fit échouer ce nouveau mode de bombardement; elles tombèrent toutes dans les lagunes. Le général Pepe, qui dirigeait la défense, rend compte de cette expérience. « Les Autrichiens, dit-il, » imaginèrent une autre tentative qui divertit beaucoup les Vénitiens et les milices de l'Italie entière. Je veux parler des ballons volants ou des aérostats. Après qu'on eut agité la question » de ces ballons pendant deux ou trois mois, et après de nombreuses expériences faites dans les camps autrichiens qui avoisinaient l'Adriatique au delà de l'Isonzo, l'ennemi en vint à » l'action. On vit s'élever ces ballons, lancés du pont des bateaux » à vapeur qui stationnaient dans l'Adriatique, en face de l'île de » Lido. Ils traversaient cette île et l'ennemi se flattait qu'ils » viendraient éclater au-dessus de Venise, où pas un seul n'arriva. » Sous ces ballons était suspendue une grosse grenade pleine de

» matières inflammables que recouvrait une certaine composition » qui se consumait au bout d'un temps déterminé, éclatait et » faisait tomber la grenade. Celle-ci crevait dans sa chute au pre- » mier obstacle qu'elle rencontrait. De tous ces ballons, un seul » parvint à lancer sa grenade dans le fort Saint-André au Lido, » sans y faire aucun mal. Tous les autres allaient s'engloutir dans » les eaux de la lagune. Ils s'approchaient quelquefois assez près » de la capitale pour servir de divertissement à la population.

Dans notre étude sur la *télégraphie* nous avons vu que le capitaine d'artillerie Martin de Brettes, a conseillé aussi l'emploi des ballons captifs portant une lampe électrique pour éclairer le terrain et pour produire des signaux.

III

De nouvelles applications de l'aérostation aux reconnaissances militaires ont encore été tentées dans ces dernières années.

Carnot, lorsqu'il fut chargé de la défense d'Anvers, en 1814, y organisa un service de reconnaissance en ballon. Mieux que personne il avait pu apprécier la valeur de cette machine militaire en 1794, et ce fait prouve que l'opinion de Jourdan sur leur peu d'utilité ne doit être acceptée qu'avec réserve.

Le colonel Reveroni de St-Cyr conseillait en 1820 de reprendre l'étude de cette question, et en 1826 M. Ferry, dans un article publié par le *Journal des sciences militaires*, déplorait la perte des traditions et des découvertes déjà acquises. « L'Europe » étonnée demanda aux savants de l'Allemagne, de l'Angleterre » et de tous les États ligués contre la France (à la Révolution), ce » qu'il fallait opposer à cette arme nouvelle que l'esprit révolu- » tionnaire avait saisie. On disserta, on fit des expériences, des » mémoires ; et quand le résultat de tous ces travaux réunis put » être connu en France, il fut prouvé que les armées françaises » possédaient seules le secret de l'application des ballons aux » reconnaissances militaires. Partout ailleurs on eût tenté vaine- » ment de créer des compagnies d'*aérostiers*, d'inventer les » manœuvres qu'exige la machine aérostatique, et surtout de » former des officiers qui savent obéir à la fois aux ordres des » généraux et à ceux des vents, qui ne souffrent ni délai, ni

» hésitation. De tout le savoir et de l'expérience qui furent » employés par les aérostiers français sur le champ de bataille » de Fleurus, il ne reste plus rien ; il faudrait tout retrouver, » tout refaire, si l'art des ballons était encore une fois appelé à » seconder la valeur française. »

L'opinion publique s'émut de ces réclames en faveur de l'aérostation militaire ; une commission d'officiers fut chargée de faire un rapport, qui fut très-favorable à son emploi dans les armées. L'aéronaute Margat fut même appelé à diriger les opérations aérostatiques de l'armée, lors de l'expédition d'Alger de 1830. Un ballon faisait partie du matériel de l'expédition, suivant le *Journal d'un officier de l'armée d'Afrique* du général Desprez, mais il ne paraît pas qu'on en ait fait usage.

Le photographe Nadar proposa d'appliquer la photographie aux reconnaissances aériennes, pendant la campagne d'Italie de 1859. Diverses expériences furent faites par ordre de Napoléon III, mais elles ne produisirent aucun résultat. On a essayé de tirer des épreuves négatives sur verre, dans la nacelle d'un ballon, mais ces épreuves réussirent mal et ne produisirent que des images très-pâles. Nadar a attribué cet insuccès des épreuves photographiques au gaz hydrogène du ballon (?).

A la suite de ces expériences, l'aéronaute Eugène Godard conseilla de substituer, pour les travaux militaires, les mongolfières aux ballons à hydrogène. Il fit remarquer qu'un aérostat à gaz hydrogène perd constamment du gaz par ses parois, perte qui augmente encore si l'on ouvre la soupape pour descendre ; il exige une force ascensionnelle surabondante pour enlever le lest ; la moindre déchirure peut causer des chutes ; il exige des transports et une installation particulière pour la préparation du gaz ; enfin la descente ne se fait pas toujours sans difficulté. Les mongolfières, au contraire, permettent de s'élever et de s'abaisser à volonté sans autre dépense que le combustible, (la paille de seigle, qu'il est aisé de se procurer partout) en activant ou en diminuant la chaleur ; une déchirure se produit-elle, il suffit d'augmenter la chaleur pour prévenir les dangers de chute ; enfin sa préparation est rapide (1) et permet d'éviter

(1) La mongolfière l'*Aigle*, au moyen de laquelle Godard fit une ascension à Paris, cubait 14,000 mètres cubes ; elle fut chauffée et gonflée en 35 minutes.

le transport difficile d'un ballon gonflé. La descente obtenue par le refroidissement est certaine et sans danger. Godard se basant sur le principe de Davy, proposa une habile disposition de foyer muni d'une cheminée en toile métallique, pour prévenir les dangers d'incendie.

Godard fit une ascension en mongolfière sur le Mincio la veille de la bataille de Solferino; on raconte qu'il déclara « qu'il n'y » avait personne dans la plaine (?). »

Ces essais furent repris en Amérique d'après les conseils de Allan de Rhode Island, auquel le gouvernement des États-Unis décerna le titre d'*ingénieur aéronaute*. Dans nos études sur la *télégraphie* nous avons rapporté l'expérience faite en 1861, à Washington, par le professeur Love, qui réussit à transmettre de sa station aérienne une longue dépêche, au moyen d'un fil électrique enroulé autour de l'amarre du ballon. Cette dépêche, adressée au président Lincoln, mérite d'être rapportée, elle indique, par sa longueur, l'importance que ce moyen de reconnaissance peut acquérir.

» Washington, ballon l'*Entreprise*.

« Sir, le point d'observation commande une étendue de » cinquante milles à peu près de diamètre. La cité, avec sa » ceinture de campements, présente une scène superbe. J'ai » grand plaisir à vous envoyer cette dépêche, la première qui » ait été télégraphiée d'une station aérienne, et à reconnaître » tout ce que je vous dois pour m'avoir tant encouragé et » m'avoir donné l'occasion de démontrer les services que la » science aéronautique peut rendre à l'armée dans ces contrées. »

Un autre ballon, le *Mountain*, fut lancé à Washington la même année pour observer le camp confédéré. Arrivé à une certaine hauteur, l'aéronaute coupa l'amarre, s'éleva rapidement à un mille et demi (2,400 mètres) et passa au-dessus des lignes ennemies. Après avoir observé avec facilité leur position et leurs mouvements, il jeta du lest et s'éleva à trois milles de hauteur (4,500 mètres), dans un courant de vent qui le porta dans le Maryland, où il put opérer avec sûreté sa descente, et transmettre ses renseignements au général en chef. Le journal américain auquel ces détails sont empruntés, ajoute : « Le général » Mac Clellan a été tellement satisfait du résultat des reconnais- » sances faites en aérostat, qu'à sa requête l'ordre a été donné » par le département de la guerre de construire quatre nouveaux » ballons. »

Dans notre étude sur la *télégraphie* nous avons rapporté le récit des ascensions faites à la bataille de Fair-Oakes, où l'on put non-seulement transmettre des dépêches à terre, mais encore photographier le plan du champ de bataille. Quelques semaines plus tard, ce *ballon-tactique* tombait au pouvoir des séparatistes.

Après la bataille de Chancellorsville, les fédéraux et les confédérés firent encore usage de ballons sur le Rappahannock pour reconnaître le terrain et la force des armées ennemies.

IV

Les faits qui précèdent montrent, d'une manière évidente, le service que les aérostats peuvent rendre aux armées. Est-il possible d'admettre ces machines désormais dans la pratique de la guerre? — Leur application récente, en Italie et en Amérique, a été faite dans des conditions trop spéciales, trop restreintes, pour permettre de résoudre cette importante question. Si nous nous reportons à la campagne de 1794, où après avoir reçu une large application, ils furent ensuite abandonnés, nous devons nécessairement répondre par la négative! — Cependant, avant de prononcer un jugement définitif, il convient d'examiner en détail chacun des éléments de la question, et de rechercher si en utilisant les progrès accomplis dans les arts et les sciences, depuis la Révolution française, il n'y a rien à modifier à la conclusion qui semble avoir été imposée autrefois par l'expérience.

Examinons rapidement les principales objections présentées contre l'emploi des *aérostats militaires*.

1re *objection*. — On leur a reproché la nécessité de fourneaux en maçonnerie et d'établissements permanents pour la fabrication du gaz, ainsi que le transport du matériel considérable nécessaire pour les établir avec rapidité. — Remarquons d'abord que la campagne de 1794 prouve que la nécessité de ces fourneaux permanents ne peut être considérée comme un obstacle à l'emploi des ballons. Dans cette campagne, les aérostats figurèrent à la suite des armées en des points divers d'une immense ligne de 150 lieues, formée par la Sambre, la Meuse, le Rhin, depuis Maubeuge, par Charleroi, Namur, Liége, Aix-la-Chapelle, Cologne, Bonn, Coblentz, Mayence, Manheim jusqu'à Strasbourg, et cependant il a suffi de trois établissements à Maubeuge, à Borcette et à Frankenthal pour les approvisionner de gaz. L'expérience a prouvé aussi que les ballons peuvent conserver longtemps le gaz sans être rechargés ; c'est ainsi que l'*Entreprenant*, chargé à Maubeuge le 18 juin, se trouvait encore en état de service le 16 juillet devant Namur, sans avoir renouvelé sa provision de gaz ; ce ne fut que par suite de l'accident arrivé près de cette ville qu'il fallut le ramener aux fourneaux. La nécessité de ces ateliers permanents ne constitue donc pas un embarras sérieux dans l'emploi des aérostats.

De nos jours, le problème s'est d'ailleurs modifié. La forme des fourneaux adoptés par Coutelle était commandée par une circonstance toute particulière à la Révolution : la rareté du soufre et de l'acide sulfurique. Les applications industrielles de l'*huile de vitriol* se sont développées depuis, et il n'est plus nécessaire de recourir à la décomposition de l'eau par le fer rouge pour produire l'hydrogène. Les appareils de production du gaz peuvent être notablement simplifiés. Quelques tonneaux disposés à la hâte, dans lesquels on jette un mélange de copeaux de fer, d'acide sulfurique et d'eau, et auxquels on adapte des tubes de dégagement pour le gaz, suppléent avec avantage aux fourneaux en maçonnerie. Quelle que facile que soit la production du gaz dans ces conditions, il n'en résulte cependant pas qu'on puisse renoncer aux ateliers permanents.

Prenons par exemple un ballon sphérique à gaz hydrogène de 10 mètres de diamètre et de 524 mètres cubes de capacité, analogue à l'*Entreprenant*. Afin d'éviter que ce ballon crève par la dilatation du gaz, produite par la chaleur solaire ou la raréfaction des couches d'air dans lesquelles il s'élève, il est prudent de ne le remplir de gaz qu'au 7/8. Le poids du mètre cube d'air étant de $1^k,293$, et celui du mètre cube d'hydrogène $0^k,089$, la puissance ascensionnelle de ce ballon sera :

$\frac{7}{8} \times 524 \times (1.293 - 0.089) =$ . . . . . . 552 kil.

De ce chiffre il faut déduire :

Le poids de l'enveloppe du ballon estimée à $0^k,250$ par mètre carré, soit pour 314 mètres carrés 79

Le poids du filet et de la nacelle 50

Le poids de deux aéronautes 142

271 kil.

Reste pour la force ascensionnelle . . . . 281 kil.

Pour résister à cette force ascensionnelle, au moyen d'un câble de 600 mètres de longueur, il faudra donner à ce câble un diamètre de $0^m,01$ et un poids de 50 kil. Il sera même prudent de le doubler, pour résister à l'augmentation de traction due à l'action du vent sur l'aérostat. Ces câbles étant suspendus à la nacelle diminuent la force ascensionnelle de . . . . . . 100 kil.

Reste. . . . 181 kil.

Pour remplir de gaz hydrogène un ballon de volume V = 524 mètres cubes, on admet dans la pratique qu'il faut :

5 × V kilogrammes de fer. . . . . 2,620 kil.

5 × V kilogrammes d'acide sulfurique du commerce . . . . 2,620 kil.

25 × V kilogrammes d'eau . . . . 13,100 kil.

Le volume occupé par ce mélange de matières dans les tonneaux où se fait la préparation du gaz sera :

Fer . . . $\frac{2620}{7790}$ = . . 0,334 mètres cubes.

Acide. . . $\frac{2620}{1840}$ = . . 1,423 —

Eau . . . $\frac{13100}{1000}$ = . . 13,100 —

Total. . . . 14,857

Si l'on fait usage de tonneaux cerclés de fer de 0^m80 de hauteur, 0^m55 de diamètre au bouge, 0^m49 de diamètre au fond et

0m022 d'épaisseur de douve (analogues à ceux que l'on emploie dans le commerce pour le transport du pétrole) dont la capacité est de 0,156 mètres cubes, il faudra 110 tonneaux pour contenir le mélange. Néanmoins, par un remplissage successif des tonneaux, on pourra se borner à 25 tonneaux, dont le poids vide peut être estimé à 35 ou 40 kilogrammes, y compris l'appareil de dégagement pour le gaz.

Le transport de l'acide exigera également 65 *dames-jeannes* de la contenance de 22 litres et du poids d'environ 8 kilogrammes chacune.

En résumant ces données, nous pouvons trouver le poids total du matériel nécessaire pour préparer un ballon.

1° *Ballon avec accessoires.*

Enveloppe	79	
Filet et nacelle	50	
Deux grandes amarres	100	
		229 kil.

2° *Matières premières.*

Limaille de fer.	2,620	
Acide sulfurique	2,620	
65 dames-jeannes.	520	
		5,760 kil.

3° *Appareil de préparation du gaz.*

25 tonneaux	1,000 kil.
	6,989 kil.

Un matériel aussi pondéreux et d'un transport aussi difficile, qui avec la réserve indispensable exigera huit à dix voitures, ne peut constituer qu'un matériel de parc. Il faudra donc toujours se décider, comme le faisait Coutelle, à charger le ballon dans des ateliers permanents établis sur certains points de la ligne d'opération de l'armée, mais on pourra cependant les multiplier davantage sans difficulté à cause de la simplicité de leur installation.

On peut substituer le gaz d'éclairage au gaz hydrogène; le

premier qui pèse environ $0^k,693$ par mètre cube, est plus pesant que l'hydrogène, mais en donnant au ballon des dimensions convenables, il permet d'éviter la nécessité de construire ces ateliers et d'utiliser les usines à gaz d'éclairage.

Un ballon de 13 mètres de diamètre (1) répond à une capacité cubique de 1,150 mètres cubes ; chargé de gaz d'éclairage au 7/8 il aura une force ascensionnelle de :

$\frac{7}{8} \times 1,150 \times (1.293 - 0.693) =$ . . . . 604 kil.

D'où il faut déduire :

Le poids de l'enveloppe de 531 mètres carrés.	133	
Le poids des deux grands câbles.	100	
Le poids du filet et de la nacelle.	50	
Le poids des deux aéronautes	142	
		425 kil.
Reste une force ascensionnelle de		179 kil.

Pour la défense d'un camp retranché, la nécessité d'établir un atelier n'a rien qui puisse entraver les reconnaissances aérostatiques ; la plupart des villes possèdent des usines à gaz d'éclairage que l'on peut utiliser à cet effet. En campagne, on trouvera fréquemment aussi sur la route parcourue par l'armée des usines semblables qui permettront de renouveler la provision de gaz ; tout au plus faudra-t-il transporter sur un chariot un petit approvisionnement ambulant pour remplacer par du gaz hydrogène les pertes éventuelles qui pourraient se produire. Dans ces conditions, un seul chariot à quatre chevaux suffit pour former l'équipage d'un aérostat.

2e *objection*. — On a reproché, au système adopté par Coutelle, la difficulté du transport de ballons gonflés.

L'itinéraire que nous possédons des voyages du ballon l'*Entreprenant*, prouve que cette difficulté n'est pas plus que la précédente de nature à empêcher l'emploi des aérostats à la guerre. Rien n'indique que le mode de transport adopté par Coutelle ait pré-

(1) Le prix d'un semblable aérostat est d'environ 2,900 francs.

senté des embarras insurmontables, soit qu'on ait employé des hommes, des chevaux comme à Fleurus, ou des bateaux comme sur la Meuse. L'exemple de ce qui est arrivé à Francfort prouve seulement que ce transport était fatigant et exigeait beaucoup de précautions pour éviter les accidents semblables à ceux arrivés à Namur et à Brûxelles. Il semble qu'on pourrait éviter en grande partie ces difficultés en fixant, ainsi qu'on l'a proposé, le ballon à une voiture de transport ; il suffirait alors d'une surveillance suffisante pour empêcher qu'il se rabatte.

Sous le rapport de la facilité de transport, la question semble d'ailleurs entrer dans une voie nouvelle. L'usage des mongolfières avait été absolument proscrit à la suite du désastreux voyage de Pilastre des Roziers et Romain (1795), dans lequel Pilastre eut la malencontreuse idée d'associer le ballon à hydrogène à la mongolfière, combinaison la plus dangereuse qu'il soit possible d'imaginer. Depuis peu d'années on a reconnu que la mongolfière n'offre pas de dangers aussi graves que ceux qu'on lui attribuait autrefois ; rien ne s'opposerait donc à l'adoption de ce genre d'aérostats qui supprimerait complétement la difficulté de transport, parce qu'il serait possible de les conserver repliés jusqu'au moment de s'en servir. Peut-être pourra-t-on les substituer au ballon à gaz. Il reste cependant à examiner si la nécessité de les amarrer, pour assurer la correspondance militaire, ne constitue pas un danger réel, car elle expose à une rencontre du foyer avec l'enveloppe, dans les mouvements violents du ballon.

5e *objection.* — L'obstacle le plus sérieux que l'on ait rencontré dans l'aérostation militaire résulte de l'emploi de ballons captifs, susceptibles de rester en station pendant un temps suffisamment prolongé.

Lorsque le temps est calme, le ballon captif reste à une hauteur constante qui dépend de la force du vent, de la puissance ascensionnelle des gaz et de la longueur de l'amarre. Mais le plus souvent ce calme ne dure que quelques heures, et alors, la force d'un vent, même modéré, suffit pour abattre le ballon sur le sol. Coutelle éprouva cruellement cet accident à Mayence, comme nous l'avons vu : s'étant fait élever pour reconnaître la place, il pouvait déjà distinguer les mouvements de troupes à l'intérieur de la ville, lorsque tout à coup le vent fraîchit et porta trois fois de suite l'aérostat à terre en le faisant tourner autour des points d'attache de toute la longueur des cordes de retenue (1). Chaque fois que le ballon avait touché, il se relevait par la réaction du

---

(1) La hauteur d'ascension d'un ballon A, retenu captif par une corde AB, est déterminée par deux forces contraires :

1° la puissance du vent qui agit suivant *aA*, et tend à le faire tourner autour du point d'attache B.

2° La force ascensionnelle propre au ballon qui tend à l'élever suivant *b*A.

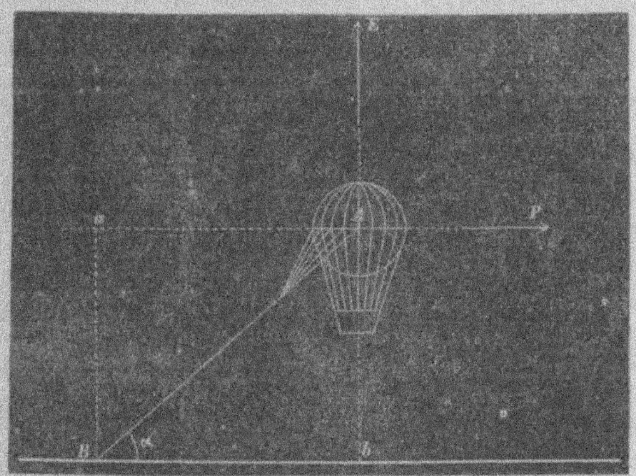

Fig. 1.

La position d'équilibre résulte de l'égalité entre les moments de ces deux forces. Désignons par P la pression du vent par unité de surface, par E la force ascensionnelle du ballon, par S sa section méridienne, par *c* la longueur de l'amarre et par $\alpha = ABb$ l'inclinaison de l'amarre à l'horizon.

Le moment de la puissance du vent sera

$$P \times S \times Ba = PSc \sin \alpha,$$

Le moment de la puissance d'ascension

$$E \times Bb = Ec \cos \alpha.$$

La position d'équilibre répondra donc à

$$PSc \sin \alpha = Ec \cos \alpha.$$

$$tg. \alpha = \frac{E}{PS}.$$

L'angle α est indépendant de la longueur du cordage, et pour un vent constant

choc avec une vitesse extrême et de suite se rabattait. Cet accident fut probablement la seule cause pour laquelle, après le siége de Mayence, on renonça à l'emploi des ballons ; on n'a plus en effet que de vagues renseignements sur les expériences qui suivirent et leur existence même est douteuse.

Dans les expériences d'aérostation militaire, il n'est malheureusement pas possible de renoncer aux ballons captifs, mais divers moyens ont été indiqués pour combattre leurs effets désastreux. Coutelle se bornait à augmenter autant que possible la puissance ascensionnelle et conseillait de jeter du lest pendant le rabattement (1).

Le même système a été appliqué récemment par Henri Giffard, auteur des remarquables essais d'aérostation à vapeur, exécutés en 1852. Pendant l'exposition universelle de Paris de 1867, il construisit un ballon captif d'une capacité de 5,000 mètres cubes destiné à enlever douze voyageurs. Ce ballon qui, au mois d'octobre, faisait chaque jour des ascensions, avenue Suffren, était construit dans les meilleures conditions scientifiques, afin de prévenir tout accident pour les curieux désireux de jouir des impressions d'un voyage aérien. Pour éviter les rabattements, Giffard donna à son ballon une puissance ascentionnelle considérable ; le câble, qui en se déroulant diminue la force d'ascension, reçut un diamètre de 8 centimètres près de la nacelle, et de 4 centimètres seulement à l'autre extrémité, de manière que son poids croissait moins rapidement que sa longueur. On a constaté, dans ces expériences que l'enveloppe, formée de deux toiles réunies par une dissolution de caoutchouc, avait remarquablement conservé l'hydrogène ; il n'a pas été nécessaire, dans l'espace de deux mois, de renouveller la provision de gaz et il a suffi, tous les deux ou trois jours, d'y ajouter 40 à 50 mètres cubes

---

on pourra élever indéfiniment le ballon en déroulant une plus ou moins grande longueur du cordage d'amarre.

Il résulte de cette formule, que plus la puissance du vent est forte, plus l'angle α est petit. Par conséquent lorsque P croit le ballon tend à s'abaisser vers le sol.

(1) Dans la formule $\text{tg.}\ \alpha = \frac{E}{PS}$, si on augmente la valeur de E en même temps que celle de P croît, il peut arriver que α reste constant.

pour compenser les pertes journalières. Dans ces expériences, faites d'ailleurs dans des conditions toutes spéciales, l'amarre était déroulée et enroulée au moyen d'une machine à vapeur.

Plusieurs auteurs ont proposé d'appliquer à la nacelle, soit des fusées, soit des appareils à hélice dont on pourrait diriger la puissance dans le sens de la force ascensionnelle pour combattre l'action du vent; ces moyens seraient ou fort dangereux, ou très-difficiles à appliquer dans le mouvement de chute rapide dû à une rafale de vent.

M. Trenson propose d'appliquer au ballon captif un appareil compensateur qui tende à élever le système sous l'action du vent en même temps que celui-ci tend à projeter le ballon à terre. Il trouve la forme de cet appareil compensateur dans le principe du *cerf-volant*, qui jouit en effet de la propriété de s'élever lorsque la puissance du vent augmente (1). Si l'on imagine un cerf-

(1) Nous indiquerons d'une manière succincte la théorie du *cerf-volant*, qu'il est nécessaire de connaître pour apprécier les propositions de M. Trenson.

Le cerf-volant consiste en une surface ou *disque* AB, soulevée par le vent et retenue par une corde CD.

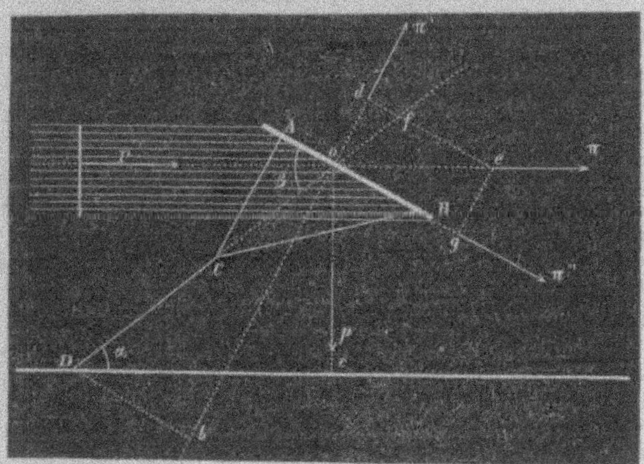

Fig. 2.

Le mode d'attache de la corde CD à ce disque, au moyen de deux ficelles AC et

volant fixé à l'amarre du ballon à quelques mètres au-dessous de celui-ci, une augmentation de vitesse aura pour effet de produire sur les deux appareils des mouvements contraires, qui pour-

---

BE, présente cette particularité que l'angle DOA $= \beta$ que nous appellerons *angle du cerf-volant*, est constant. En effet, au point C se trouvent trois forces en équilibre; les tractions suivant CA et CB qui sont égales et la traction suivant CD qui doit être opposée à la résultante des deux premières et par conséquent bissectrice de l'angle ACB.

Le cerf-volant est muni d'une *queue* qui a la propriété de conserver le centre de gravité au-dessous du centre de figure et l'empêche de tourner dans l'espace. Au moyen de cet appendice, l'angle du cerf-volant, qui est aussi l'angle minimum formé par la corde avec le plan du cerf-volant, peut toujours se mesurer dans le plan vertical passant par la corde, et au-dessus de celle-ci.

Si l'on désigne par S la surface du cerf-volant, il est à remarquer qu'à cause de son inclinaison sur la direction du vent, cette surface est réduite à S sin AOa $=$ S sin $(\beta-\alpha)$. La pression du vent par unité de surface étant P, la pression sur le cerf-volant sera

$$\pi = \mathrm{PS}\ \sin(\beta-\alpha).$$

Cette pression se décompose en deux autres : π' normale au cerf-volant qui tend à le soulever dans l'espace avec le moment $\pi' \times \mathrm{D}b$; et π'' tengentiel à la surface, qui n'a d'autre effet que de faire glisser les molécules d'air le long de cette surface. On a

$$\begin{aligned} \text{l'angle } f\mathrm{O}e &= \alpha \\ e\mathrm{O}g &= \beta-\alpha \\ d\mathrm{O}f &= 90 - \beta. \\ d\mathrm{O}e &= 90^{\circ} - (\beta-\alpha). \end{aligned}$$

donc

$$\pi' = \pi \cos \overline{d\mathrm{O}e} = \pi \sin(\beta-\alpha) = \mathrm{PS} \sin^{2}(\beta-\alpha).$$

La moment de la force qui tend à relever le cerf-volant autour du point D sera donc

$$\pi' \times \mathrm{D}b = \pi' \times c \sin \overline{\mathrm{DO}b} = \pi' c \sin \overline{d\mathrm{O}f} = \pi' c \cos \beta.$$

Le poids p du cerf-volant tend au contraire à l'abaisser avec une puissance dont le moment par rapport au point D est

$$\mathrm{p} \times \mathrm{D}c = \mathrm{p}c \cos \alpha.$$

La position d'équilibre de la machine résultera de l'égalité entre ces deux moments

$$\mathrm{P\,S}\ \mathrm{sen}^{2}(\beta-\alpha) \cos \beta = \mathrm{p} \cos \alpha.$$

Il résulte de cette équation fondamentale, que connaissant la puissance du vent P et le poids du cerf-volant p, on peut à volonté déterminer, soit la hauteur d'ascension α connaissant l'angle du cerf-volant β; soit l'angle du cerf-volant β

ront se neutraliser si la grandeur de leurs surfaces relatives sont bien calculées.

Au lieu d'un *cerf-volant* ordinaire, on peut employer deux vergues en croix auxquelles on fixerait une voile légère dont l'inclinaison convenable serait déterminée par un cordage de manière à ne pas contrarier, par un vent normal, le mouvement du ballon (1).

Jusqu'ici cet appareil n'a pas été expérimenté. Cependant, M. Peltier assure que dans différentes expériences faites avec de petits ballons, pour observer l'électricité des nuages, on est parvenu par ce moyen à maintenir les ballons à une hauteur constante, même par un vent violent. On peut donc croire que cette méthode appliquée sur une grande échelle atténuerait, si elle ne détruisait pas, le danger des ballons captifs.

Pour éviter que les hommes chargés de retenir les ballons ne soient entraînés à de grandes distances, ainsi qu'il est arrivé à

---

pour une hauteur d'ascension α. Les quantités β et p étant fixées on peut aussi calculer les hauteurs d'ascension α pour chaque valeur de P.

Désignons par P' une certaine constante qui répond à une hauteur d'ascension $\alpha = 0^o$

$$P'S \text{ sen }^2\beta \cos \beta = p.$$

substituant cette valeur de p dans l'équation précédente on trouve

$$P \text{ sen }^2(\beta - \alpha) = P' \text{ sen }^2\beta \cos \alpha.$$

La plus grande hauteur α à laquelle un cerf-volant, dont l'angle est β, peut s'élever correspond à

$$\frac{d\alpha}{dP} = \frac{\sin^2(\beta - \alpha)}{P \sin 2(\beta - \alpha) \qquad - P' \sin^2 \beta \sin \alpha} = 0,$$

ou bien $\beta = \alpha$. Il est donc avantageux pour que le cerf-volant puisse s'élever à une grande hauteur de donner à l'angle β la plus grande ouverture possible $\beta = 90^o$, qui correspond à la plus grande amplitude de $\alpha = 90^o$

Si l'on fait $\alpha = 0$, on trouve. . . . . . . $P = P' \cos \alpha = P'$

$$\alpha = \beta \; . \; . \; . \; . \; . \; . \; . \; . \; . \; . \; . \; P = \frac{P \sin^2 \beta \cos \beta}{\sin 0^o} = \infty.$$

Il en résulte que lorsque P croît depuis P' jusqu'à l'infini, le cerf-volant s'élève à des hauteurs qui croissent depuis $\alpha = 0$ jusqu'à $\alpha = \beta$.

(1) La hauteur α du ballon sous l'action d'un courant modéré étant fixée, il faut pour que le cerf-volant n'agisse pas sur la corde, que son angle β soit calculé de manière à répondre à cette inclinaison α.

Mayence, Guyton-Morveau avait conseillé d'amarrer à des piquets les grands câbles, que l'on peut munir à cet effet de grappins. Nous avons vu que Coutelle condamne cette pratique qui exposerait le câble à être rompu. On ne peut donc songer à fixer les câbles à une voiture de transport sur le champ de bataille, ainsi qu'on l'a proposé. Le bras de l'homme seul conserve une élasticité suffisante pour éviter la rupture des amarres.

On ne peut donc encore admettre, d'une manière absolue, les ballons comme instruments militaires ; mais tout porte à supposer que, dans un avenir prochain, après de nouvelles études, on parviendra à assurer leurs manœuvres et à vaincre les difficultés qui ont retardé leur emploi. La question est posée, les moyens de la résoudre ont été indiqués, il reste à chercher à les appliquer convenablement.

Mars 1868.

ÉCLAIRAGE DE GUERRE.

La nuit favorise les rassemblements de troupes, les surprises et, en général, tous les travaux exécutés à portée de l'ennemi. Il est donc naturel que la recherche de procédés propres à substituer une lumière artificielle à la lumière solaire, ait préoccupé de tous temps les militaires, comme le seul moyen de contrarier les attaques nocturnes. L'invention récente de divers systèmes d'éclairage, basés sur des données scientifiques, a introduit plusieurs éléments nouveaux dans le problème que nous nous proposons d'examiner au point de vue exclusif du *service du génie*.

I

De nombreux auteurs militaires ont fait valoir les avantages d'un bon système d'éclairage de guerre.

Il peut être utile en campagne, pour éclairer les passages dangereux, les défilés, les abords d'un camp, d'une position fortifiée ou même le terrain sur lequel on peut recevoir les attaques de l'ennemi. Le capitaine de Brettes rapporte l'exemple suivant, qui démontre l'importance que l'éclairage artificiel peut acquérir dans certaines circonstances : « En 1847, dit-il, lorsque » l'armée française eut pénétré pour la première fois en Kabylie, » le maréchal Bugeaud se servit habilement des artifices éclai- » rants dans les conditions suivantes : L'armée française venait

» de camper sur les rives de la Summan, en face des montagnes » des Beni-Abbas, lorsque la nuit des feux s'allumèrent de pitons » en pitons, descendirent graduellement, en se rapprochant du » camp français, avec un accompagnement de cris sauvages et » d'une fusillade bien nourrie, mais heureusement rendue peu » dangereuse par l'obscurité. Le maréchal fait aussitôt éteindre » tous les feux du camp et ordonne de répondre par le plus » profond silence aux feux et aux cris des Kabyles. Mais quand » ces derniers sont à bonne portée de fusil, des artifices allu- » més subitement, et comme par enchantement, éclairent les » abords du camp et servent à diriger les feux de l'artillerie et » de l'infanterie sur les Kabyles, déconcertés par une si vigou- » reuse défense. La mitraille et les balles produisent sur eux » un tel effet, qu'ils se hâtent de disparaître dans les gorges. »

Dans l'attaque et la défense des places, l'éclairage a une importance qu'il est presque superflu de signaler, soit pour reconnaître les ouvrages de l'ennemi, soit pour diriger le feu de l'artillerie. Le chiffre des approvisionnements d'artifices éclairants pour une place en état de siége, indiqué par Vauban, montre l'importance qu'il attachait à un bon système d'éclairage. « Il a été constaté, dit le colonel Brialmont, que les che- » minements rapprochés sont inexécutables le jour, tant que » la garnison possède de l'artillerie en état d'agir. Le siége de » Sébastopol en a fourni une preuve nouvelle. Rien, par consé- » quent, ne saurait être plus nuisible à l'avancement des travaux » d'attaque qu'un système d'éclairage qui, laissant les canons » de la place dans une obscurité favorable, soumettrait les tran- » chées et les batteries de l'attaque à tous les inconvénients d'une » vive lumière. De fait, l'application d'un pareil système équivau- » drait, pour l'assaillant, à la suppression des travaux de nuit, » qui sont sa seule ressource aux dernières périodes du siége. »

Les progrès de la navigation à vapeur donnent également aux méthodes d'éclairage une grande importance pour la défense des rivières ; ils permettent de combattre les surprises de nuit et d'assurer le jeu des batteries de côte contre les attaques brusquées.

Les systèmes d'*éclairage de guerre* conseillés jusqu'à ce jour, se divisent en deux catégories bien distinctes :

1° Ceux fondés sur l'obtention d'une vive lumière par les procédés de la pyrotechnie; nous les désignerons sous le nom d'*éclairage pyrotechnique;*

2° Ceux fondés sur divers instruments, capables de concentrer les rayons d'un foyer lumineux sur un point déterminé et basés sur les principes de la *catoptrique* et de la *dioptrique*. Nous les distinguerons des précédents sous le nom d'*éclairage catoptrique et dioptrique*.

Chacun de ces genres d'éclairage peut servir à produire, soit un éclairage continu de plus ou moins longue durée, soit des signaux lumineux à intervalles plus ou moins réguliers; ils se lient donc d'une manière intime à la *télégraphie militaire*. Les *feux* que l'on adopte peuvent être ou bien fixés au sol, ou bien mobiles dans l'espace, et se divisent, par conséquent, en *feux terrestres* et *feux aériens*. Les aérostats ayant été fréquemment employés pour transporter les appareils lumineux dans l'espace, il en résulte que l'étude des procédés d'éclairage se lie également à celle de l'*aérostation*.

L'éclairage pyrotechnique, fondé principalement sur la confection d'artifices éclairants de grande intensité, appartient au domaine de l'artillerie. Parmi les artifices en usage, nous nous bornerons à citer, sans autre examen, les torches, fusées, etc. (feux de signaux aériens); — les feux de Bengale, etc. (feux de signaux terrestres); — les balles à éclairer, flèches, balles à feux, carcasses, boulets éclairants, fusées à parachute, etc. (feux éclairants aériens); — les réchauds, tourteaux, fascines goudronnées, etc. (feux éclairants terrestres).

L'éclairage catoptrique ou dioptrique est fondé principalement sur l'emploi d'*appareils* qui exigent, pour leur installation, des *phares*, des échafaudages et autres établissements permanents; il appartient, sous ce rapport, plus spécialement au domaine de l'ingénieur militaire appelé à préparer ces établissements. La *lumière* en usage dans ce système, telle que la lumière électrique, le gaz d'éclairage, etc., s'obtient par des procédés différents de la pyrotechnie; elle exige des ateliers particuliers, sans analogie avec les salles d'artifices de l'artillerie. Cette considération, ainsi que la liaison de ces procédés d'éclairage avec ceux en usage dans la télégraphie, milite également pour faire attribuer ce service aux troupes du génie.

La division du service d'éclairage entre l'artillerie et le génie a d'ailleurs été tranchée, en Belgique, par la commission mixte chargée de l'organisation de l'armée en 1867 ; dans son rapport, rédigé par nos principales autorités militaires, elle attribue à la *compagnie spéciale du génie* la mission « d'éclairer, au moyen de » la lumière électrique, les passes de l'Escaut et les abords de la » place d'Anvers. »

Avant d'indiquer les divers procédés d'*éclairage catoptrique et dioptrique* qui ont été proposés pour l'usage des armées, nous jetterons un coup d'œil rapide sur l'histoire des *phares*, que l'on peut considérer comme le type des appareils à grand pouvoir éclairant et dont le perfectionnement, objet des travaux de beaucoup de savants, a été l'origine de la plupart des propositions faites pour l'éclairage de guerre.

II

Phares, sémaphores et feux divers.

On désigne sous le nom de *phares* des tours surmontées de *fanaux*, établies le long des côtes de la mer pour signaler aux navires quelque danger. La lumière des phares constitue une sorte de télégraphie ou sémentique, dont le caractère varie suivant les circonstances ; tantôt elle n'a d'autre but que de signaler un écueil ; d'autres fois, par ses alignements, elle fournit au pilote des indications pour suivre un chenal, une passe navigable. Dans ce dernier cas, on la désigne sous le nom de *feu ;* ses dimensions sont fort réduites et on se borne à la placer sur de petits observatoires remplaçant les tours élevées des phares proprement dits. On se sert aussi de *feux* à bord des navires, dans les parages où la navigation est considérable, pour faire connaître leur position, leur marche, et éviter les abordages. Quelquefois on place sur les phares des *fanaux mobiles* destinés à transmettre des signaux en mer ; on les désigne alors sous le nom de *sémaphores*.

Dans ces dernières années, un système complet de sémaphores a été établi sur la côte de France, depuis Dunkerque jusqu'à Bayonne et depuis Port-Vendres jusqu'à Menton, pour communiquer avec la flotte en mer; ces vigies se relient avec Paris et le Ministère de la marine par les lignes télégraphiques électriques. En temps de paix, elles permettent de signaler l'approche des orages, d'après le système d'observations météorologiques établi à l'Observatoire de Paris, qui se complète au moyen d'observations faites dans les divers ports de l'Europe. En temps de guerre, une attaque est-elle à craindre, signale-t-on à l'horizon une flotte ennemie, avis en est aussitôt transmis au siége du gouvernement; les ordres de rassemblement sont immédiatement envoyés par le télégraphe sur toutes les côtes; les vaisseaux disséminés aux avant-postes, formés en escadres, peuvent alors se porter au devant de l'ennemi.

Le perfectionnement des méthodes d'éclairage paraît devoir amener de nos jours une application nouvelle des phares; on a conçu l'espoir d'arriver à éclairer les passes elles-mêmes, de manière à montrer directement aux yeux des navigateurs les écueils qu'ils doivent éviter.

L'usage des phares remonte à la plus haute antiquité. Les tours de Sestos et d'Abydos, célèbres dans l'histoire ancienne, étaient des phares. Suivant une version accréditée, mais très-contestable, le colosse de Rhodes avait été construit dans le même but. L'une des merveilles du monde, la tour de Pharos, érigée non loin d'Alexandrie, par les ordres de Ptolémée Philadelphe, roi d'Égypte, était également un phare. Cette tour fut construite en marbre blanc sur un ilot, par le Gnidien Sostrate, l'an 470 avant la fondation de Rome. Sa hauteur de 300 coudées, divisée en plusieurs étages, permettait de découvrir les navires à 100 milles en mer. Elle fut détruite en 1303 par un tremblement de terre, puis rebâtie pour former le phare moderne d'Alexandrie.

L'histoire nous fournit de nombreux exemples de phares. Elle nous apprend, par exemple, qu'au retour de la flotte grecque, après le siége de Troie, Nauplius, qui voulait exercer une vengeance contre plusieurs chefs qui avaient condamné à mort son fils Palamède, alluma des feux perfides sur la côte où ils devaient aborder, afin de les faire périr par un naufrage (1).

On voyait en 1643, à Boulogne, un phare érigé par les Romains, pour diriger la navigation des bâtiments qui traversaient la Manche. Ce phare, connu sous le nom de *Tour de l'Ordre* ou *d'Orde*, dont on attribue la fondation à Caligula, était établi sur une falaise haute d'environ 100 pieds au-dessus du niveau de la mer. Il affectait la forme d'une pyramide octogone de 64 pieds de diamètre à la base et de 200 pieds de hauteur, formée de douze étages superposés. Presque en face de celui-ci, sur la côte anglaise, à Douvres, on voyait également, au siècle dernier, les vestiges d'une construction analogue.

Il ne parait pas que les anciens aient eu d'autre moyen, pour éclairer les phares, que d'y entretenir des feux ardents de matières très-combustibles. Le phare monumental de Cordouan, à l'entrée de la Garonne et de la Dordogne, dont l'origine remonte, suivant les uns, à Louis le Débonnaire, suivant Mathieu Pâris au XIIIe siècle, et qui fut reconstruit en 1584, par Louis de Foix, architecte de Paris, était éclairé au moyen d'un feu de bois de chêne, renfermé dans une lanterne en maçonnerie et entretenu par un ermite. La maçonnerie, ayant été calcinée, de Bétri, ingénieur en chef à Bordeaux, la remplaça, en 1727, par une lanterne en fer renfermant un foyer de charbon de terre. On y consommait chaque nuit 235 livres de charbon qu'on allumait au coucher du soleil et qui brûlait jusqu'au matin. Bélidor, dans son *Architecture hydraulique*, publiée en 1758, décrit cet édifice qui renfermait un vaste appartement, dit *appartement du Roi*, des chambres de provisions, des citernes, des magasins et même une chapelle. A cette époque, Bélidor avait déjà conscience des progrès qui devaient résulter du développement des sciences, pour l'art de l'éclairage des phares : « Que » sait-on, dit-il, si, dans la suite, on ne découvrira point *quel-* » *que phosphore* assez lumineux pour tenir lieu du feu qu'on

(1) De nos jours, on trouve encore sur les côtes de l'Océan des pirates connus sous le nom de *naufrageurs*, dont l'industrie consiste à allumer à terre des feux capables de tromper les marins et de les attirer sur le récif, pour les piller après le naufrage.

» allume, et qui fera peut-être encore meilleur effet ? La physique nous a offert, dans ces derniers temps, un si grand nombre d'objets nouveaux, qu'on a lieu de croire que l'avenir promet bien davantage. »

Les *feux fixes* ont le défaut de se confondre avec les étoiles et de tromper les navigateurs. On leur a souvent substitué des *feux mobiles*, tels que torches agitées à la main.

Quelle que soit la puissance d'un foyer lumineux, la *dispersion* des rayons dans tous les sens, diminue l'intensité de l'éclairement sur une surface de grandeur déterminée, en raison du carré de la distance ; cette perte d'intensité est même plus rapide à cause de l'absorption d'une partie de la lumière par la masse d'air qu'elle traverse. Pour diminuer la dispersion, on peut faire usage de *réflecteurs paraboliques* qui réfléchissent une partie des rayons parallèlement à leur axe ; la perte de lumière transmise par ces rayons parallèles, est alors réduite à la seule partie absorbée par la masse d'air. Bien que les propriétés des réflecteurs fussent déjà connues du temps de Platon, quatre siècles avant l'ère chrétienne (1), ce fut un officier du génie, le célèbre mathéma-

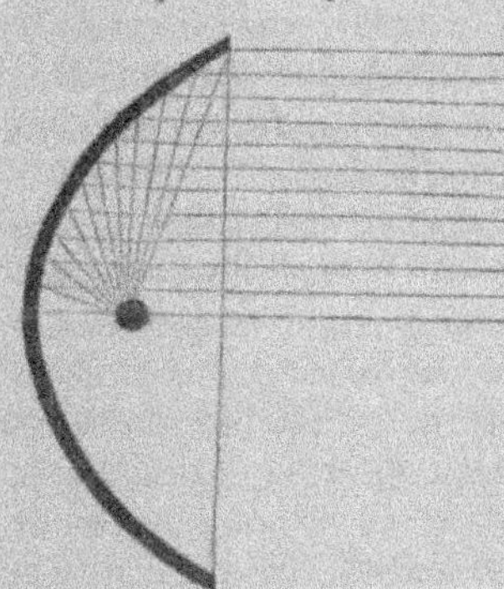

(1) Au siége de Syracuse, l'an 212 avant J.-C., Archimède a fait usage de miroirs réflecteurs pour incendier la flotte romaine. Cette expérience, dont ni Polybe, ni Tite-Live, ni Plutarque n'ont fait mention, est rapportée dans les ouvrages, perdus aujourd'hui, de Zonoras et de Tzetzès, écrivains du XIIe siècle, que nous connaissons par des extraits reproduits par Héron, Dion, Diodore de Sicile et Pappus. Zonoras raconte même que Proclus fit usage de miroirs de ce genre pour brûler la flotte de Vitalien devant Constantinople, l'an 514 de notre ère. Voici la version de Tzetzès, en ce qui concerne Archimède : « Les vaisseaux de Marcellus s'étaient éloignés à la portée du trait, lorsque Archimède » fit jouer un miroir hexagone composé de plusieurs autres plus petits, qui » avaient chacun vingt-quatre angles et qu'on pouvait faire mouvoir à l'aide » de charnières et de certaines lames de métal. Il plaça ce miroir de manière » que le méridien d'hiver et d'été le coupait en son milieu, en sorte que

ticien Borda (1), qui eut le premier l'idée de les appliquer aux phares, en 1763. Il proposa également de substituer les lampes d'Argand à double courant d'air (quinquets) aux foyers de charbons. Le projet de Borda fut appliqué à la tour de Cordouan en 1788, par Teulère, ingénieur en chef de la généralité de Bordeaux, et valut à ce dernier une gloire égale à celle du premier architecte de la tour.

Vers la même époque, Philippe Lebon, ingénieur des ponts et chaussées en France, conçut le projet d'employer à l'éclairage des phares, le gaz produit par la distillation du bois. En 1799, il prit un brevet pour un appareil, qu'il appela *thermo-lampe*, destiné à la fois à l'éclairage et au chauffage. Cet appareil fut appliqué à l'éclairage de l'hôtel Seignelay, qu'il habitait à Paris et à un phare au Havre, mais on dut l'abandonner à cause de l'odeur fétide du gaz.

Les *phares à réflecteurs* avaient le défaut de concentrer la lumière sur un seul point de l'horizon ; tout au plus pouvait on

---

» les rayons du soleil, reçus à la surface de ce miroir, venant à se briser, allu-
» mèrent un grand feu qui réduisit en cendres les vaisseaux des Romains, bien
» qu'ils fussent éloignés de la portée du trait (environ 200 mètres). »

Descartes ayant mis en doute l'expérience d'Archimède, le P. Kirchner fit construire, d'après la description de Tzetzès, un grand miroir au moyen duquel il parvint à produire une chaleur considérable. Buffon répéta cette expérience en 1747, au moyen d'un miroir composé de 168 petites glaces munies de charnières, et réussit, au mois d'avril, par un soleil assez faible, à embraser du bois à 150 pieds de distance et à fondre du plomb à 140 pieds. Dupuy a fait connaître, en 1777, la traduction d'un fragment des ouvrages du célèbre mathématicien Anthémius, qui vivait au temps de Justinien, mettant l'expérience d'Archimède hors de doute.

Montfaucon rapporte, d'après Martin Curtius, qu'Alexandre le Grand avait fait placer au haut du phare d'Alexandrie un miroir fait avec tant d'art, qu'on y découvrait de plus de 100 lieues les flottes ennemies qui venaient contre Alexandrie ; ce miroir fut cassé par un Grec nommé Sodoro, pendant le sommeil des gardes du phare.

(1) Borda (Jean-Charles), né à Dax, le 4 mai 1733, débuta comme ingénieur militaire, puis passa aux chevau-légers ; mais, après avoir fait la campagne de 1757, comme aide de camp du maréchal de Maillebois, il rentra dans le génie et fut employé aux travaux des ports. En 1767, il fut appelé au service de mer, devint capitaine de vaisseau, puis chef de division au ministère de la marine, où il mourut en 1799.

les faire éclairer dans deux directions différentes, on était exposé, à cause de leur fixité, à les confondre avec les étoiles. Pour corriger ce second défaut, Lemoyne, maire de Dieppe, proposa, en 1782, d'éclipser périodiquement la lumière au moyen d'un écran mû par un mouvement d'horlogerie. Peu de temps après, un Suédois perfectionna ce système et obtint l'éclipse en faisant tourner le miroir autour du foyer, de manière à porter la lumière successivement en tous les points de l'horizon.

Une commission, composée de l'amiral Halgan et de MM. Becquey, Rossel, Arago et Fresnel, fut chargée, en 1819, d'étudier le moyen d'améliorer l'établissement des phares. Fresnel proposa de remplacer la lumière réfléchie par les miroirs ou lumière *catoptrique*, par la lumière réfractée par une lentille ou lumière *dioptrique*. Si l'on renferme la lumière dans une sorte de boîte octogone dont les parois sont formées par huit lentilles, il suffit de faire tourner cette boîte autour de son axe pour produire naturellement l'éclipse dans les huit secteurs privés de lumière, tout en éclairant simultanément huit points de l'horizon à la fois. Toute la difficulté consistait à construire de grandes lentilles, dont l'épaisseur ne fût pas assez forte pour absorber la

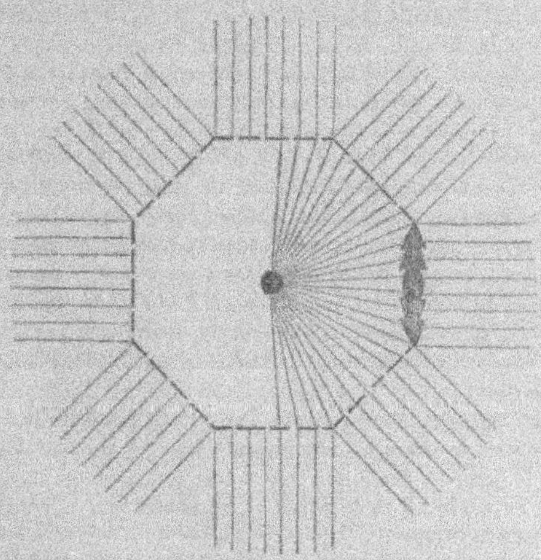

plus grande partie de la lumière. Fresnel résolut très-heureusement cette difficulté par la construction d'une *lentille à échelon* dont l'idée première appartient à Buffon, mais que l'imperfection des moyens de fabrication de son époque ne lui permit pas de réaliser. Grâce aux efforts persévérants de Fresnel, on parvint à exécuter les lentilles à échelons avec une admirable perfection.

On adopta, pour l'éclairage des nouveaux phares, la lampe d'Ami Argand, qui reçut d'heureuses modifications par Arago et Fresnel. Ils substituèrent aux mèches simples des mèches multiples, afin de produire une lumière de grande intensité sous un petit volume, condition indispensable pour obtenir une bonne réfraction (1).

Le premier phare établi d'après le système de Fresnel est celui de Cordouan.

On estime la portée d'un phare de premier ordre de 28 à 44 kilomètres, et celle des *feux de ports* de 11 à 22 kilomètres. Cette portée varie avec l'état de l'atmosphère ; par un temps brumeux, la portée des premiers est réduite à 14 ou 22 kilomètres. Lorsque le temps est favorable, elle peut même être supérieure aux chiffres ci-dessus; c'est ainsi que du cap Béarn on a pu voir le phare du Mont-d'Agde, situé à 93 kilomètres de distance.

L'application de la lumière électrique à l'éclairage des phares a modifié récemment les conditions de leur établissement.

Davy, ayant fait construire en 1806, pour la Société royale de Londres, une grande pile de 2,000 couples d'une surface de 124,000 pouces anglais, eut l'idée d'armer les deux pôles de cônes de charbon et d'opérer la décharge par leur extrémité ; il vit aussitôt se produire une lumière d'un éclat comparable à celui du soleil. Divers physiciens s'efforcèrent d'utiliser cette lumière pour l'éclairage, en ramenant sa production à des conditions moins dispendieuses. Il paraît que, dès 1819, le physicien saxon Meinecke parvint à résoudre ce problème; on cite les illuminations électriques qu'il produisit à cette époque à Dresde.

En 1844, Léon Foucault essaya d'appliquer à l'éclairage la

---

(1) Cette lampe fut appliquée, en 1823, au théâtre Fenice, à Venise, par Locatelli. Elle est quelquefois désignée sous le nom de ce dernier.

pile de Bunzen, d'invention toute récente, dont l'usage paraissait plus commode et plus économique que celle employée par Davy. Afin d'éviter l'usure rapide des charbons, qui augmente l'intervalle des pôles et éteint la lumière, il chercha un charbon très-dur; celui dit *charbon de gaz* lui parut remplir ces conditions. Un appareil construit par Duleuil, d'après les idées de Foucault, produisit la même année un magnifique éclairage de la place de la Concorde à Paris.

Dans cette expérience on reconnut que le charbon s'use par la production de lumière, quelle que soit sa dureté, et qu'il faut sans cesse rapprocher les cônes à la main. Foucault s'efforça de substituer un mouvement automatique à cette manipulation, qui, pour produire la lumière, exige la présence constante d'un opérateur. Il parvint, en 1849, à construire une *lampe électrique* pouvant fonctionner sans le secours de la main. Voici sur quel principe repose la construction de cette lampe : Un poids ou ressort presse les deux charbons l'un contre l'autre et un électro-aimant, agissant contre un ressort, tend à les écarter. Les conducteurs de la pile, avant de joindre les charbons, s'enroulent de manière à former la bobine de cet électro-aimant. Si l'on introduit le courant dans les conducteurs, l'électro-aimant sépare les charbons et la lumière se produit; mais aussitôt que la combustion du charbon augmente la séparation des pointes, le courant s'interrompt et le poids ou ressort rapproche les pointes jusqu'à ce que le courant se rétablisse.

Cet appareil, que l'on a désigné sous le nom de *régulateur de la lumière électrique*, a reçu de nombreux perfectionnements qui reposent à peu près tous sur le même principe. L'expérience indiqua cependant une nouvelle difficulté à vaincre : on reconnut que les deux charbons se consument très-irrégulièrement, l'un plus rapidement que l'autre; il en résulte que le centre de lumière se déplace et qu'il est impossible de la conserver au foyer d'un réflecteur. Pour corriger ce défaut, on imagina un système à renversement de pôles; Serrin parvint par cet artifice, en 1860, après de nombreuses études, à construire un appareil qui, quoique très-délicat, satisfait bien aux conditions d'un bon éclairage.

Dans cet état, l'application de la lumière électrique à l'éclairage des phares n'était pas encore possible, car on reconnut que la pile produit des courants dont l'intensité se modifie notablement et donne par conséquent une lumière très-variable. Nollet, professeur de physique à l'École militaire de Bruxelles, conseilla de substituer au courant produit par la pile, un courant engendré par une *machine électro-magnétique* de grande dimension (analogue à l'appareil de Clarke), mue par une machine à vapeur. L'appareil de son invention servit à éclairer le Palais-Royal et la place du Carrousel, à Paris, d'une manière très-remarquable en 1861.

La machine de Nollet, perfectionnée par un autre belge Van Malderen (que l'on désigne très-improprement en France sous le nom de *machine de la Compagnie de l'Alliance*), combinée avec le régulateur Serrin, a été appliquée en 1859 au phare du cap la Hève, au Havre. Cet éclairage électrique a produit de si bons résultats que les Anglais se sont hâtés de l'imiter pour l'établissement du phare électrique de Dungerness, construit avec le perfectionnement connu sous le nom de *système holophotale* de Thomas Stevenson, sous la direction de Holmes. On a constaté que la portée des phares électriques est de 1/5 plus forte que celle des phares éclairés à la lampe Locatelli. Elle est notablement plus concentrée, ce qui permet de diminuer le diamètre des lentilles qui complètent l'appareil. L'Exposition universelle de 1867 renfermait de beaux modèles de phares électriques français et anglais.

Malheureusement, ces appareils électriques, à cause de leur délicatesse et des installations dispendieuses qu'ils exigent, ne paraissent pas pouvoir être appliqués aux feux de faible portée.

Les résultats obtenus par la lumière électrique sont si remarquables, qu'on a conçu la possibilité d'éclairer complètement un canal maritime, tel que la Manche. En 1858, lors du passage du grand-duc Constantin, la rade de Toulon fut éclairée par ce moyen.

La lumière électrique a été aussi employée à l'éclairage des bouées, pour favoriser la navigation de nuit. Des *bouées lumineuses*, proposées par Miller, ont été essayées à l'entrée de la Garonne, à Bordeaux.

Il ne paraît pas, jusqu'ici, que l'on ait tenté d'employer la lumière électrique pour l'établissement de *feux* à bord des navires; on se borne à l'éclairage à l'huile. Cependant, nous citerons une application particulière qui montre que l'établissement de feux au gaz d'éclairage y est très-praticable.

M. Trève, enseigne de vaisseau, a proposé en France, en 1857, d'embarquer un baril de gaz extrait de la houille dite *boghead*, de 400 litres, comprimés sous le volume de 40 décimètres cubes. Ce baril est mis en communication au moyen de tuyaux en caoutchouc avec cinq fanaux lenticulaires accrochés au mât. On peut produire par ce moyen tous les signaux nécessaires à la navigation : éteindre à volonté les fanaux en fermant, sur le pont, les robinets des barils; les enflammer en ouvrant ces robinets et se servant d'un appareil de Rhumkorff, disposé comme pour enflammer les mines, sans être obligé de monter jusqu'aux fanaux. Cet appareil est en usage dans la marine française.

III

Éclairage catoptrique et dioptrique de guerre.

Au temps de Vauban, de nombreux exemples avaient prouvé la possibilité de forcer les lignes pendant la nuit : Lérida en 1646, Arras en 1654, Valenciennes en 1656, tandis que l'on ne pouvait citer qu'un seul exemple, celui des lignes de Cazal, emportées pendant le jour par le duc d'Harcourt, après qu'il eut été repoussé d'abord trois ou quatre fois. Aussi regardait-on une attaque de jour, contre des lignes, comme téméraire et sans probabilité de succès; de nuit, au contraire, les lignes étaient toujours en grand danger d'être emportées. Pour parer à ce danger, Vauban conseille de les garnir de *bûchers* établis d'avance en avant et toujours prêts à être allumés au premier signal. « Faire des bûchers de deux ou trois charretées de bois » sec, dit-il, à quelque quarante ou cinquante pas hors de la » ligne, vis-à-vis des angles flanqués et sur le milieu des courtines, » également espacés, et les arranger comme les vignerons font » les tas d'échalas dans les vignes, après les avoir arrachés et » mis en réserve pour l'année suivante ; garnissant le milieu de

» mêmes bois et de paille sèche, avec une petite trouée pour y » mettre le feu quand on en a donné le signal. » — Plus loin, il ajoute, après avoir détaillé les autres moyens de prévenir ces attaques de nuit : « Ne pas oublier de faire garder les bûchers, » s'il y en a, par deux ou trois soldats à chacun, qui auront » ordre d'en allumer les feux au signal qui se fera par un certain » nombre de coups de canon dont on sera convenu. Quoi fait, et » quand on sera assuré du côté par où l'ennemi s'approche, don- » ner le dit signal, quand il sera aux deux tiers de la portée du canon » près, et aussitôt allumer les bûchers et faire retirer les boute- » feux dans la ligne par des endroits qui leur auront été marqués. » Ces feux allumés suppléeront au défaut de la lumière qui » pourrait encore manquer, et feront un jour artificiel d'autant » plus dangereux pour l'ennemi, qu'on tire beaucoup mieux et » plus droit à la lueur du feu pendant la nuit que le jour. Si » toutes ces observations sont faites avec soin, je suis persuadé » qu'on parviendra à corriger le malheur des lignes attaquées » de nuit, par la raison que, ne provenant que de l'incertitude » où l'ennemi vous tient, elle sera levée sitôt qu'on sera averti » de son dessein. »

Santa-Cruz, dans ses *Maximes* publiées en 1738, regardait aussi l'éclairage du terrain situé en avant des lignes, comme le seul moyen efficace de les défendre contre les attaques nocturnes. Dupuget écrivait, à ce sujet, en 1771 : « J'avoue que, pendant » la nuit, les coups sont incertains, mais on peut y remédier » par un moyen bien simple : ce serait de placer, à distance » égale des batteries, à peu près au point où leurs feux se croi- » sent, un amas considérable de bois sec mêlé de matières pro- » pres à presser et à augmenter l'inflammation, le tout couvert » d'un toit de paille contre la pluie. Ces dépôts seraient confiés, » sous bonne garde, à des hommes sûrs qui y mettraient le feu » dès que les postes avancés les avertiraient de l'approche de » l'ennemi ; à la lueur de ces incendies, on verrait faire de » bonne besogne (1). »

Dans le *Guide de l'officier particulier en campagne*, publié en

(1) Le capitaine Martin de Brettes, auquel nous empruntons ces citations, fait

1816, de Cessac conseille également l'usage de ces bûchers: « Quand
» vous prévoirez que l'ennemi doit venir vous attaquer pendant la
» nuit, vous pourrez faire placer, sur le chemin qu'il devra tenir,
» quelques tas de menus bois garnis de beaucoup de paille; vous
» y ferez mettre le feu au moment de la première alarme. La
» clarté qu'ils répandront étonnera l'ennemi et vous permettra
» de faire sur lui quelques décharges d'artillerie et de mous-
» queterie, qui feront un grand effet, parce que vous pourrez
» bien ajuster vos coups. — « Aucuns y a, dit La Noue (1587),
» qui dédaignent telles inventions ; néanmoins, elles peuvent
» bien servir quelquefois, et les guerres précédentes nous en
» ont fourni maints exemples. — »

La guerre d'Amérique a donné l'occasion de mettre ces conseils en pratique. Le général confédéré Gardner commandait, en 1863, l'importante position militaire de Port-Hudson, sur le Mississipi, qui couvrait Wicksburg. Craignant une attaque de la flotte de l'amiral Ferragut, il avait fait déposer le long de la rive droite du fleuve, sur une étendue de deux kilomètres, une grande quantité de fagots secs ; la rive gauche était garnie de batteries. Le 1er mars, la flotte fut signalée et l'on tira des fusées dans la place pour donner avis d'incendier les bûchers. Les canonniers confédérés purent alors pointer facilement contre les navires qui se détachaient en noir sur le rideau de flammes. La flotte se composait de 14 bâtiments ; deux, le *Monongahela* et le *Richmond*, furent mis hors de combat ; un autre, le *Mississipi*, vint échouer sur un banc de sable et, après avoir servi de cible aux batteries de la rive, dut être incendié par son propre équipage; enfin deux seulement, le vaisseau amiral le *Hartford* et la canonnière l'*Albatros*, parvinrent à forcer le passage.

remarquer que Vauban, tout en cherchant à augmenter les propriétés défensives des lignes pendant la nuit, ne se dissimulait pas le peu de valeur de ces retranchements; car après avoir balancé leurs avantages et leurs défauts, il est arrivé à conclure que les meilleures ne valent rien. L'exemple des lignes de Turin, forcées en plein jour par le prince Eugène en 1706, vient appuyer cette opinion, que partageait aussi le Maréchal de [illegible] nos jours, a fait abandonner leur usage.

Pendant le siége de Namur de 1704, on fit usage d'une sorte de *bûcher portatif*, consistant en un chariot chargé de matières incendiaires; on le conduisait au point convenable et l'on y mettait le feu.

Ces moyens sont élémentaires ; il est évident que, pour obtenir un bon éclairage de guerre, il fallait trouver des foyers puissants qu'on pût mettre avec les appareils, hors de la portée de l'ennemi.

Un instant, on put croire le problème de l'éclairage de guerre résolu, par l'invention de la lumière dite *lime light* (lumière de chaux), du lieutenant Drummond, des ingénieurs royaux anglais, connue également sous le nom de *lumière Drummond*. Si l'on fait un mélange de deux volumes d'hydrogène et un volume d'oxygène dans une vessie munie d'un tube terminé par une ouverture très fine, et qu'on enflamme le gaz qui s'échappe par ce tube lorsqu'on comprime la vessie, on obtient une flamme d'une grande chaleur, mais peu éclairante, utilisée dans les laboratoires sous le nom de *chalumeau de Newman*. L'expérience prouve que pour qu'une flamme jouisse d'un grand pouvoir éclairant, il faut, comme l'a fait remarquer Berzélius, qu'elle soit mêlée de petits corpuscules *solides*, tels que le charbon des chandelles, l'oxyde de fer qui se produit par la combustion du fer dans l'oxygène, etc.; la nature sombre de la flamme du chalumeau de Newman résulte de ce que la flamme ne contient que de la vapeur d'eau, seul produit de la combustion. Profitant de cette observation, le lieutenant Drummond eut l'idée de plonger dans la flamme du chalumeau un bâton de craie dont les particules solides, détachées par la chaleur, pouvaient augmenter son pouvoir éclairant. Il parvint, en effet, à produire ainsi l'une des plus vives lumières que l'on connaisse, car elle a pu être aperçue de 125 kilomètres de distance.

Il ne paraît pas que Drummond ait conseillé l'emploi de cet appareil dans un autre but que l'éclairage des signaux géodésiques. Tel que nous venons de le décrire, il présente, en effet, des dangers considérables : lorsque l'on enflamme le jet de gaz, quelque effilée que soit la pointe du chalumeau, la combustion ne tarde pas à se transmettre dans la vessie et y produire une explosion d'une grande violence. Pour parer à ce danger, on a fait usage d'un chalumeau précédé d'un gros tube, dans lequel on a entassé un grand nombre de toiles métalliques superposées que le gaz doit traverser, qui le refroidissent et empêchent la combustion de se propager. Malgré cette précaution, des appareils ont éclaté et causé de graves accidents. On préfère généralement, aujourd'hui, conserver les gaz séparés et ne les mélanger qu'à petite distance avant d'arriver à la pointe du chalumeau; au lieu de les renfermer dans des vessies,on les place dans de petits gazomètres à eau, dont l'explosion est moins à craindre.

Drummond, appréciant lui-même les dangers de son appareil, eut encore l'idée de substituer à l'hydrogène la vapeur alcoolique d'une lampe à esprit de vin, dans laquelle il faisait passer un courant d'oxygène; il parvint à rendre cette flamme très-éclairante au moyen d'un bâton de craie.

Vers 1832, le procédé Drummond donna naissance à une foule de lampes propres à brûler des huiles liquides formées de corps peu carburés, tels que l'*alcool* et l'*éther*, tenant en dissolution des huiles essentielles très-chargées de charbon comme le *goudron de gaz*, le *naphte*, *l'huile de schiste*, etc., que l'on désigne sous le nom d'*alcoolats*.

Des essais d'éclairage de guerre,au moyen des *alcoolats;* furent tentés à Toulon, par le général Picot, mais avec assez peu de succès pour que ce général se borne à conseiller d'employer dans les siéges, de petits *lampions* formés au moyen de projectiles creux, dans lesquels on brûlerait des carbures d'hydrogène liquide dont le *pétrole*, aujourd'hui très-répandu dans le commerce, constitue un type remarquable.

Vers 1851, la question de l'éclairage de guerre entra dans une voie nouvelle. Des applications heureuses de la lumière électrique aux travaux du Louvre, du pont Notre-Dame, des docks Napoléon, du Palais de l'Industrie, à Paris,firent concevoir la possibilité de l'employer aux travaux de guerre. Dans son traité des *Artifices de guerre*, publié à cette époque, le capitaine Martin de Brettes indiquait tout le parti que l'on pouvait tirer de cette invention naissante. Il conseillait de l'appliquer à des appareils *terrestres* et à des appareils *aériens*.

L'*appareil terrestre* consistait en une lampe électrique placée, soit sur une tour, sur un édifice élevé, soit même sur un mât, dont la lumière devrait être alimentée par une pile placée au pied.

L'*appareil aérien* consistait en une lampe électrique portée par un ballon. On pouvait placer la pile dans la nacelle ; en estimant à 100 kilogrammes le poids de l'appareil d'éclairage, il suffisait de donner au ballon $5^{m},50$ de diamètre pour l'enlever. Ou bien on pouvait suspendre la lampe au ballon et l'alimenter par une pile placée à terre, dont les conducteurs étaient enroulés à l'amarre retenant le ballon captif ; dans ce cas, en estimant à 35 ou 40 kilogrammes le poids de la lampe, il suffisait d'employer un ballon de $3^{m},30$ à $3^{m},50$ de diamètre.

Ce système, qui devint l'objet de nombreuses recherches en France (1), fut mis à l'essai à l'attaque de Kinburn, le 18 octobre 1855. Des appareils électriques furent installés à bord des batteries flottantes, afin d'éclairer les murailles de la place que l'on voulait battre en brèche. Cet essai fut loin de répondre aux espérances conçues ; on remarqua que la lumière électrique est beaucoup plus propre à éclairer ceux qui se trouvent dans la gerbe lumineuse, qu'à permettre d'observer du dehors de cette gerbe ceux qui s'y trouvent placés. Un appareil établi sur les remparts d'une place, par exemple, pour observer les travaux de l'attaque, serait plus avantageux aux travailleurs assiégeants dans leurs travaux, qu'il ne pourrait fournir de renseignements utiles à la défense.

Les lampes électriques dont on fit usage étaient munies de simples réflecteurs en cuivre. Le capitaine Vignotti, de l'artillerie française, ayant remarqué que les rayons qui traversent l'hémisphère opposé au miroir se perdent par leur dispersion, imagina un système de lentille très-ingénieux, pour les réunir au faisceau réfléchi par le miroir. Cette lentille, de construction économique, se compose d'un plateau de verre, recouvert d'une calotte sphérique également en verre. Dans le vase creux formé par ces deux surfaces de verre, on verse un liquide ayant un grand

---

(1) L'éclairage électrique de guerre a été l'objet de quelques études en Belgique. Le lieutenant-colonel Carette a fait, au régiment du génie, en 1855, différentes expériences au moyen d'un *régulateur* du système Jaspar, de Liége. Il est regrettable que ces études aient été abandonnées.

pouvoir de réfraction, tel que de l'eau ou une dissolution de sel marin. On parvient ainsi à doubler à peu près la puissance de la lumière.

Les expériences faites jusqu'ici ont démontré la difficulté d'utiliser la lumière électrique pour obtenir un bon éclairage de guerre ; les régulateurs perfectionnés, comme celui de Serrin, sont trop délicats pour être appliqués à des travaux de ce genre; la pile, seul appareil producteur d'électricité que l'on puisse songer à transporter à la suite des armées, donne des résultats très-variables. C'est pourquoi, en Angleterre et en Autriche, on est revenu à l'usage de la lumière Drummond. L'Exposition de 1867 renfermait, dans le compartiment anglais, deux bons modèles de lampes de ce genre (destinées spécialement au service télégraphique), de l'invention du capitaine Bolton.

Par une combinaison extrêmement ingénieuse, le capitaine Bolton est parvenu à supprimer tout danger dans l'emploi de la *lampe à oxygène et hydrogène*. Au lieu de faire le mélange de gaz dans une vessie ou dans le chalumeau, il opère le mélange à l'air libre. Imaginons un plateau horizontal, traversé verticalement par deux petits tubes ou chalumeaux munis de robinets, à petite distance l'un de l'autre, et en communication, l'un avec une vessie d'oxygène, l'autre avec une vessie d'hydrogène ; ces tubes, fermés par leurs extrémités supérieures, sont percés de trous obliques, de manière que les deux jets de gaz se recroisent lorsqu'on ouvre les robinets et que l'on comprime les vessies. On ouvre d'abord le robinet de l'hydrogène et on enflamme le gaz ; puis on ouvre le robinet d'oxygène dont le jet vient activer la flamme précisément au milieu de l'intervalle des deux tubes, sans que le feu puisse se transmettre. Un petit support, mobile dans une coulisse ménagée dans le plateau, permet d'amener un crayon de craie au centre de la flamme et de le déplacer à mesure qu'il se consume. L'expérience prouve que les jets doivent avoir des inclinaisons différentes pour produire une bonne lumière, à cause de la différence de densité des gaz.

Tout l'appareil pour la production du *lime light* a reçu des formes extrêmement portatives. L'appareil précédent, dit *brûleur* (burner), se fixe au moyen de vis sur le couvercle d'une *boite* (case) à quatre compartiments de $1^m,00$ de longueur, $0^m,50$

de largeur et $0^m,80$ de hauteur, qui sert à son transport, avec tout le laboratoire nécessaire pour la production des gaz. Les deux compartiments extrêmes de la boîte renferment les vessies pleines d'oxygène et d'hydrogène que l'on comprime à l'aide d'un poids mobile glissant dans une coulisse. Ces vessies, d'une étoffe très-souple enduite de caoutchouc, communiquent avec les chalumeaux par des tuyaux en gutta-percha. Les deux compartiments du centre renferment les appareils de laboratoire et les matières premières pour la production du gaz.

L'oxygène s'obtient en chauffant à un feu modéré un mélange de 6 parties de *chlorate de potasse* et de 1 partie de *bi-oxyde de manganèse* (1), préparé d'avance dans un vase de fer-blanc. On place une quantité de mélange du poids d'une livre dans une cornue de fer sur un fourneau ; la chaleur produit de l'oxygène que l'on conduit, au moyen d'un tube, dans un petit *dépurateur* en zinc rempli d'eau ; il se refroidit, se débarrasse de ses impuretés, puis passe dans la vessie d'oxygène, munie, à cet effet, d'un tube à robinet.

L'hydrogène s'obtient dans un *générateur* en cuivre, divisé en deux compartiments : le compartiment inférieur renferme environ 11 livres de zinc en grenaille, et le compartiment supérieur de l'acide dilué. Un robinet établit la communication entre les deux compartiments et permet de faire couler une certaine quantité d'acide sur le zinc. Un second robinet, placé à la partie inférieure du générateur, fournit le moyen de se débarrasser de l'acide neutralisé. Un tuyau conduit l'hydrogène du générateur dans un *dépurateur* en zinc, comme l'oxygène, puis dans la vessie à hydrogène.

Tous ces appareils, assemblés à vis ou au moyen de tuyaux de gutta-percha, peuvent être démontés et placés dans les deux compartiments du centre de la boîte. L'un de ces compartiments porte deux tiroirs dans lesquels on place, outre les plateaux et les chalumeaux du brûleur, des boîtes de crayons de craie et cer-

---

(1) L'usage de ce mélange a été conseillé, au commencement du siècle, par le chimiste belge Van Mons. Le chlorate de potasse donne plus d'oxygène que l'oxyde de manganèse, mais il a le défaut d'empâter la cornue ; c'est pourquoi on adopte un mélange.

tains outils. Il renferme, en outre, deux vessies de réserve, le *fourneau*, la *cornue*, le *dépurateur* pour la préparation de l'oxygène, ainsi qu'un vase de fer-blanc plein de mélange de chlorate de potasse et de bi-oxyde de manganèse.

L'autre compartiment du centre, doublé de plomb, renferme le *générateur* à hydrogène, le *dépurateur* et trois bouteilles en verre, recouvertes de gutta-percha, pleines d'acide sulfurique.

On estime que la quantité de gaz produite par une livre de mélange, et que l'on peut renfermer dans les vessies, suffit pour alimenter la lampe pendant trois heures. Pendant ce temps, on remplit les vessies de réserve, opération qui n'exige que 36 minutes, ce qui permet de continuer l'éclairage sans interruption.

Le second appareil du capitaine Bolton, ou *lampe à oxygène et à alcool*, est semblable au précédent, mais beaucoup plus simple, puisqu'il permet de supprimer les appareils de production d'hydrogène. Le crayon de craie introduit dans la flamme est remplacé par un *corbillon d'éponge de platine*.

Le compartiment autrichien, à l'Exposition, renfermait un grand *réflecteur parabolique* en cuivre argenté, proposé en 1858 par le colonel du génie baron d'Ebner, destiné à utiliser ces lumières. Ce réflecteur, qui a environ 1^{m},00 de diamètre, est supporté par un pied muni de vis de rappel qui permettent de pointer son axe dans telle direction qu'on juge convenable, en lui donnant à la fois un mouvement horizontal et vertical. Un tableau placé à côté de l'instrument montrait son installation sur une sorte de phare en bois. « Il est évident, lit-on dans le catalogue autri-
» chien, que l'emploi de cet appareil, à la portée de l'artillerie
» ennemie, est impossible ; mais, grâce à ce que, par un temps
» clair, sa lumière est très-peu affaiblie, on peut l'installer à
» 6,000 pas du point d'attaque. Des expériences ont montré que,
» dans des conditions favorables, les objets sont parfaitement
» visibles à une distance de 3,000 pas, distance où s'ouvre, en
» général, dans les siéges, le feu de l'artillerie. » Pour employer cet appareil, l'observateur doit se porter loin du foyer de lumière, en dehors même du faisceau lumineux ; au moyen d'un télégraphe, il peut de ce point diriger le pointage de l'instrument sans être aperçu de la place.

Dans les polygones d'artillerie autrichiens, on a constaté que des cibles, illuminées pendant la nuit par ce procédé, ont donné la même quantité de coups atteignant le but, que si le tir avait été exécuté en plein jour.

L'appareil autrichien, importé en Amérique, a été soumis à l'expérience au siége de Charleston, en 1863. On fit usage de la lumière Drummond. Les premiers essais contre le fort Gegg ne furent d'abord pas favorables, mais on reconnut que la distance à laquelle se trouvait l'objet à éclairer, environ 3,600 pas, était trop grande. Ils furent repris pendant le bombardement du fort Wagner, afin de pouvoir continuer le tir pendant la nuit, et le résultat fut si favorable, qu'on pouvait distinguer les plus petits détails des ouvrages, tandis que l'attaque, qui se trouvait en dehors du faisceau lumineux, restait plongée dans la plus profonde obscurité. Dans l'attaque de vive force dirigée, le 6 septembre 1863, sur le fort Gegg, on imagina de placer l'appareil éclairant sur un Monitor, et de le démasquer seulement au moment où les colonnes devaient monter à l'assaut; malheureusement, l'appareil servit aussi à diriger le tir à mitraille de la garnison, si bien que l'entreprise échoua et que les colonnes d'assaut, fortement endommagées, durent retourner à leurs chaloupes.

Jusqu'ici les Autrichiens se sont bornés à faire usage, ainsi que nous l'avons dit, du *lime light;* cependant, les perfectionnements apportés en France à l'éclairage électrique ont fait concevoir l'idée d'employer cette lumière, beaucoup plus puissante, dans l'appareil d'Ebner. Des expériences ont été entreprises à ce sujet.

En Italie, on a tenté également d'appliquer l'éclairage à l'attaque des places. « On prépara, dit le général Menabrea, dans son » rapport sur le siége de Gaëte de 1861, on prépara un appa- » reil pour essayer d'utiliser la lumière électrique, afin de ren- » dre visibles, pendant la nuit, les points des murs de la place » qu'on aurait choisis pour battre en brèche. Quelques expérien- » ces faites avec plein succès, au moyen de l'appareil muni d'un » nombre suffisant d'éléments de pile, démontrèrent qu'il était » nécessaire, pour obtenir une bonne illumination à la distance » de 1,500 mètres, de multiplier les appareils en faisant conver- » ger sur un même point la lumière produite par chacun d'eux,

» comme le conseillait l'illustre professeur Mateucci. On con-
» struisit donc, au parc, un deuxième appareil, en même temps
» qu'on en préparait d'autres, et on avait déjà achevé un miroir
» parabolique lorsque la capitulation de la forteresse fit suspen-
» dre tous ces préparatifs. »

Sondstadt, de Salford, étant parvenu, en 1859, à produire, en Angleterre, le magnésium à un prix relativement minime et en grande quantité, les chimistes Bunzen et Roscoë reprirent l'étude de ce corps. Ils furent surpris de la vivacité de lumière qu'on obtient en brûlant un fil de ce métal dans la flamme d'une bougie, une lampe à l'huile ou à l'alcool. Une petite corde de trois ou quatre fils brûle avec une fixité remarquable et produit une lumière douce, diffuse, qui ne blesse pas les yeux et laisse distinguer, comme en plein jour, les couleurs et les teintes les plus délicates. Ils songèrent à utiliser cette lumière pour créer une lampe de grande puissance.

Plusieurs modèles de lampes au magnésium ont été proposés. Le plus remarquable est celui de Salomon, de Londres, que l'on voyait exposé à Paris en 1867. Le fil de magnésium est amené au foyer d'une lampe à alcool par un mouvement d'horlogerie qui déroule la bobine sur laquelle il est enroulé. Cette lampe, d'un prix modique (1), exige une dépense d'environ fr. 4-50 de magnésium par heure. Le capitaine Bolton a exposé également une lampe du même genre.

La découverte de la lumière au magnésium semble promettre un grand progrès à la question de l'éclairage de guerre, à cause de la simplicité de l'appareil de production de lumière. L'étude de la question a été reprise, en France, sur cette base nouvelle, par le capitaine Martin de Brettes.

IV

Les faits qui précèdent montrent que, si les nouvelles méthodes d'éclairage ne peuvent être encore considérées comme définitive-

---

(1) Le prix de la lampe, sans réflecteur, est de 75 francs.

ment admises dans la pratique de la guerre, tout porte à croire, néanmoins, qu'avec de nouvelles études elles deviendront une ressource précieuse dans beaucoup de circonstances.

L'éclairage électrique, sur lequel on avait fondé de belles espérances pour l'attaque et la défense des places, n'a jusqu'ici répondu que d'une manière très-imparfaite à ce qu'on en attendait. Pour donner à sa lumière une fixité suffisante, il faudrait recourir, ainsi que l'a proposé le colonel Brialmont, aux appareils dispendieux et délicats employés au phare la Hève ; ils exigeraient des établissements permanents qui ne tarderaient pas à être détruits par les boulets de l'ennemi. Nous croyons que, dans ce cas, il faudra préférer l'appareil d'Ebner, que l'on pourra monter rapidement sur un observatoire mobile, tel que celui du général Money, décrit dans notre étude sur la télégraphie. L'éclairage s'obtiendra au moyen d'appareils très-simples, soit par la lumière Drummond, soit par le magnésium. Dans ces conditions, le système d'éclairage peut recevoir une forme très-portative.

Cependant, les piles établies dans les locaux blindés pour le service de la *télégraphie* et *l'inflammation des mines* pourront être utilisées pour certains éclairages de détail. L'électricité permet de créer des *lampes sans feu,* ou plutôt de la lumière dans des vases clos, sans le contact de l'air. Ces lampes, dont Geissler, de Bonn, a proposé un modèle, peuvent servir à l'éclairage des magasins à poudre, sans exposer à aucun danger.

On peut les appliquer également à l'éclairage des travaux souterrains. Elles ont l'avantage de ne pas vicier l'air comme l'éclairage à l'aide de chandelles, de bougies ou de lampes à l'huile, et diminuent par conséquent considérablement la difficulté de la ventilation des mines ; elles n'exposent non plus à des explosions prématurées de la poudre, pendant le chargement des fourneaux. Déjà, en 1845, de la Rive, Boussingault et Loyet conseillaient de faire usage de lampes semblables pour éviter, dans les mines de houille, les explosions du *feu grisou*.

M. Gaiffe a imaginé un modèle très-portatif de lampe électrique, qu'il désigne sous le nom de *lampe électrique du mineur*. Elle se compose d'un tube Geissler, que l'ouvrier porte sur sa poitrine, pour éclairer devant lui. L'appareil producteur d'électricité, c'est-à-dire la pile voltaïque, se place dans une petite boîte qu'il s'attache sur le dos. Deux fils conducteurs amènent dans le tube le courant de l'appareil, et entretiennent constamment la lumière de la lanterne électrique.

Dans la défense des rivières, l'éclairage électrique paraît appelé à un plus sérieux avenir. La position des *phares éclairants* est en quelque sorte commandée par les sinuosités de la rivière, et les effets du feu de l'artillerie mobile d'une flotte sont moins à craindre que dans un siége de terre ferme. On pourra donc installer des établissements permanents, munis d'appareils électriques puissants du système de Nollet, qui permettront à la fois de produire l'électricité nécessaire à l'éclairage, à l'inflammation des mines sous-marines et même au service des télégraphes (1).

Ces foyers électriques pourront alimenter de lumière des bouées lumineuses qui permettront aux navires amis de passer sans danger au travers des mines sous-marines dont la rivière sera vraisemblablement parsemée.

Ils permettront également d'établir des lampes électriques dans le but d'éclairer les travaux sous-marins pour l'établissement des torpilles. Les expériences exécutées en 1864 par Paul Gervais, à Cette et à Port-Vendres, prouvent que l'on peut obtenir, au moyen de semblables *lampes sous-marines*, d'excellents résultats. L'exposition de Paris a fait connaître un modèle de lampe de ce genre, de MM. Rouquayrol et Denayrouze.

En temps de paix, ces divers appareils, utilisés pour l'éclairage des rivières, rendront même d'incontestables services à la navigation commerciale.

Avril 1868.

---

(1) Le 17 février, l'escadre brésilienne parvint à franchir la passe d'Humaïta et à remonter le Rio-Paraguay, défendu, sur un parcours de 6 à 7 milles, par 180 bouches à feu de gros calibre, de nombreuses torpilles et des barrages. Suivant les récits, encore nécessairement très-incomplets, des journaux, le maréchal Lopez avait fait éclairer les rives au moyen d'éclatants foyers électriques, dont le modèle a été fourni au Paraguay par des ingénieurs des États-Unis.

INFLAMMATION DES MINES.

L'*inflammation des mines*, comme l'*éclairage de guerre*, se lie à la *télégraphie militaire* par l'analogie des instruments et des lois physiques qui règlent les procédés électriques, employés depuis quelques années, dans cette partie de la *pratique manuelle du mineur*. L'exposition de Paris de 1867 renfermait un bel ensemble des machines adoptées pour l'inflammation des mines dans les divers pays. Nous essaierons de les faire connaître en jetant un coup d'œil rapide sur l'histoire des progrès accomplis. Cette revue d'une catégorie spéciale des objets militaires exposés à Paris, nous permettra de revendiquer pour notre pays quelques inventions utiles, peu connues dans l'armée, à cause de leur caractère spécial, mais qui eussent pu figurer avec honneur, au Champ-de-Mars, à côté des appareils autrichiens, anglais, russes, etc.

Les appareils inflammatoires des mines ont été l'objet de nombreuses études en Belgique; dès 1838, ils furent le sujet des recherches attentives des officiers de mineurs. Jusqu'à cette époque, les troupes du génie, formées des débris épars des compagnies de sapeurs-mineurs hollandais et de compagnies temporaires de pionniers, de bateliers ou marins formées pendant la révolution, avaient pris une part active aux opérations de la guerre contre la Hollande et à l'établissement des camps d'instruction de l'armée, mais n'avaient pu, à cause de leur dispersion même, recevoir une instruction d'ensemble. Leur réunion à Liége dans un polygone commun, et surtout la création d'une *école spéciale*, analogue aux *écoles régimentaires* françaises (27 décembre 1838), due à l'initiative d'un officier du génie, le général Wilmar, ministre de la guerre, création qui peut être encore citée comme un modèle, permit enfin de compléter leur instruction. On s'efforça d'imiter et même de perfectionner les procédés de mine et de sape en usage dans les autres pays. L'inflammation des mines attira surtout l'attention : sous l'intelligente impulsion du lieutenant-colonel Cordemans, les capitaines Moermans et De Marteau installèrent au régiment, en 1842, un petit atelier de fabrication pour des artifices en usage dans les mines militaires; ils tentèrent même d'imiter, en 1843, sous l'administration du lieutenant-colonel Eyckholt, les essais faits en Hollande par le capitaine Merkès pour l'application de l'électricité au même objet.

Le colonel De Lannoy, qui avait assisté au simulacre du siége de Metz en 1844, signala à son retour, au ministre de la guerre, l'invention récente, en France, du *cordeau porte-feu*. Malgré l'installation encore fort incomplète de la salle d'artificier au régiment du génie, des essais de fabrication de ce cordeau y furent tentés avec succès. A la même époque, le gouvernement donna l'ordre à l'école de pyrotechnie de Liége d'imiter cet artifice, dont le colonel De Lannoy avait rapporté quelques fragments. Les recherches dirigées par des officiers d'artillerie étrangers à l'art des mines, ne produisirent que des résultats défectueux lorsqu'on soumit les premiers essais d'imitation à l'expérience.

La salle d'artificiers du génie, fermée momentanément à la suite de la dispersion des compagnies en 1848, reçut enfin une organisation officielle en 1853, sur la proposition du colonel Deman, par les soins du capitaine Carette (aujourd'hui lieutenant-colonel). Puissamment secondé par le général De Lannoy, devenu inspecteur général, le capitaine Carette ne tarda pas à installer au régiment les meilleurs procédés de fabrication en usage, et s'attacha surtout à vulgariser les méthodes basées sur l'emploi de l'électricité voltaïque et d'induction, qui attiraient l'attention des officiers du génie dans tous les pays.

Avant d'adopter un système réglementaire pour les travaux pratiques du régiment, le général De Lannoy crut nécessaire d'appeler l'attention toute spéciale de tous les officiers de ce corps sur ces études, afin de provoquer une sorte d'enquête. Chacun d'eux reçut l'ordre de rédiger, pendant l'hiver 1856-1857, un mémoire historique sur la question de l'inflammation des mines, indiquant les conclusions auxquelles il croyait devoir s'arrêter.

Cette enquête produisit des résultats remarquables; elle élargit considérablement le champ des recherches et fit connaître de nombreux perfectionnements proposés à l'étranger (1).

Le lieutenant Dupont, qui succéda, en 1856, au capitaine Carette comme directeur de la salle des artificiers, tira un parti habile de ces éléments nouveaux et parvint à créer le système employé jusqu'ici exclusivement dans les travaux du régiment; par ses formes pratiques, en quelque sorte originales, ce système peut figurer avec honneur à côté de ceux en usage dans les autres pays.

Pour exposer avec méthode les progrès accomplis dans cette branche de l'art, nous diviserons les procédés d'inflammation des mines en trois catégories :

1° Ceux fondés sur l'emploi de préparations pyrotechniques;

2° Ceux fondés sur l'emploi de l'électricité;

3° Ceux où les moyens précédents sont combinés avec certains appareils mécaniques; on peut les diviser en deux groupes analogues aux catégories précédentes.

I

Procédés pyrotechniques.

La première idée qui se présente tout naturellement à l'esprit pour enflammer une mine chargée de poudre, est d'employer une *traînée de poudre,* prolongée depuis la charge jusqu'à l'œil de la galerie, et même assez loin au dehors pour que celui qui y met le feu ne soit pas exposé à être atteint par les débris que la mine peut projeter.

Suivant le chevalier de Ville, le plus ancien mode d'inflamma-

(1) Dans son rapport en date du 13 juin 1857, le colonel Roland, commandant du régiment du génie, signalait à l'inspecteur général les mémoires des lieutenants Wauwermans et Van den Bogaert. Le mémoire du lieutenant Gratry (qu'il a depuis livré à l'impression) était mentionné d'une manière très-honorable.

tion des mines en usage étaient la *traînée de poudre* et l'*étoupille* ou *estoupin*. Bousmard rapporte que Pierre de Navarre fit déjà usage, au *Château de l'OEuf*, à Naples, en 1503, « d'une *étou-* » *pille* ou mèche préparée de manière à ne produire son effet » qu'au bout d'un temps donné, suffisant pour s'éloigner de la » mine. » Nous avons vainement cherché l'origine de cette affirmation ; ni Guicciardini, ni Paul Jove n'indiquent le moyen de communication du feu employé par Pierre de Navarre, et tout porte à croire qu'il fit usage de la traînée de poudre.

D'après de Ville, la traînée de poudre se préparait dans une sorte d'*auget*. « Pour donner le feu aux mines, dit-il, aucuns » font une traînée de poudre enfermée entre des tuiles, jusqu'à » ce qu'elle soit à l'ouverture de la mine ; mais il est dangereux » qu'en chargeant et serrant la mine, on ne casse les tuiles et » interrompe la traînée et l'effet de la mine. » Le traité apocryphe de Vauban parle encore de l'usage de traînée de poudre de $0^m,04$ (1 1/2 pouce) d'épaisseur et même moins, mais il critique cette pratique comme défectueuse. Indépendamment de la difficulté d'empêcher la division de la traînée de poudre dans le bourrage, déjà signalée par de Ville, il est encore très-difficile de la soustraire à l'humidité, et son inflammation rapide expose le mineur à des dangers, à cause de sa longueur nécessairement restreinte.

Il est probable que dès l'origine on chercha à substituer à la traînée de poudre une mèche lente, telle que les *mèches* ou *cordelettes soufrées*, qui, au témoignage de P. Amyot, étaient déjà en usage chez les Chinois de la plus haute antiquité. L'ingénieur Gianibelli, suivant le P. Daniel, fit usage de ces mèches au siége d'Anvers de 1554. Les anciens employaient des mèches du même genre pour incendier les villes, car Végèce parle d'une composition d'étoupe trempée d'huile, de soufre, de bitume et de camphre. C'est probablement à une mèche de ce genre que de Ville et Bousmard font allusion sous le nom d'*étoupille* (de l'italien *stoppa*).

L'ingénieur Plato, au service du duc de Parme, employa, pour enflammer les mines au siége de Maestricht de 1579, un *saucisson* de poudre renfermé dans un *auget*. Strada rapporte que l'enveloppe de ce saucisson était en coton trempé de salpêtre et que, pour assurer la communication du feu, l'espace vide entre le saucisson et l'auget était rempli de pulvérin ; on avait ménagé, dans le couvercle de l'auget, des trous pour laisser passer la fumée et éviter l'éclatement.

Dans son traité de la *Difesa et Offesa delle Piazze*, publié à Venise en 1630, Floriani de Macerata parle d'une mèche lente, qu'il désigne sous le nom de *sentinella ;* elle consiste en un saucisson rempli de sciure de bois ou de cendre mêlée à de la poudre, qui remplit un auget de 0m,08 à 0m,10 de côté (1/3 ou 1/4 de pied). Cette mèche permet au mineur de se retirer sans danger après avoir mis le feu ; il ajoute que, pressé, on peut se borner à employer de la poudre fine.

Le *Traité de fortification* de de Ville, publié en 1628, indique le *saucisson* ou plutôt la *saucisse* (que suivant l'Académie il conviendrait d'appeler *boudin*) simplement enfermé dans un auget sans pulvérin, comme « l'invention la plus moderne » pour mettre le feu aux mines. Ce saucisson est formé d'une enveloppe de toile que l'on a désignée sous les noms de *chausse* (Vauban), *sachet* (Gay de Vernon), *boyau* (Bouthault), mais qu'il conviendrait d'appeler, suivant le général Bardin, *ampoulette.* Cette ampoulette est pleine de poudre et sa grosseur, suivant de Ville et Vauban, est celle d'un œuf de poule, soit 0m,04. Ozanam indique même le diamètre de 0m,054 (2 pouces).

L'usage constant d'enfermer la poudre dans une ampoulette fit songer à supprimer l'auget, en donnant à l'ampoulette une rigidité suffisante pour empêcher que la traînée de poudre se divise dans le bourrage de la mine. Au siége de Dreux, en 1593, Sully fit usage d'un saucisson renfermé dans une ampoulette de *cuir sec*, sans auget, qui paraît avoir donné de bons résultats. Voigt, dans sa *Nouvelle manière de fortifier*, publiée en 1783, propose l'usage d'une ampoulette en cuivre : « Le fourneau étant préparé, » dit-il, on y applique un *tuyau de cuivre* rempli de bonne » poudre avec une *mèche* allumée, qui, dans un certain temps, » allume le tuyau, et celui-ci le fourneau, qui fait sauter le bas- » tion en l'air. » Samuel Marolois, dans sa *Fortification*, publiée en 1727, conseille également l'usage d'une *buse* pour renfermer la poudre, mais on peut douter s'il destinait cette buse à servir d'ampoulette ou d'auget.

La mèche destinée à « allumer le tuyau » ou le saucisson était une *mèche lente* qui permettait au mineur de se retirer avant l'explosion. On a fait souvent usage de *mèches soufrées*, suivant Bélidor et Étienne. De Ville parle aussi de *mèches lentes*, sans indiquer leur composition ; il est probable qu'elle ne différait pas de la *fusée à bombe et à grenade* dont Lefebvre conseille encore l'emploi. D'autres fois, on faisait usage d'un petit artifice appelé *diable*, formé d'une pâte de pulvérin humide, moulée en forme de cône de $0^m,05$ de hauteur (2 pouces) et séchée au soleil. La base de ce cône était placée sur un petit amas de poudre à l'extrémité du saucisson ; on l'enflammait par la pointe, en ayant soin de couvrir la poudre d'une feuille de papier pour empêcher que les étincelles ne produisissent une explosion prématurée. Plus tard, le diable fut remplacé par un cône d'amadou appelé *boulois*.

On en revint d'ailleurs dans la pratique ordinaire à l'usage du *saucisson en toile* et des *augets* ou *augelets*, à cause de la facilité de préparer ce moyen de mise à feu dans toutes les circonstances, avec les matériaux que l'on trouve partout. Une étoffe quelconque pour confectionner l'ampoulette, quelques bouts de planches, ou bien une pièce de bois creusée en gouttière, ou même des tuyaux de pompe, gouttières, etc., comme auget, suffisent pour préparer une mine.

Quoique très-simple, ce système exige cependant quelques précautions pour produire de bons résultats. L'expérience prouve :

1° Que la vitesse de combustion du saucisson est proportionnelle à son diamètre. Ce principe que Dulacq a démontré théoriquement en 1741, dans sa *Mécanique de l'artillerie*, a été confirmé depuis par l'expérience (1).

2° Que plus l'espace entre l'auget et le saucisson est resserré, plus la vitesse d'inflammation du saucisson croît.

3° Qu'elle croît aussi avec la finesse du grain de la poudre.

4° Qu'elle croît avec l'inclinaison du saucisson. Gillot prétend

---

(1) Le colonel Guillemain a établi que le saucisson de $0^m,014$ brûle avec la vitesse de $5^m,32$ par seconde. On peut donc admettre qu'en désignant par d le diamètre d'un saucisson exprimé en mètres, sa vitesse de combustion par seconde peut être représentée par $l = 375\ d$.

que le feu se communique plus rapidement en descendant qu'en montant, mais ce fait mériterait confirmation.

Dans l'inflammation des mines, il est désirable d'obtenir la communication du feu la plus prompte possible, les mèches lentes offrant dans tous les cas le moyen de prolonger ou de ralentir le feu suivant les besoins. Il résulte donc des principes précédents :

1° Qu'il faut préférer les augets des moindres dimensions possibles, c'est-à-dire ceux qui enveloppent exactement le saucisson. Cependant l'expérience prouve que lorsque le saucisson brûle dans un auget qu'il remplit exactement, les gaz ne trouvant pas d'issue, le font éclater et rompent le saucisson en coupant le feu. On a constaté aussi, dans ce cas, que le clouage de l'auget tasse trop la poudre, ce qui produit également une interruption du feu. Le saucisson subit, en brûlant, des mouvements de ressauts successifs qui tendent à le déchirer et que l'on ne peut empêcher qu'en le clouant dans l'auget. Pour éviter cet accident, Lefebvre conseille de donner à l'auget un volume assez grand pour qu'on puisse laisser le saucisson lâche et sans être tendu. Il y a donc pour les dimensions de l'auget une limite inférieure qu'il convient de ne pas dépasser.

2° Plus l'auget est grand, plus les galeries sont exposées à être enfumées ; d'où résulte qu'il y a également une limite supérieure qu'il convient d'observer pour les dimensions de l'auget comparées à celles du saucisson.

L'expérience paraît indiquer qu'*il convient d'adopter une section de l'auget, double de celle du saucisson.*

3° Plus le saucisson est gros, plus la combustion est prompte, mais aussi plus il donne de fumée. C'est pourquoi l'on remarque depuis Vauban une tendance à diminuer le diamètre du saucisson. Tandis que Trincano, Saint-Paul, Coutelle, adoptent encore le diamètre du saucisson indiqué par de Ville de la grosseur de l'œuf de poule . . . . 0m,04.

Saint-Remy et Cormontaigne conseillent d'adopter . 0m,027
Monzé et Fallot 0m,030
Gillot 0m,025
Bousmard, Gumpertz et Lebrun, Carnot 0m,022
Gay de Vernon 0m,012

Il y a encore ici une limite qu'il convient de ne pas dépasser, à cause des difficultés que présente le remplissage des saucissons trop étroits; il est nécessaire que l'ampoulette soit assez large pour que la poudre y coule naturellement en la frappant légèrement avec une baguette, sinon on est obligé de bourrer, ce qui le plus ordinairement fait déchirer l'enveloppe et coupe le feu par la transformation d'une partie de la poudre en pulvérin. Il paraît bon de s'en tenir à la dimension de $0^m,02$, que nous appellerons *gros saucisson* (1).

Au siècle dernier, Étienne a conseillé l'emploi d'un saucisson de $0^m,007$ de diamètre (3 lignes), mais sans indiquer le procédé dont on doit faire usage pour le remplir. Il nous paraît douteux qu'un tel saucisson ait jamais été employé dans la pratique.

Le saucisson permet de produire avec facilité l'inflammation simultanée de plusieurs fourneaux, opération qu'on désigne sous le nom de *compassement des feux*, ou suivant les anciens mineurs, *compartiment des feux*. Il suffit de greffer sur le saucisson principal plusieurs branches ayant la même longueur depuis leur point de jonction, appelé *feu général*, jusqu'aux fourneaux ; le point d'inflammation commun est désigné sous le nom de *foyer*.

L'expérience prouve que les coudes ralentissent légèrement la combustion; il faut donc en tenir compte dans la longueur des saucissons pour préparer le compassement. Lorsque la longueur de l'une des galeries est moindre que celle du saucisson, on le dispose en zig-zag, pour conserver sa longueur dans l'espace restreint; on peut aussi le replier sur lui-même dans la galerie, pourvu qu'on laisse entre les parties une distance de $0^m,50$, afin d'éviter que le feu se transmette de l'une à l'autre. En tous cas, il est bon d'essayer un compassement un peu compliqué par une expérience préliminaire.

Vauban a encore conseillé d'exécuter le compassement des feux, en faisant usage de saucissons de diverses grosseurs, calculées de manière que leur durée de combustion soit égale à partir du feu général.

---

(1) Cormontaigne estime que ce saucisson consomme en général 1/10e de la poudre nécessaire au fourneau.

Lorsque l'on veut faire jouer une mine sous une colonne d'attaque, il est important de pouvoir la faire éclater à un instant déterminé avec précision ; dans tous les cas, il est utile de connaître exactement le moment de l'éclatement. Divers appareils inflammatoires ont été proposés pour atteindre ce résultat.

Dans son *Traité des feux artificiels*, publié en 1634, Malthus propose d'appliquer à l'extrémité du saucisson une platine d'arquebuse à rouet. En 1779, Étienne a conseillé également l'usage d'une platine de fusil ou de pistolet. Le capitaine du génie De Marteau, reprenant cette idée en Belgique, en 1846, a essayé une batterie spéciale de forme très-simple, mise en mouvement par un fil de fer monté dans la galerie au moyen de mouvements de sonnette, ce qui permet d'éviter le jeu toujours difficile des ficelles destinées à mouvoir les appareils précédents.

Lors de la démolition de Menin, en 1744, le capitaine Boule, de la 2e Compagnie de Mineurs, chargé de ce travail, imagina de placer le foyer du saucisson dans une boîte fermée au moyen d'une planchette sur laquelle il plaçait une étoile de mèche enflammée à six ou huit pointes ; une ficelle adaptée à la planchette permettait de faire tomber l'étoile sur le saucisson, pour lui communiquer le feu. Cet appareil, désigné d'abord sous le nom de *boute-feu à palette*, a été également employé à la démolition d'Ypres, en 1745, par le capitaine Biet de Lépinoy. L'appareil de Boule, qui permet de produire le feu au commandement et à un instant précis, a été successivement désigné sous les noms de *souricière*, *planchette*, *boîte à tiroir*, *boîte à feu*, *boîte à coulisse*, mais il est généralement connu aujourd'hui sous le nom de *boîte de Boule*.

Étienne a proposé de substituer à l'étoile à huit pointes, une mèche à canon en forme de chausse-trappe ; quelquefois on se borne à y placer un paquet d'amadou. Depuis quelques années, cet appareil a reçu des perfectionnements importants.

Le capitaine du génie Dufoure eut l'idée, en 1822, de remplacer l'étoile par un boulet tombant dans une sorte de calotte sphérique en laquelle on plaçait des boulettes de fulminate en communication avec le saucisson. L'essai de son appareil, à Montpellier, ne donna que des résultats assez médiocres et l'engagea à substituer au boulet une sorte de piston qui ne produisit pas de meilleurs résultats. L'année suivante, il réduisit cet appareil trop compliqué à une simple cheminée d'acier, pourvue d'une capsule fulminante que le boulet frappait en tombant, et il obtint alors de très-bons effets.

Afin d'avoir des indications précises sur le moment d'explosion d'une mine au moyen du *boulois*, on a employé, en 1742, à l'école de Verdun, deux cônes identiques d'amadou; l'un d'eux remplaçant le boulois, fut désigné sous le nom de *Moine;* l'autre auquel on donna le nom de *Témoin*, était emporté par le mineur. Lorsque l'on mettait le feu en même temps aux deux cônes, il était possible, loin du foyer, de connaître le degré de combustion de l'appareil d'inflammation ou *Moine*, par l'état du cône mobile, ou *témoin*.

On a encore employé comme mèche lente, pour mettre le feu au saucisson, divers artifices tels que la *lance à feu* en usage dans l'artillerie, le *papier d'amorce* (touch paper) dont les Anglais font un fréquent usage et que l'on obtient en plongeant du papier dans un mélange de salpêtre et de pulvérin. Chasseloup parle de *bougies lentes*, mais il n'indique pas leur préparation. D'autres fois, on prolonge le saucisson par un *brin d'étoupille* que l'on peut développer sur une longueur suffisante, pour éviter tout danger et qui transmet presque instantanément le feu.

Le principal défaut des gros saucissons est de répandre dans les galeries de mine une grande quantité de fumée. Bélidor a cherché, en 1760, à corriger ce défaut au moyen d'un appareil assez compliqué. En arrière du foyer du saucisson, il place dans la galerie une porte solide en chêne, traversée par un tube conique dans lequel passe la mèche lente destinée à communiquer le feu ; un bouchon, propre à fermer le tube, est suspendu à l'intérieur à une mèche étoupille en communication avec le foyer, de manière qu'au moment où la mèche lente transmet le feu au saucisson, l'étoupille brûle et le bouchon retombe sur le tube qu'il ferme hermétiquement. Étienne a proposé de substituer à ce tube un clapet de forme plus simple. Il ne paraît pas que ni l'un ni l'autre système aient été expérimentés.

Rugy, qui a beaucoup étudié cette question à l'école de Verdun, a constaté que la fumée produite par l'explosion d'un fourneau et chassée dans la galerie au travers de l'auget, est beaucoup plus considérable que celle qui provient du saucisson, mais qu'elle ne commence à se produire dans la galerie qu'en un temps très-appréciable après l'explosion. Il a reconnu qu'on pouvait éviter en majeure partie l'inconvénient de la fumée, en se hâtant de boucher l'orifice de l'auget, au moyen de sacs à terre, aussitôt après avoir mis le feu. Il a essayé aussi d'éviter la fumée en laissant des vides dans le bourrage, ou en coudant la galerie, mais ces dernières expériences n'ont produit aucun résultat qui mérite d'être cité.

Le meilleur moyen d'éviter les inconvénients de la fumée est, sans aucun doute, de diminuer le diamètre du saucisson, ce qui permet aussi de diminuer la section de l'auget. Nous avons vu qu'Étienne avait conseillé de faire usage de *petits saucissons* de $0^m,007$ de diamètre. Le principal obstacle à leur emploi consiste dans la difficulté de les préparer et de les remplir de poudre. Le garde du génie Leques a vaincu en partie cette difficulté, en 1829, en fabriquant une ampoulette rigide en toile recouverte de papier collé, que l'on obtient en enroulant l'enveloppe sur un mandrin de $0^m,015$ de diamètre. La surface intérieure de cette ampoulette étant très-lisse, le remplissage se fait avec facilité.

Le commandant Bouthault est parvenu également, en 1839, à confectionner un saucisson de $0^m,01$ de diamètre, au moyen d'une ampoulette de calicot serré, dans laquelle il coulait de la poudre fine. Les difficultés de fabrication et de remplissage étaient cependant si considérables, qu'il conseille de former cette ampoulette d'un fil de cuivre roulé en hélice, pour conserver la forme cylindrique, et que l'on peut recouvrir de toile.

Le capitaine Carette a réussi en Belgique, vers 1855, à confectionner un saucisson de $0^m,007$ à $0^m,008$ de diamètre au moyen de la machine à fabriquer le cordeau porte-feu dont nous parlerons plus loin. Dans cette fabrication le problème est en quelque sorte renversé ; on prépare l'ampoulette sur la poudre elle-même : on verse successivement la poudre dans une bande de toile pliée en gouttière, à mesure que la machine ferme l'enveloppe, et la recouvre de fil pour former le ficelage extérieur.

Si l'on substitue à la poudre, dans ces petits saucissons, un mélange de pulvérin et de soufre, on parvient à fabriquer une mèche lente de $0^m,002$ de diamètre qui peut être employée pour l'inflammation du saucisson.

L'industrie emploie depuis longtemps pour le pétardement des roches, de petits saucissons dont la longueur restreinte évite les difficultés du remplissage. Ces saucissons, que nous appellerons *saucissons minima*, consistent en fêtus de paille ou de roseaux remplis de poudre, ou même en tubes de papier de 0^m006 à 0^m007, enroulés sur une baguette et collés. Ces tubes de papier, que l'on connait sous le nom de *flèches* ou de *cannettes*, sont le plus ordinairement remplis d'une pâte liquide formée de gomme, d'alcool et de pulvérin séché, au lieu de poudre.

Pour enflammer un pétard, on forme autour de l'extrémité du saucisson minima, à la surface de la roche, une *coquille* en terre glaise dans laquelle on verse une petite amorce de poudre, à laquelle on met le feu au moyen d'une mèche lente. D'autres fois on fait tomber sur cette poudre un morceau d'amadou enflammé qui glisse le long d'un fil de fer au moyen d'un petit poids.

Les saucissons ont le défaut d'absorber l'humidité de la terre, ce qui ralentit leur combustion. Pour corriger ce défaut, on a proposé :

1° De les suspendre dans l'auget au moyen de petits taquets, de manière à les isoler des parois ;

2° D'envelopper l'auget de paille pour assurer l'écoulement des eaux le long de ses côtés ;

3° D'envelopper l'auget de plomb, moyen coûteux et souvent impraticable ;

4° De calfater l'auget et de le goudronner, ou tout au moins de l'enduire de suif, de graisse ou de poix ;

5° De doubler l'auget.

Tous ces moyens, en compliquant la construction de l'auget, lui enlèvent sa qualité spéciale, la plus importante, c'est-à-dire la possibilité de l'exécuter avec des matériaux communs. C'est pourquoi l'on a préféré chercher à abriter la poudre de l'humidité dans le saucisson lui-même, au moyen d'un enduit hydrofuge. Le chevalier de Ville a déjà conseillé de goudronner la toile de l'ampoulette, mais l'expérience prouve que ces saucissons goudronnés deviennent cassants, se fendillent et ne sont nullement abrités du contact de l'eau.

En 1832, le sergent-major Jones, des sapeurs royaux anglais, a obtenu des résultats plus satisfaisants en faisant usage d'un enduit élastique, formé de poix, de cire et de suif, et en 1839, le commandant Bouthault a obtenu également de bons résultats en France, au moyen d'un enduit composé de poix, de suif et d'huile de lin.

L'expérience prouve que l'enduit appliqué au saucisson, après sa confection et son remplissage, pénètre toujours plus ou moins la poudre et détruit ses qualités combustibles ; aussi a-t-on généralement admis qu'il fallait se borner à les appliquer aux gros saucissons.

Pour obtenir un bon saucisson hydrofuge, le problème consistait à trouver le moyen de préparer une ampoulette imperméable et assez lisse pour opérer facilement le remplissage après sa préparation complète. L'attention a été ainsi ramenée à l'emploi de tuyaux analogues à ceux en cuir employés par Sully, ou à ceux en métal conseillés autrefois par Voigt et Marollois. Vers 1831, le général Picot essaya de faire usage de tuyaux de petit diamètre que l'industrie fabrique pour les conduites d'eau et de gaz, mais il reconnut que ces tuyaux ont le défaut, précisément à cause de leur solidité, de se déchirer et de couper le feu. Des tuyaux de plomb de 0m01, 0m015 et 0m02 donnèrent des résultats plus favorables que de pareils tuyaux en zinc, qui ont l'inconvénient d'être plus cassants.

On est parvenu, à Chatham, à préparer des tuyaux en plomb de 0m027 de diamètre, assez minces et assez flexibles pour qu'on puisse les enrouler en cercle d'un mètre de diamètre ; ils s'obtiennent en faisant passer à la filière un noyau solide enveloppé de plomb. Le colonel Pasley a employé ces tuyaux avec succès comme ampoulette pour produire des explosions sous-marines, en 1839.

Vers 1845, la découverte du gutta-percha a permis de créer des tuyaux très-souples ; le général Picot a conseillé de les employer dans le même but, mais nous ignorons si cette proposition a été soumise à l'essai.

Une invention importante ramena l'attention sur les *saucissons minima*, vers 1831. W. Bickford de Tucking-Mill (Cornouailles), prit en Angleterre un brevet pour la fabrication mécanique d'un saucisson de très-petit diamètre, désigné sous le nom de *mèche de sûreté* (Safety fuse). Ce saucisson, encore appelé *mèche Bickford*, d'un prix peu élevé (6 à 15 centimes par mètre courant), et d'une combustion assez lente (environ 0^{m}60 par 1''), ne tarda pas à être adopté par l'industrie, à cause de sa régularité de fabrication et de combustion, et parce qu'il permet à l'ouvrier de se retirer après avoir mis le feu, sans l'exposer à aucun danger. Sa fabrication fut établie sur une grande échelle dans l'usine de Cambourne appartenant à MM. Bickford, Smith et Davey, qui le confectionne de trois qualités différentes :

1° La *mèche ordinaire* (common fuse) ;

2° La mèche pour les endroits humides ;

3° La mèche pour le travail sous l'eau (Sump fuse).

Cette mèche est formée d'un cylindre de poudre fine à l'état de pulvérin, de 0^{m}003 de diamètre, enveloppé d'un tissu de fils recouvert d'un enduit hydrofuge. Elle a été imitée avec succès dans divers pays, notamment à l'École de pyrotechnie de Liége, par M. Chandelon. L'Exposition de Paris en fournissait de nombreux spécimens, parmi lesquels nous citerons ceux exposés par MM. Bickford, Smith et Cie, de l'usine de Tucking-Mill, — par M. Copeland, de l'usine de Truro, — par MM. Bickford, Davey et Chenu, de l'usine de Rouen (Seine-Inférieure),—par MM. Hawke, Martin et Cie, de l'usine de Vienne (Isère).

Malheureusement, comme l'a fait remarquer le général Burgoyne, cette mèche, qui a l'avantage de pouvoir être employée sans auget, est peu propre aux travaux de guerre, à cause de son extrême lenteur. Cependant par sa qualité de mèche lente, elle peut rendre des services comme appareil inflammatoire à l'extrémité d'un saucisson ordinaire.

Pour éviter les difficultés du remplissage des petits saucissons, le capitaine Octave Prost eut l'idée, en 1822, de substituer à la poudre une mèche à étoupille semblable à celle conseillée par le chevalier de Ville. Il confectionna par cette méthode de petits saucissons de peu de longueur, formés de roseaux creux dans lesquels il passait un brin de coton trempé dans de l'eau-de-vie camphrée ou dans du vinaigre salpêtré, puis enduit de pulvérin. Le capitaine Poitevin étendit l'usage de ces mèches en plaçant les brins d'étoupille dans des augets fermés de lattes refendues et pourvues d'une rainure qu'on peut développer sur une longueur indéfinie. Elles furent employées avec succès sous cette forme dans les expériences de mines de Montpellier.

L'invention de Bickford inspira l'idée au lieutenant Larivière, vers 1839, de substituer à l'enveloppe solide du porte-feu précédent une enveloppe souple, analogue à celle de la mèche de sûreté. Après de nombreux essais, il parvint à créer une mèche très-vive, capable de remplacer, dans beaucoup de circonstances, le saucisson ; elle est connue sous le nom de *cordeau porte-feu* ou *cordeau Larivière*. Ce cordeau est formé de brins de coton bouillis dans de l'eau, salpêtrés ou trempés dans de l'eau-de-vie camphrée, puis enduits de pulvérin mélangé à de l'eau-de-vie et de la gomme arabique. Ces brins d'étoupille sont enveloppés d'une toile imperméable peinte au minium et à l'huile siccative, fixée au moyen d'un ficelage de coton en hélice. Pour la rendre imperméable, on l'enduit de caoutchouc dissous dans la térébenthine mêlée de cire blanche et d'huile de lin siccative. Quelquefois on l'enveloppe d'une seconde toile peinte au minium.

Ce cordeau, qui peut être employé sans auget, a été essayé avec succès aux travaux de siége de Metz, en 1844. Le colonel de Lannoy, dans un rapport adressé au ministre de la guerre, rend compte de ces essais dans les termes suivants :

« Ce porte-feu consiste en un cylindre creux, de petit diamètre, formé par trois enveloppes superposées ; la première est un tour simple de toile fortement gommée ; la seconde, un tour également simple de toile plus grosse, imprégnée d'une substance hydrofuge, et la troisième, une corde de coton, enroulée sur les deux autres sans intervalles, pour les protéger. Le cylindre lui-même est rempli par trois brins de mèche à étoupilles préparées à l'alcool, et le tout a l'apparence d'une corde dure, d'une flexibilité convenable, de 8 à 9 millimètres d'épaisseur et d'une longueur indéterminée.

» Dans les terrains et dans les cas ordinaires, on peut employer cette corde porte-feu, dans l'état où je viens de la décrire ; mais si elle doit séjourner longtemps dans la terre, si l'on doit en faire usage dans un terrain humide ou sous l'eau, il faut, au préalable, l'enduire d'une substance imperméable, par exemple, d'une couche de goudron ou mieux de caoutchouc.

» Sa première propriété est de transmettre le feu instantané-

» ment ; c'est ce que j'ai constaté, du moins pour les longueurs » de 50 à 60 mètres, et un capitaine français qui dirigeait le » service des mines de la défense, officier d'une pratique remarquable, m'a assuré que, dans une expérience faite d'une rive à » l'autre de la Moselle, la corde passant sous l'eau, le feu s'est » transmis sur une longueur de 120 à 150 mètres, dans un instant » inappréciable.

» On savait déjà que la mèche à étoupille, préparée à l'alcool, » transmettait le feu à l'air libre à un mètre de distance en 15''; » qu'avec enveloppe, la transmission était d'autant plus rapide » que l'enveloppe était plus étroite; mais on n'avait pas de données bien précises à cet égard. Toutefois, ce n'est pas de ce fait » qu'on est parti pour arriver à l'objet qui nous occupe ; on » n'avait en vue en commençant, que le perfectionnement du » saucisson ordinaire, et d'abord on avait rempli la corde de » poudre. C'est seulement ensuite que l'idée est venue de substituer à la poudre la mèche à étoupille, et cette application » heureuse, dont le succès me paraît complet, a fait alors du » saucisson perfectionné un porte-feu entièrement nouveau.

» Les autres avantages de la corde sont de rendre inutile le » compassement des feux ; de donner un moyen certain de transmission à toute distance, en directions droites, courbes ou » brisées, dans la terre comme dans l'eau ; de ne point empoisonner les rameaux et les galeries de fumée ; de ne pas devoir » être abritée par un auget ; de pouvoir être cachée avec la plus » grande facilité ; d'avoir enfin assez de dureté et d'offrir assez » de résistance pour ne pas courir le danger d'être déchirée ou » brisée et pour pouvoir être attachée fortement. »

L'École de Pyrotechnie de Liège fut chargée de se livrer à des expériences pour imiter ce cordeau, qui dès lors fut admis dans la pratique en France. On parvint sans difficulté à exécuter une mèche capable de transmettre le feu à l'air libre, que l'on désigna un peu prématurément sous le nom de *Cordeau belge*. Malheureusement, expérimentée au régiment du génie en 1847 dans les mines, elle ne donna que des résultats très-imparfaits et on dut renoncer à son emploi. On reconnut qu'elle brûlait avec éclat et que, dans les bourrages, ces éclatements coupaient presque constamment le feu.

Pour corriger ce défaut, attribué principalement à la pénétration de l'enduit au travers de l'enveloppe, le directeur de l'École de pyrotechnie, M. le général Winsinger, proposa d'adopter, pour envelopper l'étoupille, des boyaux de mouton, ou bien des tubes de gutta-percha ou de plomb. Cette modification, qui ne fut essayée que dans l'établissement sous sa direction, reçut le nom de *Tuyau porte-feu*.

Un atelier d'artificiers ayant été établi au régiment du génie, en 1853, le capitaine Carette reprit l'étude du cordeau Larivière. Un outillage ingénieux fut établi par ses soins, et on ne tarda pas à obtenir des résultats très-supérieurs à ceux obtenus jusque-là. Cette fabrication imitée des Écoles françaises ne différait guère de celle décrite ci-dessus que par l'emploi d'un enduit formé de caoutchouc et de gutta-percha mélangé (1). Dès ce moment les difficultés théoriques de la fabrication étaient vaincues, mais il restait encore, pour obtenir des *effets certains*, à résoudre plusieurs problèmes pratiques.

A la suite des études entreprises par tous les officiers du régiment en 1856, ainsi que nous l'avons dit, il fut reconnu, d'un avis à peu près unanime, que l'éclatement des cordeaux porte-feu devait être attribué principalement :

1° A la pénétration de l'enduit;

2° A l'absence d'espace pour l'échappement des gaz produits, lorsque la mèche est trop serrée dans son enveloppe.

Il y avait lieu d'espérer obtenir un résultat satisfaisant en fabriquant un cordeau moins serré, laissant entre la mèche et l'enveloppe un certain espacement analogue à celui que l'expérience prouve être nécessaire entre le saucisson et l'auget. L'expérience confirma cette prévision. Le lieutenant Dupont, directeur des artificiers, ayant introduit cette modification dans la pratique, parvint à produire en 1857, un cordeau qui, soumis à plusieurs centaines d'expériences, pendant les années 1857 et 1858, dans les circonstances les plus différentes et les plus défavorables, ne produisit plus aucun raté. L'application de l'enduit

---

(1) Voir le *Manuel de l'artificier du génie*, rédigé par ordre du Ministre de la guerre, par le capitaine Carette (1857), p. 42.

fut facilitée par l'adjonction d'une petite quantité de goudron au mélange de caoutchouc et de gutta-percha. Cet enduit satisfait aux conditions d'hydraulicité désirables, conserve son élasticité sans se gercer en vieillissant, mais reste malheureusement assez gluant et oblige à saupoudrer le cordeau de sable ou de sciure de bois (1).

L'exposition du Ministère de la guerre autrichien à Paris, en 1857, a fourni le type d'une modification intéressante du cordeau Larivière. L'étoupille est remplacée par un simple fil de laine plongé dans un bain alcoolique de ferro-cyanure de plomb et de chlorate de potasse, ce qui fournit une mèche de combustion très-vive. L'enveloppe, confectionnée au moyen d'une machine ingénieuse de l'invention du colonel baron d'Ebner, est formée d'un ruban enduit de gutta-percha et recouvert d'un fil goudronné. Suivant le catalogue publié par la mission autrichienne, ce cordeau, imité d'une invention semblable importée des États-Unis, transmet le feu à 20 mètres par 1″.

Le gros saucisson de 2 à 3 centimètres de diamètre, employé avec auget, quoique le plus ancien moyen d'inflammation des mines, mérite surtout de fixer l'attention. Ses formes simples, en quelque sorte primitives, la facilité de l'exécuter en tous lieux, dans toutes les circonstances, sa sûreté d'effet, constituent des qualités qu'aucun des appareils perfectionnés, imaginés plus récemment, n'ont dépassé. Aussi n'hésitons-nous pas à le placer au premier rang parmi les appareils qui doivent servir de base aux travaux d'École.

La belle défense du château Mouzon en Aragon (1813), où un simple garde du génie Saint-Jacques, aidé de deux gendarmes et d'un canonnier, sans aucun matériel spécial, osa songer à organiser une importante défense par les mines, suffit pour démontrer les avantages de systèmes que l'on peut improviser en tout temps et

(1) Voir le *Supplément au manuel de l'artificier* (autographié), par le lieutenant Dupont (1860), p. 1 à 10.

en tous lieux, au moyen de matériaux communs. Au siége de Burgos (1812), par exemple, la garnison française confectionna des saucissons au moyen de pièces de drap de son habillement, et des augets au moyen de planches arrachées à des baraques qu'elle était parvenue à construire pour s'abriter.

Tous les mineurs expérimentés et ayant la pratique de la guerre, tels que les généraux Picot, Bouthault, etc., reconnaissent cette supériorité du saucisson. « Le saucisson, dit le maréchal » Vaillant dans un rapport à l'Académie, est un moyen très-sûr » de mettre le feu, pourvu que le terrain ne soit pas humide, et » qu'il ne soit mis en place que peu de temps avant l'explosion » du fourneau. » — « Le moyen le plus sûr de communiquer le » feu, disait plaisamment un général français interrogé à » Bapaume, est le gros saucisson; et ce qui est plus sûr encore, » c'est deux gros saucissons ! »

Pour les terrains humides et lorsque dans la défense des places rien ne s'oppose à l'installation d'une salle d'artificiers, ou si l'on peut disposer d'un approvisionnement fait d'avance, le cordeau porte-feu remplace utilement le petit saucisson, qui exige comme lui des machines spéciales pour sa confection. Il a même l'avantage sur celui-ci de pouvoir être préparé, en cas de besoin, sans machine, comme l'a constaté le lieutenant Dupont, quoique malheureusement cette fabrication improvisée soit fort lente.

Bien que supérieur au saucisson dans les terrains humides, le cordeau n'est cependant pas à l'abri de reproches. « Il est à peu » près impossible, dit le maréchal Vaillant, d'obtenir dans le » tissu de l'enveloppe une imperméabilité assez grande pour » résister à un séjour prolongé dans un terrain humide, et ensuite » sa fabrication exige l'usage de machines spéciales et une habileté » particulière... Son grand avantage est de permettre de sup- » primer l'auget. » L'expérience prouve que, fabriqué à l'avance, l'enduit se durcit, se gerce, se fendille et fait perdre au cordeau ses qualités hydrofuges. C'est ainsi que des cordeaux transportés dans l'approvisionnement de l'expédition française à Bomarsund, ont produit des ratés.

Sans nous prononcer sur la valeur réelle du *cordeau d'Ebner*, nous croyons cependant qu'il doit être considéré comme inférieur au *cordeau Larivière*, à cause des matières chimiques d'un usage peu commun que sa préparation exige.

Le saucisson minima ne peut être recommandé que dans des cas spéciaux, à cause de sa lenteur de combustion. Nous croyons cependant que la mèche de sûreté mérite d'entrer dans l'approvisionnement de siège : elle est, par son prix peu élevé, une ressource précieuse, soit comme moyen inflammatoire, soit même pour mettre le feu à certains artifices, tels que pétards, sacs à poudre pour renverser des palissades, etc.; elle offre l'inappréciable avantage de permettre au mineur de se retirer après avoir mis le feu, sans l'exposer à aucun danger.

II

Procédés mécaniques et pyrotechniques.

Les appareils pyrotechniques comprennent un double élément : le *porte-feu* et l'*appareil inflammatoire*. Les divers porte-feu ont le défaut de s'altérer par l'humidité ; on a essayé, pour corriger ce défaut, de placer l'appareil inflammatoire dans la boîte aux poudres même, et de le faire agir par un moyen mécanique que l'on substitue ainsi au porte-feu. Suivant le capitaine Coutelle, Vauban aurait déjà adopté cette idée, en plaçant le *boulois* ou *moine* enflammé dans la boîte aux poudres. « Vauban, dit-il, » indique le boulois morceau d'amadou épais, qui, coupé en lon- » gueur et passé au travers d'un papier, *donne le temps de faire* » *le bourrage avant de produire l'inflammation des poudres.* » Un tel procédé eût été dangereux et nous doutons qu'il ait jamais pu être conseillé par Vauban.

La plus ancienne application des procédés mécaniques à l'inflammation des mines paraît devoir être attribuée à l'horloger Jean Bovy d'Anvers. Il imagina, en 1585, de disposer dans la boîte aux poudres une horloge en forme de *réveil-matin*, de manière à enflammer le saucisson ou l'amorce après un temps déterminé. Cette application, destinée à mettre le feu aux brulots, a été imitée, en 1805, par Robert Fulton.

Dans son *traité des feux artificiels* publié sous le nom de Jean de Maltha en 1634, Malthus conseille de placer dans la boîte aux poudres, une platine d'arquebuse que l'on peut faire « déclic- » quer au moyen d'une chaine assez longue, attachée au clicquet » et couchée dextrement dans une gouttière. » Ce moyen se perfectionna naturellement avec le progrès des armes à feu ; c'est ainsi qu'en 1779 Etienne conseilla d'employer au même usage la platine à silex. La poudre renfermée dans le bassinet de la platine à silex, que l'on exposait dans des endroits humides, produisait de nombreux ratés ; pour corriger ce défaut, Gillot conseilla, en 1804, l'emploi d'une petite batterie spéciale qui avait l'avantage d'être peu coûteuse. Elle se composait d'un marteau dont la tête était garnie d'une petite fiole de verre remplie de phosphore; la fiole, en choquant contre un corps dur, se brisait; il supposait que le phosphore jaillissant sur la poudre, au contact de l'air, s'enflammait aussitôt; hypothèse fausse comme le fait remarquer Bouthault, car le phosphore ne s'enflamme rapidement qu'à une haute température. La même idée parait, du reste, avoir séduit beaucoup de mineurs, car on la trouve encore reproduite par Dufour et par Reveroni de Saint-Cyr.

Pour réaliser l'idée de Gillot, il était nécessaire de chercher à substituer au phosphore un corps capable de produire une vive explosion sous l'action du choc. Botté et Gingembre avaient conseillé l'usage du mélange de chlorate de potasse, de salpêtre, de soufre et de lycopode employé dans l'étoupille d'artillerie, connue sous le nom d'*étoupille Régnier*. Le capitaine du génie Coutelle proposa de faire usage de ce mélange pour l'inflammation des mines. Une pierre ou un corps pesant suspendu près du fourneau pouvait, par sa chute, produire l'explosion. Carnot indiqua même une solution pratique pour ce procédé d'inflammation des mines : le mélange détonant renfermé dans une feuille de plomb est placé sur une enclume dans le fourneau ; il éclate sous le choc d'un marteau mis en mouvement par une ficelle.

A l'époque où Gillot proposait l'emploi du phosphore (1803), Howard découvrait en Angleterre le fulminate de mercure, qui ne fut introduit en France qu'en 1807 et donna naissance au *fusil à piston,* dont l'usage commençait à se vulgariser vers 1810.

L'amorce de cette arme s'était répandue dans le commerce; nous avons vu qu'elle fut utilisée pour l'inflammation des mines dans l'appareil Dufoure, qui fut principalement destiné à être placé, comme la platine de fusil de Gillot, dans le fourneau, et mise en mouvement par une ficelle.

Le sergent Mahieu reprit, en 1826, l'idée de Carnot; il construisit une petite batterie très-simple, consistant en un marteau pressé par un ressort qui, libéré au moyen d'une gâchette, pouvait s'abattre sur une table d'acier surmontée de quatre cheminées semblables à celles du fusil et pourvues de capsules en communication avec l'amorce de la mine. La platine Mahieu essayée à Montpellier donna de bons résultats.

Diverses autres batteries du même genre ont encore été inventées : Nous citerons celle proposée, en 1832, par les lieutenants Peschel et Lehman, de l'armée saxonne, dans laquelle le marteau était soudé à l'extrémité du ressort lui-même. Ce ressort était bandé par une griffe que la traction d'une corde dégageait. Nous citerons aussi la batterie de pistolet du prince Louis-Napoléon Bonaparte, appliquée aux mines à Thoune, en 1830, par le capitaine Roth.

Plusieurs combinaisons, reposant sur des réactions chimiques, ont été proposées pour l'inflammation des mines.

Un chirurgien militaire français, Sérullas, parvint, en 1822, à fabriquer un *charbon hydropyrique*, capable de s'enflammer au contact de l'eau. Il proposa son usage pour l'inflammation des mines sous-marines. On plongeait dans la charge de poudre un tube de verre renfermant un peu de poudre fine et une couche de charbon hydropyrique; il était hermétiquement fermé par un bouchon luté. Une aiguille perçait ce bouchon sous l'action du choc produit par un appareil mécanique; en donnant accès à l'eau, elle faisait éclater le tube et enflammait la charge. C'était en germe l'idée du fusil à aiguille moderne.

On retrouve encore, d'une manière plus complète, le principe du fusil à aiguille appliqué à l'inflammation des mines, dans un ouvrage singulier, publié sous le titre de *Nouvelle mécanique de la guerre*, en 1825, par l'ingénieur-géomètre Legris. L'auteur fait connaître un grand nombre d'appareils bizarres appropriés à l'inflammation des mines, fondés la plupart sur l'emploi de la platine de fusil. Parmi ceux-ci, nous remarquons le suivant, d'une nature différente, qu'il désigne sous le nom de *fulgurateur chimique* : au fond d'un tube communiquant avec la charge de poudre, on place une mèche de coton muriatée (enduite de chlorate de potasse), sur laquelle on glisse une petite ampoule de plomb remplie d'acide sulfurique. Dans la partie supérieure du tube, une aiguille, retenue par un ressort à boudin, perce l'ampoule sous l'action d'un choc et répand l'acide sur la mèche. Le feu résulte de la réaction chimique des deux corps.

Dans un autre appareil, Legris remplace l'ampoule de plomb par une ampoule de verre qu'un piston glissant dans le tube vient briser. Cette combinaison pourrait être considérée comme l'origine de l'*étoupille Kallestrom*, dont nous parlerons plus loin.

En 1833, un officier de douane italien, Cansole, conseilla un système analogue pour l'inflammation des canons. Son appareil, désigné sous le nom de *lance à feu Cansole*, paraît avoir donné des résultats satisfaisants dans les essais faits à Milan.

Le capitaine suédois Kallestrom a imaginé, en 1834, un appareil beaucoup plus simple que le fulgurateur Legris, destiné à mettre le feu aux bouches à feu et aux projectiles creux. L'acide sulfurique est renfermé dans un tube de verre, enduit extérieurement d'une pâte de chlorate de potasse et plongé lui-même dans un tube de fer-blanc contenant du pulvérin. Pour enflammer cette étoupille, désignée sous le nom d'*étoupille Kallestrom*, il suffit de briser ou de ployer le tube de fer-blanc, qui rompt en même temps le tube de verre et, en mettant l'acide en contact avec le chlorate, enflamme le pulvérin. Le lieutenant Steuenwald, au service de Hollande, a indiqué le moyen d'appliquer cet appareil à l'inflammation des mines, en 1835. Deux ou trois étoupilles sont placées dans des trous ménagés dans le couvercle de la boîte aux poudres ; une sorte de levier est attaché au couvercle, par l'un de ses bouts, au moyen d'un boulon, tandis qu'une ficelle attachée à l'autre bout permet de faire glisser le levier dans le plan du couvercle et de briser les bouts des étoupilles.

A la même époque, le capitaine d'artillerie français Burnier imaginait une étoupille dite *pétard fulminant*, *étoupille à friction* ou *étoupille Burnier*, fondée, comme la précédente, sur une réaction chimique. Cette étoupille est formée d'un tube en papier rempli d'une pâte de sulfure d'antimoine et de chlorate de potasse que traverse un brin de ficelle, rendu rugueux au moyen d'un enduit de colle-forte et d'émeri en poudre et terminé par une boucle. Une forte traction exercée sur la boucle de la corde développe de la chaleur par le frottement, favorise la réaction chimique des deux corps qui composent la pâte de l'étoupille et produit le feu (1). L'étoupille à friction a été également appliquée aux mines. Placée dans la boîte aux poudres, une traction opérée au moyen d'une ficelle produit le feu. Elle a donné de bons résultats à Montpellier, en 1834.

L'emploi des appareils précédents n'est pas sans danger. Placés dans la boîte aux poudres, la moindre maladresse pendant l'opération du bourrage qui, dans les circonstances de guerre, peut être souvent précipitée, expose le mineur à produire involontairement le mouvement de la ficelle, d'où résulte une explosion prématurée. C'est pourquoi l'on a cherché à porter le feu dans la boîte seulement après l'achèvement du bourrage. La plus ancienne solution connue de ce problème est due au célèbre Coehorn.

Pendant la construction de la place de Berg-op-Zoom (1701), il fit établir sous le glacis, des chambres de mines en maçonnerie communiquant, par des augets en terre cuite, avec la contrescarpe. Ces chambres de mines étaient destinées à être chargées, au moment du siége, au moyen de charges de poudre renfermées dans des gargousses que l'on introduisait par l'auget (2). Pour mettre le feu à ces charges, il imagina d'employer de petites fusées qui, enflammées à l'entrée de l'auget, étaient chassées, par la réaction des gaz produits sur l'air extérieur, jusqu'au fond de la chambre où elles achevaient de brûler, et mettaient le feu aux gargousses. Deux mines furent chargées et enflammées par ce moyen, à Berg-

---

(1) Cette étoupille, entièrement construite en métal, tube et fricteur, est adoptée aujourd'hui dans notre artillerie.

(2) Cette méthode peut être considérée comme l'origine de la *méthode de chargement après bourrage*, dont l'emploi préconisé de nouveau dans ces dernières années a occupé beaucoup les mineurs.

op-Zoom, en 1765, avec beaucoup de succès. On désignait ces fusées sous le nom de *serpenteau* ou *fusée porte-feu*.

Le capitaine du génie Esnault a repris ce procédé en 1821. Dans le cas des mines ordinaires, il ménageait dans le bourrage un passage pour la fusée, au moyen d'un auget à parois intérieures parfaitement polies.

La puissance de propulsion de ces fusées est telle, que le lieutenant hollandais Wust conçut, en 1847, le projet de les appliquer au problème difficile de l'inflammation des mines placées dans des terrains humides. Il enveloppait la charge d'une feuille mince de plomb, pour l'abriter de l'humidité, et parvint, sans difficulté dans une série d'expériences faites à Arnheim, à percer cette feuille, de $0^m,0015$ d'épaisseur, au moyen de fusées pourvues de petits chapiteaux en fer. Le lieutenant Schafer réussit, en 1852, à enflammer par le même moyen des charges placées dans des *dames-jeannes* en verre ; il paraît qu'en armant la tête de la fusée d'une balle, on est même parvenu à percer des pots en grès.

Le procédé peut être simplifié, si l'auget présente une pente descendante, d'après la méthode indiquée par le capitaine d'Eserot, en 1750. Dans le but de faire sauter le passage de fossés, il imagina de placer à demeure, au fond du fossé, des récipients à poudre en fonte, communiquant avec l'escarpe au moyen de tuyaux de fer, et que l'on pouvait charger en temps utile comme les mines de Coehorn. Pour transmettre le feu à ces mines, il suffisait alors de faire rouler un boulet rouge dans le tuyau.

Le système d'Eserot est encore employé en Angleterre pour pétarder sous l'eau. La charge est renfermée dans un tube de fer-blanc, terminé par un petit tube en métal dans lequel on jette un morceau de fer rouge qui produit l'explosion.

Le même système a été appliqué dans l'exploitation des carrières. Lorsque l'on veut mettre le feu dans un trou de mine vertical, on suspend à l'orifice du trou d'épinglette, dépourvu de poudre et parfaitement vide, un petit roseau court, muni d'une ailette et rempli de pulvérin. On enflamme l'ailette ; lorsqu'elle est brûlée, le roseau se détache, tombe au fond du trou et transmet le feu à la poudre. Ce procédé est en usage dans les carrières de Plymouth.

Si l'auget ne présente pas une pente convenable, on peut y suppléer par le procédé mécanique indiqué par Rugy, en 1775. Il faisait disposer dans le bourrage un double auget, traversé par une corde sans fin à laquelle il attachait une mèche ou un morceau d'amadou enflammé, que la corde entrainait au travers de l'auget jusqu'à la boîte de poudre. Ce système est désigné sous le nom de *souris* (1). Dans ce procédé, un double auget est nécessaire si l'on fait usage d'une corde pour porter le corps enflammé, que l'on y attache ordinairement au moyen d'une petite chaînette; mais si l'on substitue à la corde un fil de fer incombustible roulant sur une petite poulie dans la boîte aux poudres, on n'a pas à craindre que le corps en combustion brûle la partie de corde au moyen de laquelle on opère la traction, et un seul auget peut suffire. Le capitaine Rittier, dans une série d'expériences exécutées à Metz en 1798, a substitué avec succès la *lance à feu* à la mèche employée par Rugy.

Dans l'exploitation des carrières, on adopte souvent un système analogue à la souris, pour enflammer une mine au fond d'un puits. Un fil de fer sur lequel on enfile un morceau d'amadou descend dans le puits jusqu'à l'amorce du trou de mine; on met le feu, à la charge, sans danger en allumant l'amadou, que l'on fait glisser le long du fil en le chargeant d'un petit poids.

Ces diverses inventions ont été considérées comme un progrès dans l'art d'enflammer les mines. Il est évident que, dans des terrains humides, l'emploi d'une ficelle est préférable aux porte-

---

(1) La désignation de *souris* paraît provenir de ce que la section de l'auget avait une grandeur telle, qu'il ne pouvait être parcouru que par ce petit animal. Il est possible qu'il ait eu aussi pour origine le mot *souricière*, appliqué à la boîte de Boule. Par une tradition ancienne, on est dans l'usage de fermer les évents des magasins à poudre au moyen de plaques percées de trous, de crainte « *que les rats ou les souris ne puissent y entraîner un corps incandescent.* » Nous ignorons si jamais on a pu attribuer une explosion de magasin à cette cause, mais ce fait expliquerait très-bien l'origine du mot adopté pour désigner l'appareil de Rugy.

feux préparés au moyen d'artifices toujours plus ou moins hygrométriques. Les appareils mécaniques ont aussi l'avantage de transmettre le feu avec une instantanéité qui peut être précieuse dans certaines circonstances, et que l'on ne peut espérer obtenir avec des saucissons exposés aux *longs-feux*. Les expériences de Rugy démontrent que l'on peut éviter, par leur emploi, l'introduction de la fumée dans la galerie, du moins en grande partie : on évite naturellement la fumée produite par le saucisson, et si au moment de l'explosion on bouche rapidement l'auget au moyen de sacs à terre, on évite encore la fumée repoussée dans l'auget par la masse de terres qui retombe dans l'entonnoir du fourneau.

Malheureusement, l'expérience prouve que ces appareils produisent de nombreux mécomptes dans la pratique. Les appareils à percussion et même la souris exigent le placement dans les augets de petites roulettes pour favoriser le glissement de la ficelle, et il arrive que ces dispositions, exécutées en général d'une manière grossière, fonctionnent mal. Dans les bourrages précipités que l'on doit fréquemment exécuter lorsque l'on s'aperçoit de la présence de l'ennemi dans une galerie voisine, et qui sont nécessairement accompagnés d'un certain désordre, les appareils mécaniques exposent à de grands dangers, ainsi que nous l'avons déjà fait remarquer. Aussi a-t-on généralement renoncé à leur usage dans la pratique des mines.

Ces préparations mécaniques se prêtent cependant parfaitement à la confection de certains appareils destinés à faire éclater automatiquement des fourneaux, soit sous les pas d'une colonne d'assaut, soit par le choc d'un navire. C'est ainsi qu'ils servent encore de base à la plupart des mines de guerre désignées sous le nom de *torpilles* (1).

---

(1) Le mot *torpille* ou *torpédo de guerre* (torpedo war) a été appliqué par Robert Fulton à un genre de fourneaux marins destinés à éclater sous le choc d'un navire, par analogie à l'impression que cause le poisson appelé *torpille* (torpedo narke), qui foudroie les autres poissons au contact. Il a été ensuite étendu à tous les appareils du même genre, agissant par un mouvement automatique, soit sur terre, soit sur mer. Les Américains, qui, au début de la guerre de sécession, n'avaient qu'une médiocre connaissance des mines militaires, ont étendu

Les fusées porte-feu ont été conservées pour l'inflammation de certains fourneaux spéciaux, tels que : contre-puits, mines artésiennes, etc. Sans avoir les inconvénients des moyens précédents, elles ne sont pas sans exposer à des mécomptes, car il arrive fréquemment que l'air comprimé par la fusée dans l'auget réagit après qu'elle a parcouru une certaine partie de son étendue et la rejette au dehors avant qu'elle ait atteint la poudre. Aussi leur préfère-t-on généralement les appareils électriques. Ce moyen pourra cependant encore être utilisé pour mettre le feu aux charges de poudre qu'il serait difficile d'atteindre pour appliquer un porte-feu ordinaire; on pourrait l'employer, par exemple, pour enflammer un bout de gros saucisson dont le feu aurait été coupé accidentellement. A ce titre, il mérite d'être conservé dans la pratique des écoles.

III

Procédés électriques. (*Amorces thermo-électriques.*)

L'histoire fournit divers exemples d'explosions de magasins à poudre par l'électricité atmosphérique, à Milan en 1521, à Savone en 1648, à Breslau en 1749, à Brescia en 1769, etc. Ces accidents produits par la foudre ont inspiré l'idée d'employer l'électricité pour allumer des feux à de grandes distances, tantôt pour produire des signaux, tantôt pour allumer des foyers, analogues aux mines, dont les effets destructeurs pouvaient être utilisés à la guerre. Pour résoudre ce problème, il suffisait de trouver le

---

improprement cette désignation à toutes les mines en général, qu'ils désignent sous les noms de *torpédos sous-marins* et *torpédos de terre* (submarine torpedos and land torpedos). — Le rapport de la Commission d'organisation militaire de 1867 verse dans la même erreur, car on lit (page 165) : « L'emploi des torpédos est devenu une nécessité pour la bonne défense des passes, des fleuves, etc., contre une attaque navale, et pour protéger les glacis contre une attaque de vive force. » Parmi les *feux clandestins* que l'on peut établir sous un glacis, comme pour les mines sous-marines, il importe de distinguer ceux qui agissent *en torpille*, ou automatiquement, de ceux qui agissent par les moyens ordinaires ou *à volonté*.

moyen de produire à volonté une étincelle électrique semblable à celle qui éclate par la décharge d'un nuage électrisé, et de la transporter vers un point déterminé, comme on l'observe lorsque le feu électrique sillonne un édifice frappé par la foudre. Les deux éléments de ce problème étaient déterminés dès le XVIIIe siècle. Le célèbre bourgmestre de Magdebourg, Otto de Guericke, avait réussi en 1650 à produire artificiellement l'étincelle, et le physicien Grey avait constaté en 1727 les propriétés des corps conducteurs.

Grey utilisa lui-même sa découverte dans le but que nous venons d'indiquer : poursuivant ses études sur les corps conducteurs, il parvint, dans une série d'expériences remarquables exécutées en Angleterre de 1745 à 1750, à transmettre l'étincelle résultant de la décharge d'une bouteille de Leyde à des distances considérables, au moyen d'un fil de métal convenablement isolé sur des piquets de bois sec. Dufay répéta ces expériences en France, à la même époque, en établissant la communication entre l'extrémité du fil et l'armature de la bouteille de Leyde, par le sol. Ils parvinrent ainsi à produire le spectacle étonnant de l'inflammation d'une capsule d'alcool, même à travers l'eau, à plus d'une lieue de distance. On pouvait, par le même procédé, rallumer la flamme d'une bougie récemment éteinte, enflammer une mèche de coton roulée dans de la poudre de lycopode ou de la résine pulvérisée.

Le physicien anglais Watson paraît avoir eu le premier l'idée d'appliquer cette découverte à la production de signaux télégraphiques : « Le 14 et le 18 juillet 1847, dit l'abbé Moigno, » Watson s'assura que la décharge électrique parcourait sans » peine un fil métallique disposé le long du pont de West- » minster et revenait à travers l'eau de la Tamise. Il constata, » le 14 août de la même année, qu'un circuit formé de deux » fils de fer et de deux milles de terre humide était franchi » avec facilité par l'électricité dans un temps inappréciable, » insaisissable. »

En 1751, Franklin indiquait, dans ses *Lettres sur l'électricité*, l'application de cette découverte à l'inflammation de la poudre; c'était en germe l'idée de l'application de l'électricité à l'inflammation des mines : « Je n'ai pas appris qu'aucun de vos

» électriciens d'Europe ait encore réussi à enflammer la poudre » à canon par le feu électrique, écrit-il le 29 juin 1751. Nous » le faisons de cette manière : on remplit une petite cartouche de » poudre sèche, que l'on bourre fortement pour en écraser quel- » ques grains ; on y enfonce ensuite deux fils d'archal pointus, » un à chaque bout, en sorte que les pointes ne soient éloignées » que d'un demi-pouce au milieu de la cartouche ; alors on place » la cartouche dans le cercle d'une batterie ; quand les quatre » vases se déchargent, la flamme sautant de la pointe d'un fil » d'archal à celle de l'autre dans la cartouche, au travers de la » poudre, l'enflamme, et l'explosion de cette poudre se fait au » même instant que le craquement de la décharge. » — Pouillet, rendant compte de cette expérience, ajoute ce détail important : « On peut en faire l'expérience avec de petites cartouches de 2 » à 3 lignes de diamètre et de 15 à 20 lignes de longueur ; deux » fils de fer traversant les bouts opposés de la cartouche viennent » aboutir vers son milieu, à une petite distance l'un de l'autre ; » c'est en franchissant leur intervalle que l'étincelle enflamme la » poudre. » Il paraît que le docteur Priestley réalisa cette belle expérience en 1767.

Isnard d'Evreux utilisa cette cartouche électrique en 1776 pour enflammer, à 20 mètres de distance, au moyen d'une batterie composée de deux bouteilles de Leyde et de conducteurs en fil d'archal, des charges de poudre placées sous des roches dans l'eau. Cavallo produisit aussi, en 1795, des signaux télégraphiques par l'inflammation de la poudre et d'autres substances combustibles.

La question de l'inflammation des mines par l'électricité fit un pas décisif en 1805 : « Quelques mineurs, dit Gillot, ont pro- » posé de porter le feu aux fourneaux par le moyen de l'étin- » celle électrique. Dans ce cas, on remplacerait le saucisson par » un conducteur, tel qu'un fil d'archal, que l'on isolerait en le » suspendant dans l'auget avec des cordons de soie, ou mieux » encore en le faisant passer dans des tubes de bois bien secs » et frits dans l'huile. L'extrémité serait terminée par une boule » de métal placée en présence d'un excitateur dont la tige serait » plongée dans la poudre, en sorte que l'on donnerait le feu au » fourneau en présentant à la boule située à l'autre bout du

» conducteur, un corps électrisé. Mais on sent que cet appareil, » qui exigerait de la part du mineur des précautions très-déli- » cates, pourrait ne pas toujours réussir dans des lieux où l'air » est souvent chargé d'humidité, et à travers des bourrages, où » des filtrations abondantes ne manqueraient pas de mouiller » bientôt le conducteur et d'intercepter le fluide électrique. »

Au moment même où Gillot écrivait ces lignes (1800), la découverte de la pile de Volta fournissait le moyen de surmonter les difficultés d'application qu'il signalait. Cette source nouvelle d'électricité, dite *galvanique* ou *dynamique*, produit un courant moins susceptible de se perdre dans l'air que l'électricité *statique*, et qui, comme l'ont prouvé les expériences de Davy de 1806, peut également se manifester par des étincelles. On constata cependant que ces étincelles galvaniques avaient un pouvoir calorifique moindre que celui des étincelles statiques. Deux moyens étaient d'ailleurs indiqués par l'expérience pour utiliser ces courants dynamiques à l'inflammation des mines : l'étincelle d'abord, et, indépendamment de l'étincelle, on avait encore reconnu qu'en plaçant entre les conducteurs d'une source d'électricité quelconque un fil mince en métal, le passage du courant au travers de ce fil interpolaire produisait une source de chaleur capable de faire rougir et même de fondre ce fil. Van Marum avait réussi à fondre par ce moyen entre les deux branches d'un excitateur, à l'aide d'une puissante machine électrique, un fil de 50 pieds de longueur ; Thénard, en 1801, avait également fait rougir un fil entre les deux pôles d'une pile galvanique. Le second mode de production de chaleur semblait devoir être préféré pour enflammer la poudre des charges de mines, puisqu'il permettait l'emploi de la pile ; mais il s'écoula encore plusieurs années avant qu'on l'ait appliqué dans la pratique.

En 1819, quelques officiers danois, guidés par le professeur OErstedt, parvinrent à mettre le feu à une mine placée dans l'eau à une grande distance. L'expérience reprise en 1820 donna des résultats moins favorables ; on attribua son insuccès à l'état de l'atmosphère. Les procédés dont ils firent usage ne nous sont pas connus, mais le résultat porte à croire qu'ils employèrent encore l'électricité statique et une amorce fondée sur le principe de l'étincelle.

Il paraît qu'en 1830, le général Schildre a réussi à enflammer des mines placées sous la terre et sous l'eau, à des distances de plus de 800 mètres, sous les yeux de l'empereur Nicolas. Les détails de ces expériences, faites à Saint-Pétersbourg, ne sont pas mieux connus que ceux des expériences précédentes; on sait seulement qu'on fit usage de conducteurs en cuivre rouge *isolés* au moyen de soie; la forme de l'amorce et la nature de la batterie n'ont pas été indiquées.

En 1831, le professeur Moses Shaw, de New-York, enflamma, à l'aide de la machine électrique, des amorces préparées au moyen d'un mélange de poudre et de fulminate d'argent, pour pétarder des rochers, mais il reconnut que l'opération était impraticable par des temps humides.

La même année, le docteur Hare, de Philadelphie, appliqua avec succès l'électricité galvanique à l'inflammation des mines; il parvint, à l'aide d'un appareil assez compliqué, à communiquer le feu à 12 pétards à la fois. Il faisait usage d'une pile d'un modèle spécial, composée de 100 couples de 4 à 5 pouces de côté et occupant une longueur de 3 pieds. Les éléments étaient fixés sur un axe, de manière que, par un quart de révolution, on pouvait les plonger dans le liquide excitateur renfermé dans l'auge et que, par un mouvement inverse, ils étaient soustraits à son action. Ce système de pile, auquel on a donné le nom de *système intermittent,* a l'avantage de consommer moins rapidement le zinc qu'une pile à auge ordinaire. Faraday, qui eut l'occasion d'expérimenter la pile du Dr Hare, a reconnu qu'elle jouit d'une grande puissance, qui décroît rapidement, à cause de la précipitation du cuivre sur le zinc.

Le lieutenant Fabien essaya à Arras, vers 1832, de réaliser, en France, l'idée indiquée par Gillot. Pour transporter l'étincelle de la bouteille de Leyde, il faisait usage d'un fil isolé placé dans la rainure d'une tringle de bois; l'isolement s'obtenait au moyen de résine coulée dans cette rainure. Afin de faciliter l'explosion, la poudre de l'amorce fut remplacée par des corps plus inflammables, tels que le fulminate de mercure ou un mélange d'oxygène et d'hydrogène renfermé dans une ampoulette. Les expériences de Fabien, continuées à Montpellier, en 1835, ne produisirent que peu de résultats; on reconnut que l'enveloppe isolante se détruisait avec facilité pendant le bourrage et mettait le fil à nu, par le simple maniement des tringles de bois, à cause de l'extrême friabilité de la résine.

Ce furent principalement les essais faits en Russie, en 1837, qui firent entrer la méthode d'inflammation des mines par l'électricité dans le domaine des faits pratiques. Le 24 juillet 1837, à Saint-Pétersbourg, deux ponts minés sautèrent par ce moyen, en présence de l'empereur Nicolas. L'expérience faillit même être fatale à l'Empereur, près duquel une poutre projetée par l'explosion vint tomber. Le 8 octobre, l'épreuve ayant été répétée, il fut démontré que l'électricité pouvait transmettre le feu aussi bien sous l'eau que sur terre. « Aux rapides » de la Néwa, dit la *Presse* du 16 novembre 1837, en face de » Pella, deux rochers qui entravaient la navigation ont été brisés » par des mines allumées sous l'eau à l'aide du *fulmifère* du che- » valier Le Molt. Les spectateurs ont été frappés de la puissance » de cet ingénieux appareil, qui transporte, au commandement, » le feu électrique à grandes distances, à travers la terre et l'eau. »

Toutes les armées cherchèrent aussitôt à reproduire ces expériences sur lesquelles on n'avait encore que de vagues renseignements par les papiers publics. Une foule de moyens furent proposés par les ingénieurs.

C'est, paraît-il, en Hollande qu'on reçut les premiers renseignements précis sur les appareils employés en Russie. Au mois d'août 1837, pendant les exercices du camp de Sprang, le capitaine Van Limbourg-Stirum, commandant la 2ᵉ compagnie de sapeurs-mineurs de campagne, parvint à enflammer des mines sous l'eau à 50 mètres de distance, en faisant usage de la pile Wollaston. Ces essais furent suivis d'un remarquable ensemble d'études commencées en 1838 par le capitaine du génie Merkès, aide de camp du prince d'Orange (beau-frère de l'empereur Nicolas). Après divers essais préliminaires, exécutés pendant l'hiver suivant, le capitaine Merkès arrêta les formes de l'appareil qui lui paraissait satisfaire le plus complètement aux conditions militaires de simplicité, de mobilité et d'économie. Il adopta des conducteurs en forme de bandelettes de $0^{m},008$ d'épaisseur et $0^{m},01$ de largeur, découpés dans des feuilles de cuivre n° 14 ; ces conducteurs lui paraissaient pouvoir se dérouler plus facilement que des fils de cuivre rond de même section, et avoir l'avantage de pouvoir se relier en un seul cordage, en les séparant par une corde de chanvre de $0^m,002$ à $0^m,003$ d'épaisseur, ou même par une lanière de peau, pour éviter leur contact. L'amorce se préparait en clouant deux de ces conducteurs sur une planchette, ou les unissant par des fils interpolaires en fil de fer n° 12, de $0^m,02$ à $0^m,03$ de longueur. La planchette était ensuite plongée dans une cartouche de poudre enveloppée d'une feuille de papier ou de plomb. Il adopta une forte pile Wollaston, semblable à celle que le professeur Pouillet avait fait construire pour les ducs d'Orléans et de Nemours, formée de douze couples de $0^m,125$ de largeur, $0^m,145$ de hauteur, plongée dans des auges distinctes rendues étanches au moyen de glu marine et renfermant le liquide excitateur. Ce liquide était composé de 1 partie d'eau, $\frac{1}{18}$ p. d'acide sulfurique et $\frac{1}{25}$ d'acide nitrique. Les auges étaient réunies dans une caisse de bois. Tous les couples étaient fixés à un châssis mobile en bois, de manière à pouvoir, à volonté, les plonger ou les retirer des auges, ce qui évitait la forte usure du zinc et la déperdition rapide de l'électricité produite par l'immersion continue. Un système mécanique très-simple permettait, au moyen d'une manivelle, de produire rapidement et sans effort l'immersion. Cette pile occupait un volume de 0,25 sur $0^m,67$ de base, sur $0^m,50$ de hauteur et pesait 36 kilog.

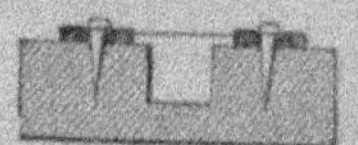

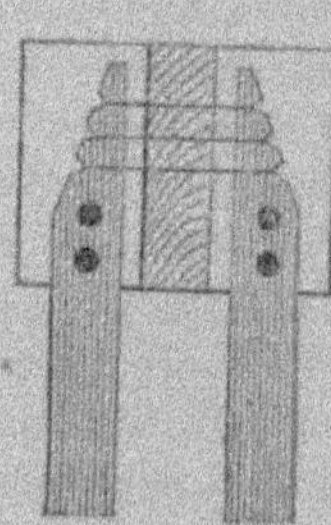

Les expériences faites pendant les années 1838 et 1839 prouvèrent qu'on pouvait, à l'aide de cet appareil et sans faire usage de conducteurs *isolés*, transmettre le feu à 105 mètres, à travers la terre sèche, la terre humide et même l'eau, sans que les dérivations de courant, qui se produisent dans ces derniers cas, altèrent le résultat.

Le colonel Pasley, qui avait employé avec succès les explosions sous-marines pour déblayer le fond de la passe de Gravesend, obstruée par les débris d'un brick et d'un schooner coulés à fond, fut chargé, en 1838, de détruire par le même moyen un vaisseau de guerre, le *Royal-George*, qui s'était perdu depuis 1789 dans la rade de Spithead. Pour réaliser ce projet qui n'était pas sans difficulté, il conçut la pensée d'employer l'électricité, à l'imitation des Russes. Des expériences préparatoires furent faites à Chatham par le capitaine Sandham, et l'on adopta un appareil très-analogue à celui du capitaine Merkès. Les fils conducteurs furent enveloppés d'un enduit hydrofuge et isolateur de l'invention du sergent-major Jones. Ils étaient en fil de cuivre rond dont la grosseur variait avec la distance à laquelle on voulait transmettre le feu; l'expérience démontra que, pour 152 mètres, il fallait adopter le diamètre $0^m,003$ à $0^m,004$, et pour 24 mètres, il suffisait de prendre du fil de sonnette de $0^m,0015$. On les reliait en un seul câble sur un cordage de $0^m,05$ de diamètre. L'amorce consistait en un tube de plomb rempli de pulvérin que l'on fermait au moyen d'un bouchon traversé par les deux conducteurs reliés, au centre du tube, par un fil de platine très-fin de $0^m,05$ de longueur. On reconnut qu'il y avait grand avantage à substituer le pulvérin à la poudre dans le tube d'amorce. La pile était du système Daniel, composée de dix éléments de $0^m,55$ de hauteur sur $0^m,09$ de diamètre. Elle fut préférée à la pile Wollaston, à cause de sa propriété de fournir un courant *constant* pendant un temps prolongé. La principale innovation apportée dans le système hollandais consistait dans l'invention d'un instrument d'épreuve.

Plusieurs ratés s'étant produits pendant les expériences de Spithead, à cause de la rupture du fil interpolaire au moment de l'immersion des appareils, le colonel Pasley, mortifié de ces accidents qui avaient eu pour témoin un public assez nombreux, chercha le moyen de vérifier l'état des amorces avant d'y mettre le feu, afin de pouvoir s'assurer qu'elles n'avaient pas été dérangées.

L'appareil qu'il imagina consistait en un petit *voltamètre* qu'il introduisait dans le circuit et qui permettait, par la décomposition de l'eau, de constater la continuité du circuit au moyen du courant produit sous l'influence d'une pile assez faible, pour ne pas exposer à enflammer prématurément l'amorce. Son *voltamètre d'épreuve* était formé d'un flacon de Wolf, rempli aux trois quarts d'eau acidulée dans laquelle on plongeait les deux conducteurs, séparés par un petit intervalle. Un tube, plongeant dans le liquide et ouvert à l'extérieur du flacon, d'ailleurs hermétiquement bouché, indiquait, par la différence de niveau de l'eau, la production d'une certaine quantité de gaz, lorsque la continuité du circuit n'était pas interrompue.

Un Irlandais, nommé Hamilton Seymour, dans une lettre adressée au *Philosophical Magazine* (24 mai 1839), contesta au colonel Pasley la priorité de l'idée d'appliquer l'électricité à l'inflammation des mines. Il prétendit avoir déjà fait usage de ce système pour pétarder des troncs d'arbres, à Edimbourg, avant les expériences de Spithead. Son amorce, analogue à celle de Pasley, était formée de conducteurs de cuivre reliés par un fil de fer et plongés dans un tuyau de plume rempli de poudre de chasse. Il faisait usage d'une pile à auge de dix couples, de $0^m,10$ de côté.

Lors de la construction du South-Eastern Railway, le lieutenant Hutchinson, des ingénieurs royaux britanniques, fut chargé de détruire par la mine une grande falaise, le *Round down Cliff,* située près du tunnel de Folkestown, à environ trois kilomètres de Douvres, sur laquelle on s'était décidé à faire passer le chemin de fer à ciel ouvert. Trois grosses mines furent préparées dans la falaise au-dessus du niveau de la voie. On y mit le feu le 26 janvier 1843, au moyen de l'électricité, en se tenant à environ 610 mètres de distance. L'appareil ne différait pas sensiblement de celui du colonel Pasley. Les conducteurs étaient en fil de cuivre de $0^m,003$, isolés au moyen de l'enduit du sergent-major Jones. Ils étaient reliés sur un cordage de $0^m,04$ de diamètre, au moyen d'une hélice de corde d'emballage et de deux enveloppes de laine enduites de la même composition. L'amorce était renfermée dans un tube de carton de $0^m,025$ de diamètre et de $0^m,25$ de longueur, rempli de poudre de chasse et fermé aux deux bouts par des bouchons. La pile était composée de dix-huit éléments Daniel, divisés en trois groupes placés chacun dans une caisse formant une batterie de six éléments. On adopta comme réserve une pile spéciale dont la forme mérite d'être indiquée. Elle se composait d'une caisse de bois de $1^m,00$ de longueur, $0^m,30$ de largeur, $0^m,20$ de hauteur, divisée, au moyen de planchettes, en vingt cellules rendues imperméables à l'aide d'un enduit de vernis à l'alcool et de cire. Chaque cellule était doublée d'une auge en cuivre formant l'élément électro-positif, dans laquelle on versait le liquide excitateur. Celui-ci était composé de 12 p. d'eau et 1 p. d'acide sulfurique. Des plaques de zinc de $0^m,01$ d'épaisseur, formant les éléments électro-négatifs, étaient fixées sur une traverse, de façon que l'on pouvait les plonger toutes à la fois dans les auges de cuivre. Des torsades en fil de cuivre servaient à relier les éléments entre eux.

Nous signalerons la substitution du *galvanomètre* au *voltamètre*, pour la vérification des amorces. Le lieutenant Hutchinson fit construire un instrument portatif composé d'une petite pile et d'un multiplicateur réunis dans une boîte de $0^m,10$ de long, $0^m,05$ de large et $0^m,04$ de haut. La pile était formée d'une petite auge en cuivre de $0^m,045$ de long, $0^m,02$ de large et $0^m,03$ de profondeur, dans laquelle on avait placé une plaque de zinc de $0^m,005$, isolée du cuivre au moyen d'ételles en bois. Deux conducteurs isolés partaient de cet élément pour s'enrouler autour d'un multiplicateur de $0^m,045$ de diamètre et aboutir à deux poupées de cuivre. En fixant les conducteurs d'une amorce aux poupées de l'instrument d'épreuve, auxquelles aboutissaient aussi les fils du multiplicateur, il était facile de reconnaître, par la déviation de l'aiguille, ou son immobilité, si le circuit était continu ou interrompu. A l'aide de ce petit appareil, on peut s'assurer du bon état des amorces jusqu'à la distance de 65 mètres. Mais au delà, comme dans les expériences de Douvres où l'amorce était placée à la distance de 610 mètres de la pile, on devait y ajouter un petit élément Daniel.

Les expériences faites pour enflammer les mines sous-marines au moyen de l'électricité donnèrent en général de bons résultats, mais on reconnut que, pour appliquer les appareils électriques aux mines ordinaires dans les opérations militaires, ils devaient encore subir d'importantes améliorations. Des essais furent tentés dans le but de réduire le volume des piles et l'approvisionnement considérable que leur chargement exigeait, ainsi que pour éviter la confection de conducteurs isolés qui ne pouvait être improvisée qu'avec une extrême lenteur. Parmi les améliorations proposées en Angleterre, nous nous bornerons à citer les suivantes :

On a reconnu qu'il était préférable de remplacer le fil conducteur unique de $0^m,004$ à $0^m,005$ par une corde formée de trois fils de cuivre de $0^m,0025$, commis au $\frac{1}{12}$ (c'est-à-dire tordus de manière que leur longueur reste réduite de $\frac{1}{12}$). Ce conducteur était plus flexible et pouvait être lié à une corde de chanvre de $0^m,015$ à $0^m,02$ de diamètre.

Le gutta-percha, importé en 1843 par le docteur Montgomery, à la suite de sa mission en Chine, a permis de simplifier considérablement l'application de l'enduit isolant sur les conducteurs. Appliqué en deux ou trois couches sur le fil de cuivre, il produit un isolement parfait et beaucoup plus sûr que les enduits employés antérieurement. L'usage de ces fils isolés s'étant multiplié pour le service de la télégraphie électrique, il devenait à peu près inutile de recourir à une fabrication spéciale pour les mines, et l'on introduisit ces fils dans le matériel des mineurs militaires.

L'usage des fils *isolés* a permis de réduire les deux conducteurs d'*aller* et de *retour* à un seul, la terre servant de conducteur de retour. On est parvenu de cette façon, à Spithead, en 1863, à enflammer, au moyen d'un seul conducteur, des charges submergées sous 24 mètres de profondeur. L'eau qui, dans ce cas, servait de conducteur de retour, étant moins conductrice que le fil de cuivre, on avait eu la précaution de répandre l'électricité sur une grande surface en contact avec la masse liquide, au moyen de plaques de zinc soudées aux bouts du conducteur. L'expérience a prouvé que ces plaques doivent avoir plus de surface au pôle négatif qu'au pôle positif, et que cette surface doit varier avec la distance entre les extrémités du fil. A Spithead, pour une distance de 24 mètres, la plaque du pôle négatif avait un quart de mètre carré (trois pieds carrés). Dans les terres humides, on peut opérer comme dans l'eau.

L'amorce Pasley n'a guère subi de modification. On a reconnu que, pour établir un contact intime entre les conducteurs de cuivre et le fil interpolaire de platine, il convenait de décaper le cuivre au moyen d'un acide avant de l'envelopper du fil de platine. Le même résultat a été obtenu d'une manière plus simple en entaillant légèrement le conducteur au ciseau, introduisant le fil de platine dans l'entaille fraîche et resserrant aussitôt le fil entre les bavures de l'entaille, au moyen d'un coup de marteau.

Un très-grand nombre de modèles différents ont été proposés

pour la pile. Parmi ceux-ci il convient de citer le suivant, imaginé en Écosse et indiqué dans l'*Aide-Mémoire to the military Sciences*, qui permet de supprimer les auges isolées de chaque couple et de diminuer le volume de la pile. Des plaques alternatives de zinc et de fer sont fixées à une sorte de châssis que l'on peut plonger à volonté dans une auge unique, pleine d'eau acidulée. Les éléments sont réunis entre eux par des fils de cuivre de la manière suivante, qui évite les contre-courants ou courants secondaires tendant à diminuer la puissance de la pile : — La plaque

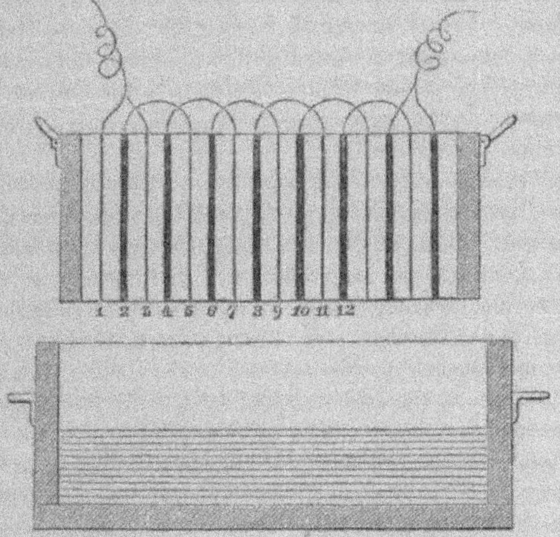

n° 1 (Fer) est unie au n° 3 (F). — Celle n° 2 (Zinc) au n° 5 (F). — Celle n° 4 (Z) au n° 7 (F). — Celle n° 6 (Z) au n° 9 (F). — Celle n° 8 (Z) au n° 11 (F)., etc., etc. — Les éléments extrêmes, formés de deux plaques de fer et de deux plaques de zinc, forment les pôles de la pile. Une pile de ce genre, formée de 20 couples ou 40 plaques, espacées de 0^{m},006 à 0^{m},01, et de 0^{m},20 à 0^{m},25 de côté, a produit d'excellents résultats ; l'épaisseur du zinc était de 0^{m},006 et celle du fer 0^{m},00475.

Les Russes se sont particulièrement attachés à donner aux appareils électriques des formes simples, que l'on puisse reproduire sans difficulté au moyen de matériaux communs. Le lieutenant du génie de la garde Bagration a imaginé, dans ce but, une pile de forme très-pratique : on place dans un tonneau deux lames de zinc et de cuivre en contact, puis on remplit le tonneau de sable que l'on humecte de *sel ammoniac* (chlorhydrate d'ammoniaque). Cette pile peut conserver son intensité un temps très-long. Lorsque le sable se dessèche, il fait corps avec les métaux et l'action de la pile diminue; mais il suffit, pour la raviver, de l'humecter de nouveau. On peut placer plusieurs éléments dans un même tonneau, ou même se borner à les enterrer dans le sol, que l'on arrose de sel ammoniac, auquel on peut encore substituer du sel marin, du vinaigre ou même de l'urine. Un officier russe nous a assuré qu'on a souvent fait usage d'une simple *pile à colonne* dont les éléments étaient séparés par des disques de carton imbibés de sel ammoniac, qui a produit des résultats très-satisfaisants.

La France n'a adopté que tardivement l'application de l'électricité à l'inflammation des mines. Il paraît cependant que, dès 1838, Croissant, pharmacien à Laval, était parvenu à enflammer des charges de poudre au moyen de la pile de Bunsen, mais ces expériences n'eurent que peu de retentissement. Quelques essais furent tentés au moyen de la même pile, en 1841, par le commandant Bauchelet; mais, suivant le témoignage du maréchal Vaillant, ce ne fut qu'à partir de 1844 qu'ils furent poursuivis avec régularité.

L'appareil qui est encore en usage en France ne diffère pas sensiblement de l'appareil hollandais qui lui a servi de type. A partir de 1850, on substitua, sur la proposition du capitaine Laloy, des fils ronds de $0^m,003$ à $0^m,004$ de diamètre, que l'on reconnut plus maniables, aux conducteurs méplats. Ce diamètre a été depuis réduit à $0^m,0024$. Ces conducteurs sont, en général, enveloppés d'une double hélice en coton, enroulées en sens contraire. Ces hélices permettent de tordre les deux conducteurs en un seul câble, sans exposer au contact des fils métalliques; lorsque l'une des hélices se détend par la torsion, l'autre se resserre et recouvre plus exactement le fil. L'utilité de ces hélices a été contestée, et quelques officiers croient que, dans les terrains humides, elles ont pour effet, à cause de l'humidité dont elles sont imbibées, de dériver le courant avant qu'il arrive à l'amorce.

On recouvre quelquefois ces hélices d'un enduit semblable à celui des cordeaux porte-feu.

L'amorce française a beaucoup d'analogie avec celle de Merkès.

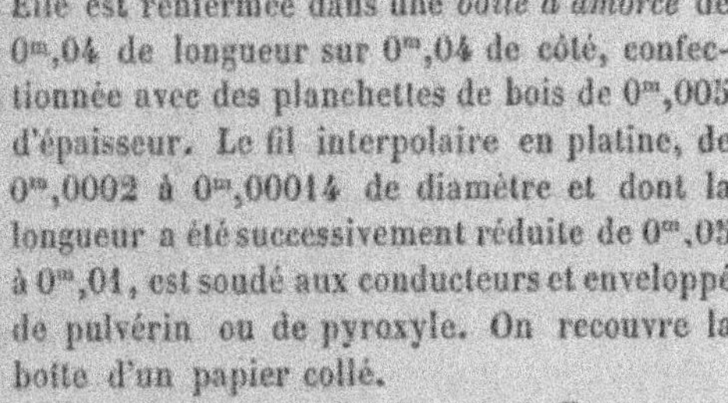

Elle est renfermée dans une *boîte d'amorce* de $0^m,04$ de longueur sur $0^m,04$ de côté, confectionnée avec des planchettes de bois de $0^m,005$ d'épaisseur. Le fil interpolaire en platine, de $0^m,0002$ à $0^m,00014$ de diamètre et dont la longueur a été successivement réduite de $0^m,05$ à $0^m,01$, est soudé aux conducteurs et enveloppé de pulvérin ou de pyroxyle. On recouvre la boîte d'un papier collé.

On fait aussi usage d'un *étui d'amorce* en bois, très-semblable aux amorces de Pasley, pour l'inflammation des charges submergées. Les deux conducteurs, solidement ficelés au bouchon, sont reliés sur sa base externe par le fil interpolaire suivant un diamètre. Cette base est évidée de manière que le pulvérin renfermé dans l'étui enveloppe ce fil de toute part.

La pile dont on fait usage se compose de 10 à 12 éléments de Bunsen, perfectionnés par Archereau, réunis dans une caisse de bois. Les éléments sont de deux modèles :

1° Le *grand modèle* dans lequel le cylindre de zinc a $0^m,30$ de hauteur sur $0^m,10$ de diamètre ;

2° Le *petit modèle* dans lequel le cylindre de zinc a $0^m,10$ de hauteur sur $0^m,06$ de diamètre.

Un seul élément de grand modèle suffit pour transmettre le feu à 50 mètres avec une amorce préparée au pulvérin, et quatre éléments pour transmettre le feu à 500 mètres. On a constaté à Bapaume, que l'amorce au pyroxyle est plus inflammable que celle au pulvérin ; en faisant usage de l'amorce au pyroxyle, un élément grand modèle transmet le feu à 170 mètres, et un élément petit modèle à 110 mètres.

L'effet des divers appareils en usage dans la pratique des mines, que nous venons de décrire, est fondé sur l'échauffement d'un fil interpolaire sous l'action d'un courant galvanique ; on avait à peu près renoncé à utiliser les étincelles que l'on peut obtenir par l'électricité statique, parce qu'on avait reconnu que ces étincelles ne produisent que peu de chaleur et que leur rapidité, que l'on peut estimer à un millionième de seconde, ne suffit pas pour enflammer la poudre, qui exige une étincelle d'au moins 3/100 de seconde de durée. Un hasard heureux ramena les idées vers l'étude de ce mode d'inflammation des mines, conseillé autrefois, comme nous l'avons vu. « Pendant les épreuves préliminaires, dit Figuier, auxquelles fut » soumis, en 1851, le câble conducteur du télégraphe sous-marin » de Douvres à Calais, le constructeur de ce câble, M. Statham, » avait reconnu, dans une portion du conducteur, une solution » de continuité. En l'examinant avec attention en ce point, il re- » connut avec surprise que, lorsqu'on faisait fonctionner la pile » pour exécuter les signaux télégraphiques, des étincelles pas- » saient et se succédaient rapidement au point où le gutta- » percha se trouvait partiellement enlevé. Ce phénomène phy- » sique était anormal; car, pour voir ainsi des étincelles » entre les deux bouts d'un conducteur, il faut employer des » courants d'une intensité extrêmement considérable et hors » de proportion avec les faibles courants voltaïques qui par- » courent les fils du télégraphe. En étudiant les circonstances » dans lesquelles ces étincelles apparaissent, M. Statham » reconnut qu'elles tenaient à ce que le fil de cuivre, dépouillé » de son enveloppe de gutta-percha, conservait pourtant cer- » taines empreintes moins conductrices de l'électricité; c'était » par cette voie que les étincelles pouvaient se transmettre et se » propager, comme celles que fournit la machine électrique, » c'est-à-dire à la manière de l'électricité statique. Or ces em- » preintes n'étaient autre chose que de légères taches de sulfure » de cuivre, corps conducteurs de l'électricité; elles s'étaient » produites par le contact prolongé du métal avec le gutta-percha » vulcanisé, c'est-à-dire imprégné de soufre. » Il est bon de remarquer que, dans ces expériences, le câble était immergé et que les étincelles se distinguaient d'ailleurs par un caractère de couleur rayonnante au lieu de conserver la couleur bleuâtre des étincelles ordinaires, ce qui indiquait un plus grand pouvoir calorifique. Cette observation donna l'idée à M. Statham d'utiliser cette propriété pour le tirage des mines en construisant une amorce de la façon suivante : « On se procure, dit Figuier, un

» bout de fil de cuivre recouvert de gutta-percha ; il suffit, 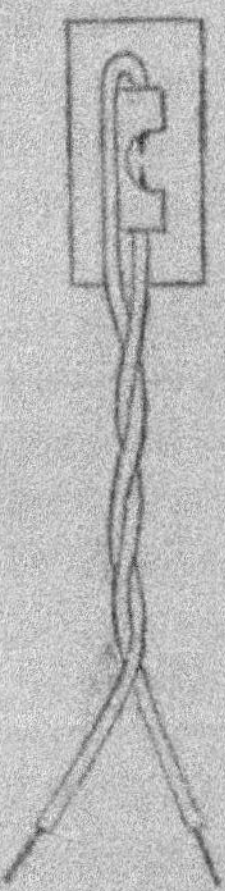
» pour cela, de prendre un fragment d'un de ces
» conducteurs télégraphiques que l'on fabrique au-
» jourd'hui en grande quantité pour la télégraphie
» sous-marine. On détache le gutta-percha du fil
» métallique qui l'enveloppe. Sur cette gaîne de
» gutta-percha qui retient à sa surface interne des
» parcelles de sulfure de cuivre destinées à favo-
» riser le passage de l'étincelle, on pratique, d'un
» coup de ciseau, une petite ouverture et l'on intro-
» duit ensuite dans l'enveloppe de gutta-percha les
» deux bouts du fil conducteur de la pile qui doit
» faire partir la mine, en les maintenant à 2 ou
» 3 millimètres l'un de l'autre ; enfin, on remplit
» l'intervalle de fulminate de mercure pour rendre
» l'inflammation plus facile. »

Le jour de l'inauguration du télégraphe sous-marin de Douvres à Calais, M. Statham eut l'occasion de soumettre son amorce à l'expérience. Au moyen de 20 piles de 12 éléments, il parvint, de Calais, à mettre le feu à un canon sur le rempart de Douvres.

A partir de cette époque, les appareils électriques pour l'inflammation des mines peuvent se diviser en deux genres très-différents :

1° Ceux fondés sur l'emploi d'une amorce avec fil interpolaire susceptible de s'échauffer par un courant d'*intensité* que nous appellerons *amorce thermo-électrique ;*

2° Ceux fondés sur l'emploi d'une amorce s'enflammant par l'étincelle produite par un courant de *tension* que nous appellerons *amorce photo-électrique.*

Nous nous bornerons d'abord à l'étude des appareils du premier genre (1).

(1) En général, on divise les appareils de mise en feu en deux genres distincts, basés sur la nature de l'appareil producteur d'électricité. Nous préférons les distinguer d'après la nature de l'amorce ; cette division nous paraît plus rationnelle ; l'expérience de Statham à Douvres prouve, en effet, que l'électricité galvanique peut produire l'inflammation des amorces des deux genres, et celles de

Après un grand nombre d'essais comparatifs, on adopta en 1856, en Belgique, les appareils anglais, auxquels le lieutenant Dupont apporta quelques modifications heureuses tendant à les simplifier et à permettre leur exécution par des mains grossières dans toutes les circonstances de la guerre, suivant le principe adopté par les Russes.

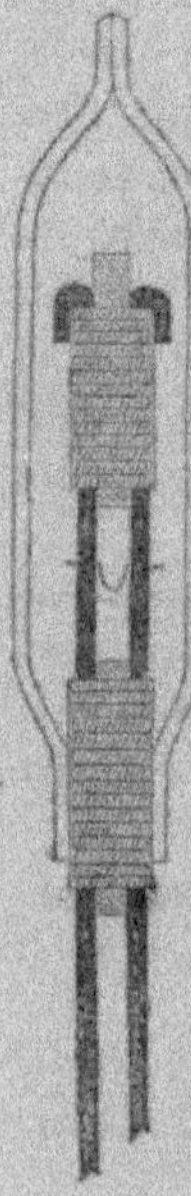

Les conducteurs sont en cuivre rouge, tantôt un fil de $0^m,003$ à $0^m,004$, tantôt une torsade à plusieurs bouts de même section totale. Ils sont enveloppés d'une toile peinte au minium, ou même d'une toile grossière sans enduit, afin de pouvoir les tordre en cordage sans produire le contact du métal des deux fils.

L'amorce se construit de la manière suivante : « Prendre, dit le lieutenant Dupont, deux conduc» teurs plats, ou aplatis au marteau, et les séparer par » une lame de bois ou de carton de $0^m,006$ à $0^m,008$ » d'épaisseur, dans laquelle on a pratiqué au milieu » une échancrure de $0^m,02$ à $0^m,03$. Lier, à l'aide de » ficelle, les conducteurs et la lame d'une manière in» variable sur une longueur de $0^m,12$ à $0^m,15$, en » laissant la partie du milieu sur l'échancrure libre, » puis rabattre les extrémités des conducteurs sur le » ficelage. Tout contact métallique et tout mouve» ment des conducteurs étant empêchés, pratiquer à » l'aide d'un couteau ou d'un ciseau fin, une entaille » de $0^m,002$ à $0^m,003$ de profondeur dans chacun » des conducteurs à la hauteur de l'échancrure, » et y engager un fil de platine très-fin ; puis rabattre le cuivre » sur le platine à petits coups de marteau. — On emploie du

---

Van Marum démontrent aussi que l'électricité statique peut produire le même résultat. — Les expressions *amorces thermo-électriques* et *amorces photo-électriques* ne sont pas usitées, mais elles nous paraissent bien caractériser les deux genres d'amorces. On objectera peut-être que l'étincelle agit sur la poudre par son pouvoir calorifique, et que, par conséquent, l'expression *photo-électrique* n'est pas exacte ; mais elle rappelle le phénomène de production de *lumière* que l'on observe dans les essais de cette amorce, et qui sont caractéristiques.

» fil de platine pesant un gramme pour 4 mètres courants. » Il ne doit pas être tendu entre les conducteurs, mais avoir » une longueur d'environ une fois et demie leur intervalle, » afin de ne pas se briser par le choc. — Vérifier cette amorce » pour s'assurer que le fil est bien encastré dans les conduc- » teurs, puis passer la partie ficelée dans un tube de papier » de $0^m,10$ à $0^m,12$ de long et de $0^m,02$ de diamètre, que » l'on relie aux conducteurs à une distance de $0^m,05$ du fil » interpolaire. Verser dans le tube du pulvérin bien sec, tassé » à petits coups, et fermer le tube à sa partie supérieure, soit par » un disque de carton collé, soit par un ficelage. »

La pile, dite *campagne*, est construite d'après le système de la pile écossaise, que nous avons précédemment décrite. Les éléments sont fixés à un châssis de bois de $0^m,44$ de longueur, $0^m,145$ de largeur et $0^m,14$ de hauteur, hors-œuvre confectionné en planches de $0^m,02$ d'épaisseur. Dans ce châssis on fixe, au moyen de traits de scie de $0^m,006$ de profondeur, 40 plaques parallèles, distantes de $0^m,015$, alternativement en *cuivre* et en *zinc amalgamé*. Ces plaques ont $0^m,12$ de longueur et $0^m,14$ de largeur; l'épaisseur des plaques de cuivre est $0^m,001$, celle des plaques de zinc $0^m,004$.

Les plaques sont reliées entre elles par des bandelettes de cuivre rivées, ou même simplement par des torsades en cuivre. Le châssis est muni de deux poupées pour y fixer les conducteurs de l'amorce, et de deux poignées destinées à le plonger dans l'auge contenant le liquide excitateur, lorsqu'on veut mettre le feu. Ce liquide est composé de 12 parties d'eau et de 1 partie d'acide sulfurique.

La vérification des amorces au moment de leur confection et après leur placement dans la mine se fait au moyen d'un petit élément de pile que l'on introduit dans le circuit de l'amorce, après avoir entouré une boussole ordinaire, dans le sens de son méridien magnétique, de 20 à 30 tours du conducteur convenablement isolés. La continuité du circuit est aussitôt indiquée par une déviation de l'aiguille qui peut atteindre jusqu'à 20°, sans que l'on risque de produire l'explosion de l'amorce.

Les appareils dont nous venons de donner la description appartiennent à la période d'*invention* dans l'histoire de l'application de l'électricité à l'inflammation des mines. Jusqu'à l'époque du siége de Sébastopol, on se borna, en effet, à rechercher par des voies éclectiques les appareils capables de produire, avec quelque chance de succès, le résultat que l'on avait en vue. Ce résultat ayant été atteint, il devint possible, dans la période de calme qui suivit la guerre d'Orient, d'étudier avec soin chacun des éléments du problème, au moyen des lois sur l'intensité des courants récemment découvertes par Ohm.

Un remarquable ensemble d'expériences fut entrepris en France par le capitaine Barisien, à l'effet de déterminer, par une méthode scientifique, la résistance propre de chacune des parties qui composent le circuit formé par la pile, les conducteurs et les amorces. Ces bases établies, il devint facile d'établir une comparaison entre les diverses inventions proposées pour les perfectionner (1). Nous nous bornerons à indiquer les conséquences les plus importantes déduites de ces études, qui constituent ce que nous appellerons la période de *perfectionnement.*

Amorces. — L'intensité du courant dans un circuit est en raison inverse de son étendue. La *portée d'une amorce*, c'est-à-dire la distance à laquelle elle pourra être enflammée par la pile (moitié de la longueur totale des conducteurs), est d'autant plus considérable que l'amorce est plus *sensible* et exige pour son inflammation une moindre intensité de courant. Il y a donc avantage, au point de vue de la portée, de construire des amorces très-sensibles ; elles permettent, pour un circuit déterminé, de réduire la puissance de la pile au minimum et d'employer un matériel aussi réduit que possible. De nombreuses études ont été faites en France pour augmenter la sensibilité des amorces.

Des fils interpolaires en platine, en acier, en fer, ont été essayés et ont donné de bons résultats ; cependant on a préféré le platine, qui jouit de la propriété d'être moins oxydable que l'acier et le fer. Pour le même motif, l'acier doit être préféré au fer.

---

(1) Voir note I. — Qu'il me soit permis de rappeler que, dans mon mémoire de 1856, j'avais déjà indiqué l'utilité d'une étude des courants, au moyen des lois de Ohm, dans le même but.

Les expériences du capitaine Barisien ont prouvé qu'on augmentait la portée de l'amorce en diminuant le diamètre du fil interpolaire. Il a reconnu :

1° Qu'avec un élément Archereau grand modèle, une amorce au pulvérin peut être enflammée dans un circuit de :

50ᵐ par un fil interpolaire de	. .	0ᵐᵐ17 à 0ᵐᵐ14	
100ᵐ id. id.	. .	0ᵐᵐ11 à 0ᵐᵐ08	

2° Qu'avec le même élément, une amorce au pyroxyle peut être enflammée dans un circuit de :

150ᵐ	par un fil interpolaire de	0ᵐᵐ17
170 à 200ᵐ	id. id.	0ᵐᵐ14
300ᵐ	id. id.	0ᵐᵐ11
375ᵐ	id. id.	0ᵐᵐ08

3° Qu'avec un petit élément Archereau, une amorce au pyroxyle peut être enflammée dans un circuit de :

90ᵐ	par un fil interpolaire de	0ᵐᵐ17
110ᵐ	id. id.	0ᵐᵐ14
240ᵐ	id. id.	0ᵐᵐ11
315ᵐ	id. id.	0ᵐᵐ08

Jusque dans ces derniers temps, on faisait usage en France, pour la confection de l'amorce, de fils interpolaires en platine de 0ᵐᵐ,14. Ils paraissaient satisfaire à la double condition de s'échauffer suffisamment pour enflammer la poudre et de présenter une résistance suffisante pour éviter la rupture sous l'action des chocs. L'expérience a prouvé au capitaine Barisien que le fil interpolaire rougit mieux en son milieu que vers les extrémités, circonstance qui s'explique par le refroidissement dû au contact des conducteurs. En se fondant sur cette observation, il a proposé de faire usage d'un fil de platine de moindre diamètre et de plus grande longueur. Ce fil, dont le diamètre a été fixé à 0ᵐᵐ,05, est contourné en 5 ou 6 hélices entre les bouts des conducteurs, dont la distance est maintenue à 0ᵐ,01, et présente en réalité moins de chance de rupture que le fil tendu employé antérieurement. L'expérience a prouvé qu'en adoptant cette modification on parvient à produire une amorce de grande sensibilité.

Une partie du courant peut franchir l'intervalle entre les deux conducteurs, sans suivre le fil de platine, dans le cas où la matière de l'amorce est humide et offre une certaine conductibilité ; on a attribué à cet accident les nombreux ratés dont la cause était difficile à expliquer. Pour corriger ce défaut, le capitaine Guyot a conseillé, en 1861, d'appliquer aux divers fils de l'amorce un vernis formé d'une matière inflammable, mais conduisant mal l'électricité ; il propose, à cet effet, une pâte de collodion mélangé d'alcool et d'éther, dans lequel on fait dissoudre préalablement du pulvérin. L'expérience a prouvé qu'on évitait ainsi, en grande partie, la formation de circuits dérivés dans l'amorce et qu'on augmentait sa portée dans le rapport de 1 à 1,50 ou 1,80. En admettant que la portée moyenne d'une amorce ordinaire soit de 70 mètres, l'application de ce vernis a pour résultat d'augmenter cette portée jusqu'à 105 mètres.

Ce vernis joue à la fois le rôle d'enduit isolant et d'allumeur. On a varié sa composition pour augmenter ses qualités sous ces deux rapports, et nous indiquerons, d'après le lieutenant Klein, quelques-uns des résultats obtenus avec diverses compositions :

1° Collodion, chlorate de potasse et pulvérin; produit une portée de 110 mètres;

2° Collodion et fulminate de mercure ; portée 130 mètres ;

3° Collodion et pyroxyle ; portée 160 mètres ;

4° Collodion et pâte d'allumettes chimiques; portée 180 mètres.

Afin de donner à l'amorce plus de solidité, d'éviter l'arrachement des conducteurs et la rupture du fil interpolaire, on a modifié la forme de la boîte d'amorce. Au lieu de clouer les fils sur la planchette, on les relie généralement aujourd'hui, aux côtés de la boîte, par une sorte de nœud. L'amorce française, ainsi perfectionnée, jouit d'une remarquable sensibilité et de beaucoup de solidité.

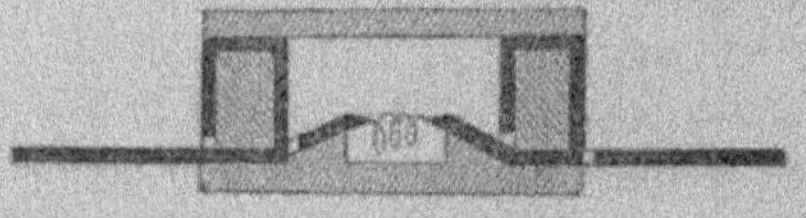

Le maître artificier De Bled a proposé en Belgique, en 1865, une modification très-ingénieuse de cette amorce, qui permet d'y appliquer avec facilité diverses espèces d'allumeurs.

Conducteurs.—Nous avons vu que les Anglais, dans les expériences de Spithead, étaient parvenus à suppléer à une partie des conducteurs, par la conductibilité du sol terrestre. Cette propriété de la terre est connue depuis longtemps : Erman, Basse et Aldini l'avaient signalée dès 1803, et Techner, reprenant l'étude de ce genre de courant, qu'il désignait sous le nom de *courant tellurique*, avait proposé de suppléer au conducteur de retour des télégraphes, par le sol terrestre. Steinhell a réalisé cette application en 1841 ; Wheatstone et Cook ont même constaté que la résistance du courant tellurique est moindre que celle d'un fil métallique d'une certaine longueur, et que son emploi produisait une intensité de courant plus grande que celle que l'on obtiendrait dans un double fil. Il paraît probable, suivant les expériences de Techner, qu'à partir d'une certaine limite d'espacement des extrémités des conducteurs, la résistance du courant tellurique est constante, mais on n'a jusqu'ici aucune donnée précise sur cette constante (1). Au delà de cette valeur, on augmenterait par conséquent la portée, en ne faisant usage que d'un seul fil et en employant la terre comme conducteur de retour.

Jusqu'ici, les essais faits en France pour utiliser le courant tellurique n'ont produit aucun résultat.

Le courant tellurique se produit entre deux fils nus, enterrés dans un sol humide sous forme de circuits dérivés, et diminue, dans ce cas, la portée de l'amorce. Cette influence est surtout très-sensible pour des fils plongés dans l'eau. Il est très-remarquable qu'après s'être préoccupé des courants dérivés, engendrés dans l'amorce même, on ait à peu près négligé, en France, l'influence des courants dérivés externes à l'amorce ; on se borne, en général, à faire usage de conducteurs nus ou simplement enveloppés de coton ; les conducteurs *isolés* n'ont été que rarement employés. Il n'en est pas de même en Angleterre, en Autriche, aux États-Unis, où l'on emploie, d'une manière à peu près constante, des conducteurs isolés au moyen de gutta-percha, que l'on recouvre même d'une enveloppe de chanvre, pour les abriter contre les

(1) Voir note II.

chocs; cette enveloppe est fixée au moyen d'une hélice en ficelle ou même en ruban de cuivre mince. De nombreux échantillons de conducteurs préparés de cette manière se trouvaient à l'Exposition de 1867.

Pile. — Un préjugé général, résultant des principes professés dans les anciens traités de physique, portait à admettre que, pour rougir le fil interpolaire, *une pile chargée en quantité* devait être préférée à celle *chargée en tension*. Au début de la guerre d'Amérique, le lieutenant Maury, faute de données exactes sur les instruments employés en Europe pour enflammer les mines par l'électricité, fit confectionner une grande pile de Wollaston *chargée en quantité*, c'est-à-dire formée d'un seul élément de grande surface, renfermée dans un tonneau qui lui servait d'auge. Les difficultés de transport firent bientôt renoncer à cet instrument, auquel on substitua avec avantage une pile de Grove de douze éléments *chargée en tension*. (Cette pile, d'un modèle spécial, pouvait être transportée sans la vider; la lame de platine de la pile de Grave était remplacée par une toile métallique de platine.) La théorie permet aujourd'hui de déterminer *a priori* les cas où l'un ou l'autre de ces modes de préparation des piles doit être préféré (1). « Dans la pratique, » dit le lieutenant Klein, « on pourra, suivant les cas, appliquer les considérations » théoriques pour tirer le meilleur parti des éléments dont on » peut disposer. »

L'intensité du courant produit par la pile de Bunzen varie légèrement ; mais on peut atténuer cet effet en ajoutant un peu d'acide au liquide excitateur, toutes les 7 ou 8 heures. Les défauts les plus considérables de cet appareil, à la guerre, sont d'abord sa fragilité, puis l'inconvénient de devoir transporter deux acides différents. Le lieutenant Klein a proposé, en France, de la remplacer par la pile de Smée, qui permet de supprimer le vase poreux et l'un des acides.

Cette pile de Smée est déjà en usage en Autriche, et le colonel baron d'Ebner a fait connaître le modèle ingénieux adopté sur sa proposition, lors de l'Exposition de 1867. L'argent platiné est

---

(1) Voir note III.

remplacé par du plomb platiné comme électrode négatif. Des plaques de zinc minces, plongées dans un bain de mercure au fond d'un vase de porcelaine à claire-voie, servent d'électrode positif. L'expérience prouve que cette pile conserve une intensité constante, quoique assez faible, pendant une durée de plus de dix-huit mois, sans qu'elle doive subir aucun remaniement.

Bunzen, Leeson, Warrington, Poggendorf, ont, à diverses reprises, essayé d'utiliser les propriétés du bichromate de potasse pour créer une pile puissante; ce problème a été enfin heureusement résolu en France, en 1857, par Grenet. Les beaux résultats obtenus dans l'industrie, par la pile Grenet, donnèrent aussi l'idée au capitaine Barisien d'appliquer cet appareil à l'inflammation des mines. Il fit construire une petite pile dont l'élément est formé de deux demi-cylindres de zinc amalgamé et de charbon, de $0^m,11$ de longueur et $0^m,016$ de diamètre, espacés de $0^m,05$. L'expérience a prouvé que ce petit élément, plongé dans un liquide formé d'une dissolution d'acide sulfurique et de bichromate de potasse, suffit pour enflammer une amorce dans un circuit de 1,000 mètres; on peut donc se borner, dans les cas ordinaires de la pratique, à faire usage d'un seul élément. L'élément de la *pile intermittente*, proposé par le capitaine Barisien et adopté dans l'armée française, est fixé à un bouchon qui porte deux poupées destinées à y adapter les conducteurs. Le liquide, formé d'une solution dans la proportion de

6 centilitres d'eau,
1 centilitre d'acide sulfurique,
7,5 grammes de bichromate de potasse,

est renfermé dans un flacon de $0^m,036$ de diamètre et $0^m,14$ de hauteur, fermé par un couvercle garni de caoutchouc. L'élément et le flacon peuvent être renfermés dans une boîte en bois dont les dimensions ne dépassent pas $0^m,06$ de longueur, $0^m,11$ de largeur et $0^m,15$ de hauteur. Pour mettre le feu, on fixe les conducteurs aux poupées de l'élément, puis on le plonge dans le liquide du flacon. Si l'on a soin de laver convenablement l'élément après l'avoir employé, l'appareil peut servir à plusieurs centaines d'explosions sans renouvellement ni du zinc, ni du liquide.

Des expériences faites récemment à l'arsenal de Vienne ont démontré qu'on pouvait aussi substituer à la pile une puissante machine électro-magnétique de Nollet. Il est évident que ces appareils exigent une installation trop dispendieuse pour être utilisés dans les circonstances ordinaires; mais ils pourront être utilisés dans certaines circonstances exceptionnelles, comme, par exemple, dans la défense des rivières, lorsqu'on les aura établis pour l'éclairage des passes navigables.

Les appareils électriques permettent d'exécuter le *compassement des feux* de fourneaux destinés à jouer simultanément, d'une manière analogue aux procédés décrits pour les appareils pyrotechniques.

Dans les expériences de 1838, le capitaine Merkès était déjà parvenu à enflammer plusieurs amorces disposées sur un double conducteur, le courant agissant, par de petits circuits *dérivés*, en différents points de sa longueur; mais on conçoit que cette méthode ne pouvait être d'aucune application dans la pratique. Pour l'appliquer, il eût fallu faire passer les deux conducteurs par les divers fourneaux; on aurait été ainsi exposé à ce que l'explosion de celui qui se trouvait placé le plus près de la pile brise les conducteurs et coupe le feu des fourneaux plus éloignés.

Le colonel Pasley a également cherché à produire des explosions simultanées, en intercalant les amorces dans un circuit continu, passant par les divers fourneaux. Cette expérience n'a guère produit de meilleurs résultats que la méthode précédente. On conçoit que, quelles que soient la rapidité de transmission du fluide électrique et l'identité de sensibilité des amorces, il arrive toujours que l'une d'elles éclate avant les autres; dans ce cas, elle rompt la continuité du courant, établi de la manière que nous venons d'indiquer.

Ces résultats engagèrent le lieutenant Hutchinson, en 1843, à faire usage de piles et de conducteurs distincts pour chacun des fourneaux qu'il voulait enflammer simultanément. Dans les expériences de Douvres, il obtint un compassement de feu très-satisfaisant, en plaçant un opérateur à chaque pile et en faisant exécuter la fermeture simultanée des divers circuits au commandement de : *Garde à vous! — Une, — deux, — trois, — feu!*

Pour suppléer à l'incertitude de cette opération manuelle, on a encore fait usage en Angleterre d'un instrument désigné sous le nom d'*inflammateur à mercure* (mercurial inflamator). Il se composait d'une sorte de châssis mobile autour de charnières adaptées au bord d'une table. Un certain nombre de poupées servaient à fixer les conducteurs positifs au châssis ; ces poupées étaient terminées par des pointes qui, lorsqu'on rabattait le châssis sur la table, venaient plonger dans des capsules de mercure, dans lesquelles plongeaient les conducteurs négatifs correspondants. Le rabattement du châssis permettait donc d'établir la fermeture simultanée des divers circuits.

Le lieutenant Larcum fit également usage, en 1845, en Angleterre, d'une méthode de circuits dérivés, dont on retrouve l'idée dans les travaux de Merkès. Il parvint à enflammer simultanément plusieurs fourneaux en n'employant qu'une seule pile. Les

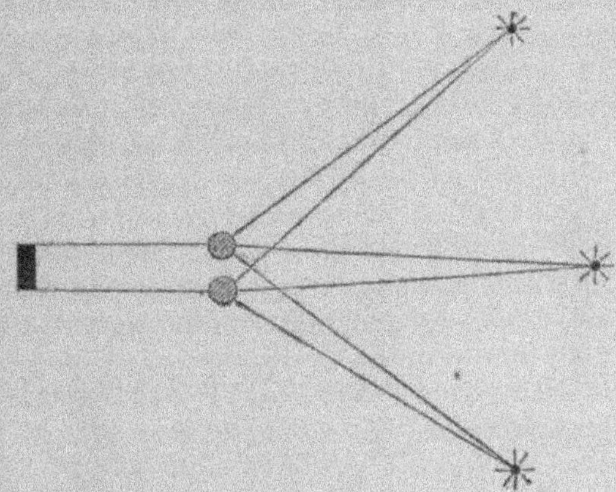

conducteurs de chacune des amorces aboutissaient à deux cuvettes à mercure qui communiquaient avec la pile par deux *fils-maitres*. Les fils étant simplement plongés dans le mercure, si un fourneau faisait explosion avant les autres, et si cette explosion transmettait un choc aux conducteurs correspondants, ce choc n'avait d'autre effet que d'arracher ces fils dérivés des cuvettes, sans exposer les autres fourneaux à l'interruption du feu. Ce point de jonction des fils dérivés et des fils-maîtres reçut le nom de *centre des fils* (centre wires).

Lors de la démolition de la falaise de Seaford, en 1850, on se borna à greffer directement tous les fils dérivés sur la pile elle-même, sans interposition des *fils-maîtres*. L'expérience avait prouvé que le danger d'arrachement des fils, que le lieutenant Larcum s'était efforcé de prévenir, n'était pas en réalité à craindre, si l'on faisait usage de circuits dérivés assez longs. Cette dernière disposition avait l'avantage de permettre la vérification de chacune des amorces (1).

Ces deux combinaisons, basées sur l'emploi de circuits dérivés, ont pour résultat de diminuer la portée des amorces, puisque le courant, en se répartissant dans ces dérivés, perd nécessairement d'intensité. Dans les travaux de Cherbourg, en 1854, le vicomte Du Moncel a conseillé l'emploi d'un appareil désigné sous le nom de *commutateur*, au moyen duquel on évite ce défaut. Tous les fils dérivés, greffés sur ce *fil-maître* en relation avec la pile, aboutissent, d'autre part, à de petites plaques métalliques clouées sur une planche. Le

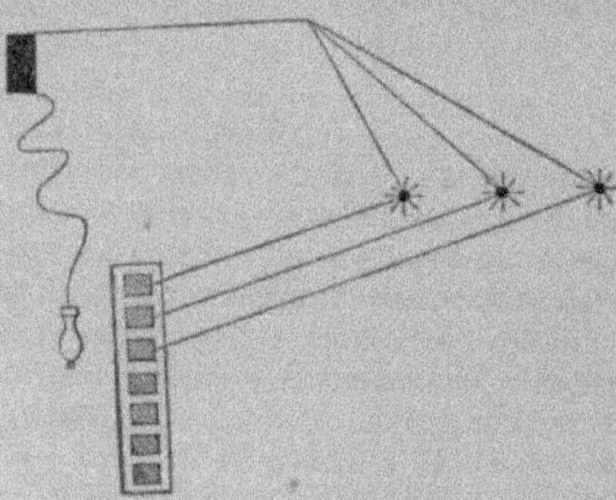

second *fil-maître*, partant de l'autre pôle de la pile, est muni d'une poignée au moyen de laquelle on peut, en frottant sur les plaques, établir et interrompre le circuit, successivement et avec une grande rapidité. Plusieurs formes plus ou moins compliquées de ce *commutateur* qui, dans l'application, rappelle à la fois l'inflammateur à mercure et la méthode de Larcum, ont été proposées par Du Moncel pour l'application aux travaux civils. Le capitaine Guyot a également proposé, en 1861, un appareil du même genre, dans lequel on obtient les contacts successifs en

(1) Voir note IV.

appuyant sur les touches d'une sorte de clavier. Le système le plus simple, applicable aux travaux de guerre, se réduit à une feuille de caout-chouc, garnie de plaques de cuivre pourvues de poupées pour y fixer les conducteurs.

Le système essayé par le colonel Pasley, consistant à enflammer un certain nombre d'amorces sur un seul circuit, a été modifié d'une manière heureuse par le capitaine Barisien. En arrière du circuit principal, il a établi un circuit de réserve, lié au premier au milieu des intervalles des amorces et à l'abri des explosions des fourneaux. Le circuit de réserve conserve la continuité du courant, dans le cas où l'explosion vient à rompre en un point le conducteur principal passant par tous les fourneaux. Afin que ce circuit de réserve ne diminue pas trop l'intensité du courant principal, on l'établit au moyen d'un fil de fer aussi long que possible, les conducteurs principaux étant en cuivre. Le capitaine Barisien a réussi à enflammer simultanément par ce système 15 et 21 fourneaux, à Arras en 1861 et 1862.

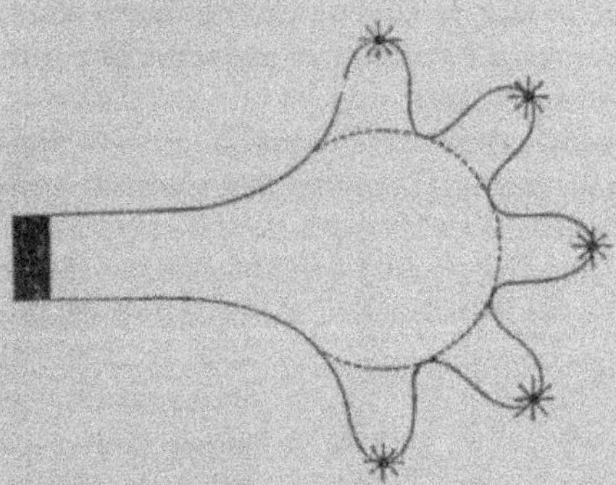

Piles. — En résumant ce qui précède, nous croyons que, parmi les nombreux systèmes de piles qui ont été proposés, il n'en est aucun qui remplisse mieux les conditions militaires de portativité, de simplicité et de puissance que la *pile Barisien*.

A côté de celle-ci la *pile Dupont* nous paraît occuper une place honorable comme appareil d'urgence, à cause de l'avantage inappréciable de pouvoir être créée dans toutes les circonstances au moyen de matériaux communs.

Quoique très-puissante, la pile Barisien sera insuffisante pour produire des explosions multiples dans beaucoup de cas. Il sera donc utile de posséder dans le matériel, à titre de réserve, un appareil capable de multiplier indéfiniment la puissance électrique. A ce titre, la *pile de Bunzen* nous paraît devoir être conservée dans le matériel de guerre, surtout dans les places, où les difficultés de transport n'ont pas la même importance. Elle peut encore rendre des services dans beaucoup d'autres circonstances, comme la télégraphie, l'éclairage de guerre, etc., et son emploi, qui se multiplie dans l'industrie, l'offrira comme une ressource précieuse dans beaucoup de cas.

Amorces. L'*amorce Dupont* nous paraît devoir être préférée à cause de la simplicité de sa fabrication. Les amorces françaises perfectionnées, quoique beaucoup plus sensibles, ne peuvent s'obtenir que par une fabrication spéciale qui tend à compliquer assez inutilement le matériel de guerre. Le capitaine Barisien lui-même a reconnu ce fait en conseillant d'établir à Metz un atelier central pour confectionner toutes les amorces à l'usage des troupes du génie. L'amorce Dupont est, d'ailleurs, susceptible de recevoir tous les perfectionnements appliqués aux amorces françaises, dans une fabrication soignée. Il importe de remarquer que, dans cette voie, il est des limites dangereuses à dépasser : lorsque l'amorce est trop sensible, la vérification par l'introduction d'un faible courant devient impossible et peut produire des inflammations prématurées. On nous a rapporté que tout récemment à Metz, une mine, destinée à faire sauter un pont, ayant été soumise à vérification avant le moment où elle devait faire explosion, la vérification produisit l'explosion et faillit causer des malheurs sérieux, les spectateurs n'étant pas préparés à son jeu.

Conducteurs. — Nous croyons qu'il convient, comme en Angleterre et en Autriche, d'adopter, dans le plus grand nombre de cas, des *conducteurs isolés* et de préférer les conducteurs à plusieurs brins qui offrent moins de chances de rupture et plus de souplesse. L'expérience prouve, il est vrai, qu'en général des dérivations de courant par l'humidité ont peu d'importance et n'empêchent pas l'inflammation des amorces; mais on ne doit pas perdre de vue que l'une des plus précieuses qualités des amorces thermo-électriques est de permettre leur vérification dans toutes les circonstances, et que cette vérification n'est certaine que pour autant qu'il n'existe pas de circuit dérivé.

Pour les petites distances, néanmoins, on pourra faire usage, sans inconvénients, de *conducteurs nus*.

IV

Procédés électriques (*amorces photo-électriques*).

Les succès obtenus en faisant usage de l'électricité galvanique avaient fait renoncer à l'emploi des systèmes proposés antérieurement et basés sur l'électricité statique. Nous devons cependant signaler quelques expériences faites par le professeur Warrentrap' de Brunswick, et Götzman de Fribourg, qui réussirent à enflammer, en 1842 et 1843, au moyen de la bouteille de Leyde, une amorce très-sensible, formée de chlorate de potasse et de sulfure d'antimoine; elles prouvent qu'on n'avait pas renoncé complétement à l'idée d'employer l'électricité statique. En 1845, Charles Winter réussit par le même moyen à enflammer du phosphore à une distance de 4,906 mètres, sur la ligne télégraphique de Vienne à Hetzendorf. On constata, cependant, que ces expériences étaient constamment contrariées par l'humidité de l'air.

L'expérience un peu théâtrale de Douvres ramena les esprits vers l'emploi de l'amorce photo-électrique. Dans la pensée de Statham, cette amorce ne différait pas d'ailleurs de l'amorce thermo-électrique, le sulfure de cuivre faisant l'office de conducteur interpolaire. Aussi imagina-t-il, pour l'appliquer au tirage des mines, une petite pile d'un modèle particulier. Mais ce système ne donna que des résultats peu satisfaisants.

On ne tarda pas à reconnaître que le phénomène sur lequel reposaient les propriétés de cette amorce constituait un des caractères particuliers de l'électricité, que Faraday désigna sous le nom d'*induction latérale*. Faraday avait appliqué, à un fil de télégraphe parfaitement *isolé*, de 16,000 mètres de longueur, une pile de 360 couples de douze pouces carrés de surface; l'extrémité du fil et l'autre pôle de la pile communiquaient avec le sol. Il reconnut, lorsque le fil était plongé dans l'eau :

1° Qu'en rapprochant à la main les deux extrémités de ce circuit, on recevait une *secousse voltaïque* d'une durée appréciable et très-analogue à celle de la bouteille de Leyde ;

2° Qu'en entreposant dans le circuit une amorce Statham, elle pouvait être enflammée même 3" ou 4" après que le fil avait été séparé de la pile ;

3° Qu'en introduisant dans le circuit un galvanomètre, il restait affecté par le courant 20 à 30" après qu'on avait séparé le fil de la pile.

Répétée sur le sol d'une chambre, l'expérience ne fournit pas les mêmes résultats. On reconnut que le galvanomètre venait au repos aussitôt que l'on séparait le fil de la pile.

Pour expliquer ces faits singuliers, Faraday fut amené à considérer le courant établi dans le fil submergé comme une sorte de courant d'induction ayant les caractères de l'électricité statique. Il comparait le fil, dans ces circonstances, à une bouteille de Leyde, dont le fil de cuivre et l'eau extérieure formaient les armatures, isolées par le gutta-percha de l'enveloppe. Dans ces conditions, le courant galvanique était en quelque sorte ralenti par des attractions extérieures et des condensations successives, qui ne cessaient de produire leur effet que quelques instants après qu'on sépare le fil de la pile. L'expérience répétée sur une grande échelle, sur la ligne souterraine de Londres à Manchester, d'une étendue de 1,500 milles, confirma la théorie.

Cette découverte importante, due aux travaux de l'illustre physicien anglais, suggéra l'idée au lieutenant-colonel espagnol Don Gregorio Verdu (1) de substituer l'appareil d'induction magnétique de Rhumkorf, dont l'invention était encore récente (1851), à la pile. Cet appareil, renfermé sous un petit volume de $0^m,40$ de longueur sur $0^m,20$ de côté, fournit, au moyen

---

(1) Don Verdu était capitaine du génie, pourvu d'une commission de lieutenant-colonel d'infanterie, selon l'usage conservé en Espagne et en Angleterre, d'accorder aux officiers d'armes spéciales des grades honorifiques (*graduados*) supérieurs à leurs fonctions.

d'un ou deux éléments de pile, une source d'électricité puissante dont le transport offre bien moins de difficulté que celui de la pile. Secondé par Rhumkorf, il entreprit une série d'expériences dans les ateliers de Jules Erkman, fabricant de câbles télégraphiques à La Villette près de Paris, au mois d'août 1853. Il parvint d'abord à enflammer la fusée Statham, en faisant usage d'un fil d'aller et de retour.

L'électricité d'induction, à cause de sa grande tension, jouit de la propriété de se répandre avec facilité dans le sol ; il y avait donc lieu de rechercher s'il n'était pas possible de supprimer l'un des conducteurs, expérience vainement tentée avec l'électricité galvanique. On reconnut qu'un seul conducteur, en adoptant la terre comme courant de retour, suffisait pour enflammer une amorce jusqu'à la distance de 26,000 mètres.

Ces expériences furent répétées la même année, au polygone de Guadalaxara en Espagne, après qu'on eut donné aux appareils une forme appropriée aux travaux de guerre. On parvint, au moyen d'un seul élément de Bunsen et de l'appareil de Rhumkorf, à enflammer une mine à 3,000 mètres de distance, au pied du glacis du fort San-Francisco.

Les conducteurs dont le colonel Verdu faisait usage étaient semblables à ceux employés pour la télégraphie électrique. Le fil de cuivre de 0m002 à 0m003 de diamètre, était enveloppé de gutta-percha, de manière à présenter un diamètre total de 0m008. Il reconnut avantageux, pour empêcher ceux exposés au soleil de se ramollir, de les recouvrir d'une couche de gutta-percha mêlé à du blanc de zinc (oxide de zinc). Ceux destinés à être plongés dans l'eau étaient enveloppés de plomb. Leur communication avec le sol s'obtenait au moyen d'aiguilles de fer de 0m30 de longueur enfoncées en terre.

L'amorce était semblable à celle de Statham. On obtenait artificiellement le manchon enduit de sulfure de cuivre en recouvrant à chaud un fil de cuivre de 0m008 de gutta-percha mêlé de soufre, et en retirant ensuite ce fil de cuivre. Dans ces tuyaux creux, on découpait les manchons à longueur convenable ; on y introduisait les bouts de conducteurs et on y pratiquait l'échancrure destinée à recevoir l'allumeur. Celui-ci consistait en une petite lentille de fulminate mêlé d'eau et saupoudrée de pulvérin. L'amorce préparée était placée dans une cartouche de gutta-percha pleine de poudre.

Ce système semblait déjà remplir toutes les conditions de mobilité, nécessaires à un appareil militaire; néanmoins le colonel Verdu chercha encore à se soustraire complétement à l'emploi de la pile qui, quelle que réduite qu'elle puisse être, exige le transport de liquides, en lui substituant l'appareil de Clarke. Il parvint par ce moyen, dans les ateliers de Erkman, à enflammer des amorces à 5,600 mètres de distance, mais reconnut que ce procédé offrait moins de certitude que le précédent.

Le système du colonel Verdu fut appliqué par Du Moncel, au mois de septembre 1854, à l'inflammation des grosses mines destinées à déblayer le port de Cherbourg. Dans la crainte qu'une solution de continuité ne fît échouer l'opération, dont la préparation était coûteuse, on fit usage de conducteurs d'aller et de retour et on les recouvrit d'une triple couche de gutta-percha.

La principale difficulté consistait à se procurer des manchons convenablement enduits de sulfure de cuivre. Du Moncel essaya de mêler à la poudre diverses matières conductrices afin de remplacer cet enduit, et reconnut que la limaille de fer pouvait produire de bons résultats; une étincelle de 0m004 suffisait pour enflammer un mélange de poudre et de limaille. On pouvait craindre cependant, dans l'emploi de ce mélange, qu'un grain de fer, s'interposant entre les pointes, ne rétablît la continuité du circuit en supprimant l'étincelle; c'est pourquoi Du Moncel se décida à adopter, comme conducteur secondaire, du charbon obtenu en plongeant du liége dans de l'acide sulfurique concentré. Il construisit son amorce de la manière suivante : « Je » prends, dit-il, un bout de fil plus ou moins long, recouvert de » gutta-percha, et, après l'avoir tortillé comme une tresse, je » découpe avec un canif, dans le gutta-percha, une échancrure » à son extrémité repliée; puis, quand le fil est mis à nu, je le » découpe avec une pince à découper. Je soulève ensuite les » deux bouts, et j'introduis en dessous, avec la pointe du canif, » la pellicule de liége carbonisé qui doit servir de conducteur » secondaire. J'appuie les deux bequettes plates des bouts de fil » sur ce morceau de liége, en ayant soin de ménager la partie de » gutta-percha qui maintient les deux fils, et, après avoir essayé

» la fusée, je l'introduis dans une cartouche en papier rempli de
» poudre mêlée de grosse limaille de fer. »

L'essai consistait à observer la lumière produite : si le charbon était bon conducteur, on observait une lumière rouge se transformant en une pointe de lumière rayonnante ; si l'étincelle était nette, blanche et glissait sur la surface du charbon, c'était le signe qu'elle ne produirait pas l'inflammation.

A la suite de ces essais, le rôle du conducteur secondaire, dans l'amorce Statham, paraissait être indiqué. Sans être absolument nécessaire avec une source d'électricité puissante et un allumeur très-sensible, comme le fulminate de mercure par exemple, il avait la propriété de transformer l'étincelle et de rendre les amorces plus inflammables. Cette conclusion résulte à l'évidence des expériences et des recherches faites en France par le lieutenant Meréau.

Il fit construire une boîte d'amorces d'un système particulier, afin de rechercher la meilleure composition à adopter comme allumeur, sans se servir de conducteur secondaire. Les conduc-

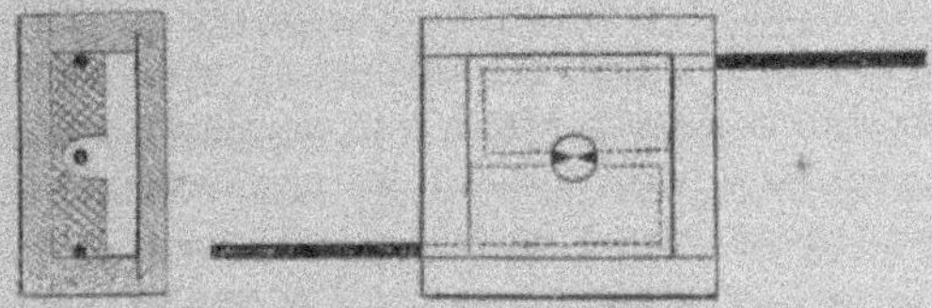

teurs, dénudés de leur enveloppe isolante, pénètrent dans la boîte, au fond de laquelle on coule du soufre pour suppléer à l'enduit isolant. Un petit godet, destiné à recevoir l'allumeur, est creusé dans cette masse de soufre de manière à ce que les pointes des conducteurs, espacées de $0^{m},005$, se présentent au centre. Le raisonnement indiquait que l'allumeur doit avoir une conductibilité suffisante pour qu'il présente moins de résistance au courant que l'air atmosphérique, mais en même temps que cette conductibilité soit assez faible pour que le courant produise l'étincelle. On essaya successivement dans cet appareil : le pyroxyle, — le chlorate de potasse, — le sulfure d'antimoine, — le fulminate de mercure, — le fulminate d'argent, et on reconnut que les deux derniers genres d'allumeurs doivent être préférés.

Une amorce a été construite au moyen de cette boite, en employant le fulminate de mercure recouvert d'une couche de pyroxyle, le restant de la boite étant rempli de poudre. On a constaté que sa portée était d'environ 200 mètres.

En Belgique, le maître artificier De Bled a indiqué, en 1864, une modification ingénieuse de cette amorce.

On préféra en Autriche avoir recours à l'électricité statique qu'il est possible de produire avec des appareils plus simples que l'appareil électro-magnétique. Après de nombreux essais exécutés, en 1853, par l'académie des ingénieurs militaires, on construisit, en 1854, à Vienne, sous la direction du colonel baron d'Ebner, une petite machine à double plateau de verre de $0^{m},63$ de diamètre, renfermée dans une caisse de bois qui contient en outre la bouteille de Leyde, destinée à servir de condensateur. Ce condensateur est mis en communication, au moyen d'un excitateur de forme très-simple, avec le conducteur isolé aboutissant à l'amorce.

L'amorce autrichienne rappelle celle de Du Moncel. Un fil de cuivre de $0^{m},001$ de diamètre, replié en deux, est placé suivant l'axe d'un moule dans lequel on coule du soufre, sous forme d'un petit cylindre ou bouchon. Ce fil est ensuite coupé au moyen d'une pince, de manière que les pointes soient très-exactement espacées de $0^{m},0005$. On introduit ce bouchon dans une cartouche, que l'on remplit ensuite d'un mélange de parties égales de sulfure d'antimoine et de chlorate de potasse, auquel on ajoute un peu de plombagine, pour servir de conducteur secondaire. La cartouche est alors fermée à sa partie supérieure par un bouchon et on la couvre de vernis pour l'abriter de l'humidité.

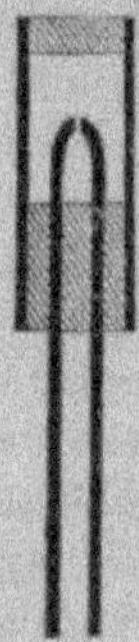

Pour produire de bons résultats, ces amorces doivent être fabriquées avec une grande précision. Un atelier a été établi, à cet effet, dans l'arsenal de Vienne pour approvisionner toutes les troupes du génie de l'Empire. Des appareils mécaniques permettent de couper les fils avec une précision mathématique, de manière à obtenir un écartement constant des pointes.

La sensibilité de cette amorce a permis de réduire la machine électrique à de moindres dimensions; on ne tarda pas à substituer, à la machine indiquée ci-dessus, une machine à double plateau de verre de 0^{m},26. Cette machine avait encore le défaut de fonctionner difficilement par les temps humides; vainement on essaya de l'améliorer en disposant des boîtes pour l'échauffer au moyen d'eau chaude. On obtint enfin des résultats très-favorables, en substituant au verre des plateaux et de la bouteille de Leyde, du caoutchouc durci. L'Exposition de Paris de 1867 a fait connaître divers modèles de cette machine, parmi lesquels on remarquait celle formée de plateaux de 0^{m},52 pour le service des places et celle formée de plateaux de 0^{m},20 pour le service de campagne. Chaque compagnie du génie possède encore en Autriche, dans son outillage, une machine du dernier genre, qui est complétée par un approvisionnement de conducteurs de 1,000 pas (750^{m}) de longueur et 200 amorces préparées.

La machine de campagne a reçu également une modification heureuse, dans le but de la rendre plus portative. On a substitué aux plateaux de verre un cylindre en caoutchouc durci, tournant sur son axe, analogue à celui de la machine de Nairne, qui se charge d'électricité par le frottement contre une peau de chat. L'expérience prouve que cette machine, qui est enveloppée d'une boîte en cuir verni, peut rester des journées entières exposée à la pluie sans perdre de son énergie, mais qu'elle ne peut jamais atteindre la puissance des appareils précédents.

En Angleterre, l'ingénieur Henley est parvenu à réaliser le problème vainement cherché par Verdu, en construisant un appareil de Clarke de forme simplifiée, mais en même temps de grande puissance. Cet appareil consiste en un fort aimant en fer à cheval sur lequel vient s'appuyer un électro-aimant porté par un levier. Un simple coup de poignet appliqué au levier suffit pour en rapprocher l'électro-aimant et développer le courant induit dans les bobines, d'où il se transmet aux conducteurs. Cette machine a été fréquemment employée dans les travaux civils, notamment au percement du Mont-Cenis.

Une commission d'officiers britanniques, à laquelle furent adjoints les professeurs Wheatstone et Abel, fut chargée en 1856 de rechercher le meilleur mode d'inflammation des mines.

Elle expérimenta d'abord successivement les machines d'électricité statique, y compris l'appareil hydro-électrique d'Armstrong et l'appareil électro-magnétique de Rhumkorf.

Elle reconnut que l'appareil de Rhumkorf offre une grande irrégularité de puissance, quoiqu'en apparence la pile conserve la même intensité, irrégularité qu'on ne peut attribuer qu'à l'isolation défectueuse provenant d'un dépôt d'humidité sur quelques parties de l'appareil. Qu'en outre quelques parties un peu délicates de l'appareil sont susceptibles d'être dérangées par des causes diverses dont il est difficile de se garantir, circonstance qui doit faire rejeter son emploi dans les opérations de campagne.

Elle fit ensuite l'essai d'une petite machine hydro-électrique construite à la demande de Wheatstone par sir William Armstrong et appropriée au service de guerre. La capacité de sa chaudière était d'environ 9 litres. Vingt minutes après qu'on avait allumé le feu au bois, on obtenait une pression de 28 à 30 kilogrammes, les bouilleurs étant remplis d'eau au tiers. Cette pression était suffisante pour charger une bouteille de Leyde. On constata que la puissance de cette machine était très-variable. Essayée en plein air près de la caserne de Brompton à Chatham, par un temps sec, mais animé d'une légère brise, elle donna des résultats si défavorables que la commission n'hésita pas à rejeter son emploi, tout en constatant cependant que, dans certaines circonstances spéciales, sa grande puissance permettrait de l'utiliser dans l'industrie.

Elle arrêta enfin son choix sur l'appareil magnéto-électrique proposé par Wheatstone, désigné sous le nom d'*appareil à explosion magnétique* (magnetic exploder). Cet appareil, qui se trouvait représenté à l'Exposition de Paris, est une modification ingénieuse et puissante de l'appareil de Clarke. Il se compose de 2 à 6 aimants en fer à cheval ; un système d'électro-aimant mû avec une grande vitesse au moyen d'une manivelle et de pignons, introduit d'une manière rapide une succession de courants directs et inverses dans les bobines, unies par un fil commun. Ce fil aboutit à une poupée à laquelle on peut attacher le conducteur de l'amorce. Un commutateur de forme très-ingénieuse, agissant au moyen de touches analogues à celles de l'appareil Guyot, permet de transmettre successivement et à volonté, le courant dans un certain nombre de poupées semblables. Le mécanisme, compliqué et délicat, est abrité des accidents par une boîte en bois, d'environ 0m,25 de côté et de 0m,15 de hauteur, ne laissant passer à l'extérieur que les poupées ou pinces pour attacher les conducteurs, et la manivelle pour le mettre en mouvement. Malheureusement le prix élevé de cet appareil le rend peu propre aux travaux de guerre (1).

La Commission soumit également à l'expérience la fusée Statham en variant la matière de l'allumeur. Elle essaya successivement : le pulvérin mêlé de coke, — de soufre, — de charbon et de soufre, — de limaille de fer, — de fulminate de mercure, — de coke et de fulminate de mercure, — de limaille de fer et de fulminate de mercure, — le fulminate de mercure seul, — la composition de capsules seule ou mêlée de coke, — le mélange de sulfure d'antimoine et de chlorate de potasse seul ou mêlé — de coke, — de limaille de fer, — le pyroxyle seul ou mêlé de quelques-unes des matières ci-dessus, — le phosphore amorphe mélangé avec des agents oxidants. L'expérience démontra que la sensibilité de l'amorce dépendait dans tous les cas de la conductibilité de la matière et que cette conductibilité pouvait même s'obtenir avec avantage au moyen de l'eau, dans les amorces humides. Elle adopta enfin l'amorce proposée par le professeur Abel, dont la préparation fut établie après un très-grand nombre d'essais.

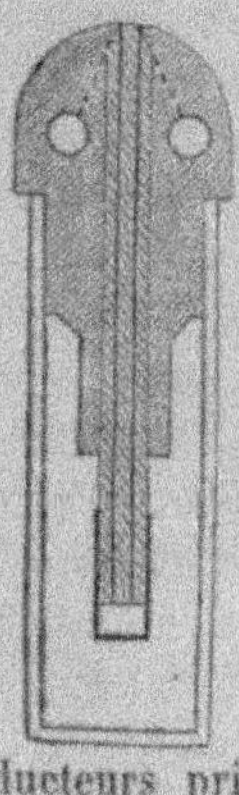

L'amorce Abel se confectionne au moyen d'un conducteur isolé, double, formé d'une enveloppe de gutta-percha de 0m,005 de diamètre, renfermant deux fils de cuivre de 0m,0006 espacés de 0m,0015, fabriqué spécialement pour cet objet. Ce conducteur double traverse suivant son axe une tête ou fût en buis d'une forme appropriée pour y fixer les conducteurs principaux et les mettre en communication avec les

(1) Ce prix varie, suivant le nombre des aimants dont il est composé, de 500 à 1,000 francs.

deux fils du conducteur double ; les fils de celui-ci, dégarnis de leur enveloppe isolante jusqu'au bas de la tête de buis, sont repliés sur sa surface convexe, puis traversent deux trous percés perpendiculairement à son axe, où ils sont resserrés au moyen de deux petits tubes de cuivre. Par cette disposition il suffit d'introduire les fils des conducteurs principaux dans ces tubes pour établir la continuité métallique jusqu'aux fils du conducteur double. Le bout de celui-ci, opposé à la tête, est coupé soigneusement et d'une manière nette à une longueur de $0^m,02$ de l'extrémité de la tête, de manière à ne pas rapprocher les fils, puis enfoncé dans une capsule d'étain au fond de laquelle on a tassé la matière servant d'allumeur. Ce mélange est formé de 10 parties de sous-phosphore de cuivre, 45 parties de sous-sulfure de cuivre, et 15 parties de chlorate de potasse triturées ensemble avec une addition suffisante d'alcool (1). La capsule d'étain est resserrée autour du conducteur double, puis on enfonce le tout dans une cartouche enpapier ou en fer blanc pleine de poudre que l'on fixe à la tête en buis (2).

On a confectionné en Amérique une amorce du même genre qui permet d'éviter l'emploi du conducteur double, d'une fabrication délicate et qu'il est souvent assez difficile de se procurer. Les deux extrémités des conducteurs ordinaires passent au travers d'un cylindre de bois ou de soufre, dans la direction de son axe, et sont coupés au ras de sa base, de manière à se trouver distants de $0^m,004$. Le circuit est complété dans cet intervalle au moyen d'un trait de crayon de mine de plomb, marqué sur l'espace qui sépare les conducteurs. Si l'on fait passer un fort courant dans les conducteurs, on voit la plombagine s'enflammer ; ces étincelles suffisent pour mettre le feu à de la poudre ou du pulvérin. Cette amorce est complétée par une cartouche de

---

(1) L'analyse des amorces anglaises indique toujours un mélange de ces matières avec le fulminate de mercure, dans la proportion d'un quart de ce dernier.

(2) Un modèle spécial des amorces Abel a été fabriqué pour être employé dans les expériences dangereuses des bouches à feu, où l'on peut craindre l'éclatement des pièces. L'appareil Wheatstone permet dans ce cas de communiquer le feu à distance.

poudre, sans qu'il soit nécessaire de recourir à d'autres matières comme allumeur.

On peut aussi substituer au trait de plombagine un ruban de fil, préalablement enduit de noir de fumée et tortillé autour des deux conducteurs. La pratique a prouvé qu'on ne peut se fier absolument aux amorces construites d'après ce principe, parce que la plombagine et le carbone ont des pouvoirs conducteurs très-variables.

Le siége de Sébastopol a fait connaître, en France, une amorce russe qui a beaucoup d'analogie avec les précédentes. Les conducteurs en cuivre sont terminés par deux charbons légers, taillés en biseau, placés à angle droit l'un sur l'autre et espacés de $0^{m},0005$. La réunion des charbons aux conducteurs s'opère en clouant ceux-ci sur une feuille de caoutchouc durci que l'on place au fond de la boîte d'amorce, constituée comme celle de l'ancienne amorce française. On remplit ensuite cette boîte de poudre ordinaire. Cette amorce, qui n'exige aucun allumeur de nature spéciale, a été essayée en France, en 1860, et l'on a reconnu qu'elle jouit d'une grande sensibilité.

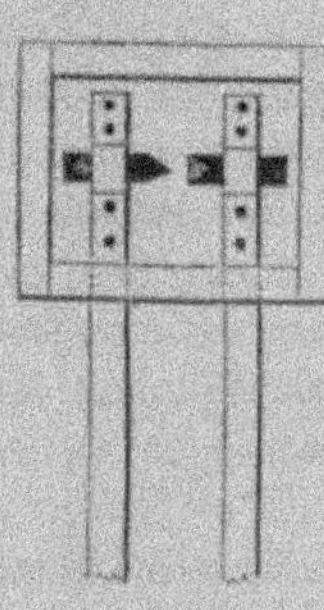

A la suite de ces expériences, le capitaine Guyot a proposé de préparer cette amorce de la manière suivante : La poudre est placée dans un tube de verre fermé aux deux extrémités par des bouchons. Chaque bouchon est traversé par un crayon de charbon auquel on lie les conducteurs dénudés de leur enveloppe isolante, afin de rendre intime la liaison avec le charbon. Les deux charbons étant placés suivant l'axe du tube, on règle leur enfoncement de manière que leurs pointes aient un écartement convenable au centre du tube.

Des études semblables à celles de la commission anglaise ont été faites dans ces dernières années en Autriche. A l'*appareil rotatoire* de Wheatstone, on a préféré l'*appareil à mouvement instantané* de Henley. Un modèle ingénieux de cet appareil a été construit par le mécanicien Markus. Il est renfermé dans une boîte en cuir verni, de manière à soustraire son mécanisme aux manipulations du soldat. Une sorte de détente, placée au dehors, permet de faire feu après qu'on y a adapté les conducteurs. L'armée autrichienne fait usage d'appareils de trois dimensions : celui de première grandeur a $0^m,50$ de hauteur sur $0^m,12$ de base; celui de troisième grandeur, très-portatif et qui suffit dans le plus grand nombre de cas, a $0^m,20$ sur $0^m,07$ (1).

Nous signalerons également l'application de la pile à l'inflammation des amorces photo-électriques, dont le modèle de mines sous-marines représenté à Paris, en 1867, dans le compartiment du ministère de la guerre autrichien, fournit un exemple. Cet appareil est fondé sur le principe suivant : Faraday a constaté la production d'un *extra-courant*, au moment où l'on interrompt un circuit galvanique, dont la puissance est supérieure au premier et qui se dirige en sens inverse. Cette propriété de l'*extra-courant* a été habilement utilisée par le Baron d'Ebner pour l'inflammation des mines. Si l'on fait usage d'une roue à rochet, par exemple, qui puisse établir et fermer successivement la continuité d'un courant galvanique entre une pile et une amorce, il se produira aussi successivement des étincelles directes et inverses, dues au courant direct et à l'extra-courant. Les dernières, plus fortes, comme le démontre l'expérience, enflammeront l'amorce, alors même que les premières seraient impuissantes à produire ce résultat.

L'avantage principal des appareils fondés sur l'électricité statique ou d'induction, est de pouvoir réduire les conducteurs à un seul fil s'étendant de l'appareil à l'amorce. Dès l'introduction de ces appareils dans la pratique des mines, il semblait aussi que le *compassement des feux* pourrait être obtenu avec l'emploi de ces moyens, sans recourir aux dispositions compliquées nécessaires dans le cas où l'on fait usage d'appareils galvaniques qui, comme nous l'avons vu, exigent un développement de conducteurs considérable.

L'expérience prouve que la décharge d'une bouteille de Leyde, passant par un grand nombre de solutions de continuité dans un circuit divisé, y produit instantanément une étincelle à chaque

(1) Le prix de l'appareil de première grandeur est de 750 francs; celui de l'appareil de deuxième grandeur 450 francs, et celui de l'appareil de troisième grandeur 150 francs.

interruption; par ce moyen, on pouvait donc espérer enflammer simultanément un grand nombre d'amorces disposées sur un circuit unique. L'expérience a confirmé cette prévision. Le colonel d'Ebner est parvenu, en 1853, en faisant usage des machines électriques portatives de l'armée autrichienne, à enflammer jusqu'à 30 mines sur un seul circuit enterré ; les amorces étaient espacées de 2 toises, et la distance de l'appareil à l'amorce la plus rapprochée était de 140 toises. Il enflamma de la même manière 36 amorces plongées dans le Danube. En faisant usage de la machine hydro-électrique, on a réussi, en Angleterre, à enflammer jusqu'à 100 amorces sur 120, établies sur un seul circuit; mais on constata, dans tous les cas, qu'il se produisait un certain nombre de ratés dont il n'était pas possible d'apprécier la cause.

Il y avait lieu d'espérer atteindre le même résultat avec plus de certitude, au moyen des appareils d'induction, dont la puissance est à la fois plus grande et plus régulière. Malheureusement, l'expérience a prouvé qu'au bout d'un certain nombre de solutions de continuité, la décharge de ces appareils devient tellement faible, qu'elle ne peut plus produire l'inflammation d'une amorce. Le colonel Verdu, après avoir constaté ce résultat dans ses premières expériences, a conseillé de réunir les fourneaux par groupes de 4 ou 5 au plus, sur un même fil, et de communiquer le feu successivement à chacun de ces groupes, au moyen d'un commutateur analogue à celui de Du Moncel.

Dans les expériences de Cherbourg, exécutées comme celles de Verdu à l'aide de l'appareil de Rhumkorf, Du Moncel crut même prudent de réduire à deux le nombre des mines de chaque groupe. Pour assurer l'explosion de ces mines, il prit la précaution de greffer tous les circuits sur un *fil maître* commun de retour.

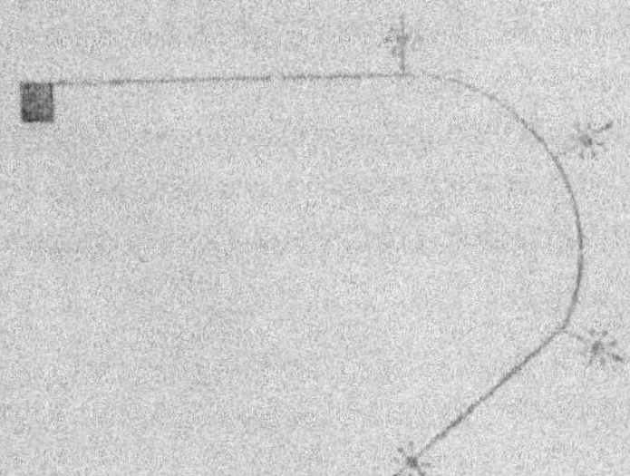

En 1854, le capitaine français Savare imagina une amorce qui jouit de la propriété de conserver l'isolement du fil rompu, sans communication avec la terre, après l'explosion du fourneau. Il proposa aussi de placer ces amorces sur de petits circuits dérivés du circuit principal. Le courant, après avoir mis le feu à la première amorce, se transmettait à peu près avec la même intensité à la seconde; après l'inflammation de celle-ci, à la troisième, et ainsi de suite. Au moyen de cet expédient, on pouvait espérer enflammer un nombre considérable d'amorces placées sur un seul circuit.

L'amorce Savare, analogue d'ailleurs à celle de Statham, était construite au moyen de conducteurs terminés par des pointes en *métal fusible Darcet* (1 partie de plomb, 1 partie d'étain, 2 parties de bismuth et un peu de mercure) qui pénétraient de quelques centimètres dans l'enveloppe isolante de gutta-percha. L'inflammation de l'amorce faisait fondre le métal fusible jusque dans l'enveloppe, amollissait le gutta-percha, et isolait le bout du conducteur de la terre. Ces amorces, essayées au polygone de Paris, plaine Grenelle, en présence du général Sallenave, ont permis de transmettre le feu à dix fourneaux, à l'air libre, sur un circuit de 700 mètres de longueur. L'expérience fut répétée avec succès, en présence du maréchal Vaillant, dans la cour du ministère de la Guerre, mais on ne tarda pas à reconnaître que, dans les bourrages, l'effet de ces amorces était loin d'être certain et que, le plus ordinairement, l'enveloppe de gutta-percha se déchirait par l'explosion, détruisant l'isolement que la disposition ingénieuse de Savare s'efforçait de conserver.

Le lieutenant Mereau a proposé une disposition analogue, assez compliquée, mais sans faire usage du métal de Darcet. Nous nous bornerons à la citer.

La question de l'inflammation simultanée de plusieurs amorces sur un même circuit a été l'objet de nombreuses recherches de la Commission anglaise de 1856. Elle a reconnu qu'en faisant usage de l'appareil de Rhumkorf, il n'était pas possible d'obtenir l'inflammation de plus de 8 amorces. Elle constata qu'il y avait, dans tous les cas, avantage à adopter le système des petits circuits dérivés, proposés par le capitaine Savare, afin que l'explosion prématurée d'une amorce n'exposât pas à l'interruption absolue du circuit sur les suivantes.

On parvint à produire, dans un circuit de 550 mètres, l'inflammation de 12 et même de 25 amorces, au moyen de l'appareil de Wheatstone. Dans le premier cas, l'inflammation était sensiblement simultanée, tandis que, dans le second, on observait un certain intervalle entre les premières explosions et les dernières. Pour assurer l'inflammation simultanée d'un grand nombre de charges, la Commission conseille d'adopter la disposition indiquée par Verdu; le commutateur dont l'appareil est pourvu, permet de communiquer successivement, avec facilité et sans interruption sensible, le courant au fil de chaque groupe.

On a constaté, en Autriche, qu'il est possible d'enflammer simultanément, sur un circuit, 15 amorces au moyen de l'appareil de Markus de 1re grandeur; 8 amorces avec l'appareil de 2e grandeur, et 6 amorces avec l'appareil de 3e grandeur. Cet appareil à mouvement instantané ne pouvant être appliqué à un commutateur, le compassement des feux d'un plus ou moins grand nombre de fourneaux est limité par les dimensions de la machine.

Les appareils fondés sur l'emploi de l'amorce photo-électrique jouissent de propriétés remarquables pour l'inflammation des mines à de grandes distances. Ils ont été employés avec succès par les Russes à Sébastopol, pour faire sauter, après leur retraite, trente-cinq magasins à poudre, plusieurs batteries et le fort Saint-Paul. Le Redan fut épargné, parce qu'un sapeur découvrit et parvint à couper le câble qui le faisait communiquer au fort du Nord et devait le faire sauter en même temps que le bastion du Mât, le Carénage et le bastion Central. Un câble analogue communiquait de la caserne de Karabelnaïa au magasin à poudre de la tour Malakoff : un éclat de bombe, suivant les uns, un coup de pelle de sapeur, suivant les autres, le coupa également et sauva la colonne d'assaut. Il est évident que, pour enflammer les mines dans des cas semblables, au moyen d'amorces thermo-électriques, il faudrait recourir à des piles énormes.

Cependant, l'impossibilité de vérifier les amorces photo-électriques les rend en général très-inférieures aux autres. Ce n'est que par une fabrication très-soignée qu'on est parvenu à corriger ce défaut en Autriche ; l'uniformité de fabrication obtenue par un appareil mécanique, leur donne en quelque sorte des formes identiques.

Il est vrai qu'on a essayé, dans l'armée autrichienne, de les soumettre à unevérification analogueà celle des amorces thermo-électriques. On applique, à cet effet, aux conducteurs une petite pile qui permet de constater si aucun courant dérivé ne détruit l'isolement du fil, et si les pointes de l'amorce ne se sont pas rapprochées au contact; mais cette vérification négative expose à des erreurs réelles, dans le cas où l'isolement est resté parfait et où l'amorce est mise hors de service par un écartement des pointes trop considérable, pour que l'étincelle puisse se produire. Elle exige l'emploi d'un double fil et peut exposer à des appréciations erronées, lorsque le conducteur secondaire de la matière de l'allumeur de l'amorce est très-bon conducteur, par exemple, dans les amorces humides; ou bien encore exposer à des inflammations prématurées, comme il est arrivé en Amérique pour des amorces préparées à la plombagine.

On a essayé également, aux Etats-Unis, un procédé indiqué par Holmes et le capitaine Maury, pour la vérification des amorces submergées. Comme le précédent, il repose sur l'emploi d'un double conducteur et a pour but, l'amorce étant supposée bonne, de vérifier seulement si les fils ne sont pas coupés.

On interrompt la continuité du conducteur de retour près de l'amorce par un petit appareil isolateur, appelé *golfe,* et on rétablit cette continuité au moyen d'un petit fil de platine de $0^{m},0001$, en dehors de l'amorce, qu'on désigne sous le nom de *pont.* Si l'on introduit un courant galvanique dans ce circuit, il passe par le *pont* et peut même servir à transmettre des dépêches télégraphiques, ainsi qu'on l'a fait dans des dispositifs de mines sous-marines où les deux conducteurs aboutissaient à des stations différentes. Un courant d'induction, au contraire, chargé fortement en tension, éprouve dans le *pont* une résistance considérable et, cherchant son issue vers l'eau par le *golfe*, produit une étincelle capable d'enflammer l'amorce.

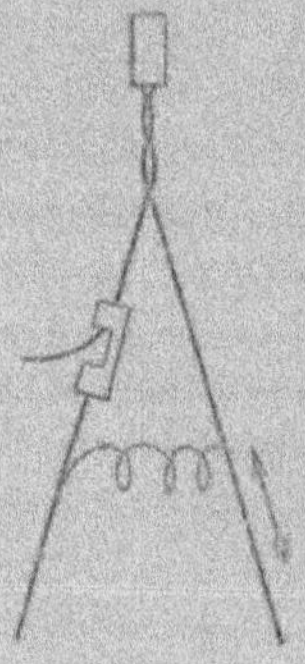

Diverses expériences de guerre démontrent les inconvénients que peut offrir l'imperfection de ces modes de vérification des amorces.

En 1866, le capitaine Pembrocke Jones avait établi au fort Fisher un système de mines enfouies de 30 pieds, qui devaient éclater sous les pieds des colonnes d'assaut, au moyen d'un appareil magnéto-électrique de Wheatstone, récemment importé en Amérique. Ces mines furent soumises à des vérifications continuelles, et cependant, au moment de l'assaut du 14 janvier 1867, par les troupes du général Terry, elles échouèrent, à la grande mystification des assiégés. On reconnut dans la suite que les fils, quoique enterrés à 5 pieds, avaient été la plupart coupés par les bombes lancées par la flotte, sans que l'isolement ait été détruit.

Un exemple plus remarquable encore mérite d'être cité : A l'attaque de Charleston, en 1863, une grosse mine sous-marine de 5,000 livres de poudre avait été mouillée dans le canal en face du fort Wagner, sur un point où l'on supposait que la flotte fédérale devait passer. Cette mine devait éclater au moyen d'un appareil d'Ebner. Le 7 avril 1863, le vaisseau-amiral *le New-Ironsides*, monté par l'amiral Dupont, vint se placer sur la mine. Il resta en observation pendant plus d'une heure, pour reconnaitre la place et se retira sans avaries, sans que l'équipage ait pu se douter du danger qu'il avait couru. Les assiégés avaient vainement essayé de mettre le feu à la mine, quoique depuis quatre mois, des épreuves journalières, faites pour vérifier son état, eussent toujours donné des résultats satisfaisants. On attribua le fait à la trahison ; le capitaine Gray, chargé de la surintendance des mines sous-marines de Charleston, fut arrêté et mis en prison, peu de temps après l'accident, mais plus tard on reconnut que cet insuccès n'était dû qu'à une décomposition de l'amorce.

L'extrême délicatesse des appareils destinés à produire l'électricité statique ou d'induction, constitue également un grave défaut des systèmes à amorces photo-électriques. Dans un rapport à l'Institut, le maréchal Vaillant disait de l'appareil Rhumkorf : « Il exige » pour sa réparation un artiste ; aussi il est bien peu probable » qu'un semblable appareil puisse subir les épreuves d'une cam-

» pagne. » Le même reproche peut encore être adressé aux appareils Wheatstone, d'Ebner et Markus, quoiqu'on ait pris la précaution d'abriter leurs détails contre les maladresses des soldats, au moyen d'enveloppes ne laissant passer que les organes essentiels.

Ces défauts nous paraissent assez graves pour obliger à restreindre l'usage de ces appareils. Ils ne semblent propres à rendre des services vraiment utiles que dans des cas exceptionnels, tels que la démolition des barrages des lagunes de Venise, en 1858, où l'on fit usage de mines enflammées au moyen des appareils de Rhumkorf, dont les navires étaient pourvus pour les signaux maritimes. Le lieutenant de vaisseau Trèves employa le même moyen pour détruire les forts du Peï-Ho. Il rend compte de cette opération dans une lettre écrite sur les lieux mêmes, le 9 octobre 1860 : « Les Chinois avaient con-
» struit, à l'embouchure du Peï-Ho, des forts véritablement
» puissants et dont nous occupions la moitié ; il a fallu détruire
» par la mine les deux autres grands forts, et c'est là que l'appa-
» reil de Rhumkorf a reçu sa première consécration en Chine.
» J'ai fait cette affaire de concert avec un de mes camarades,
» capitaine du génie ; lui a disposé les grands fourneaux, et moi
» les appareils électriques. L'explosion simultanée a été réussie
» autant qu'elle peut mathématiquement l'être ; la destruction
» est complète. Le tableau, au dire des spectateurs, a représenté
» une grande vague de terrain qui s'est affaissée en se déversant de
» tous côtés, avec très-peu de projections verticales. Les Anglais,
» qui n'avaient pas nos moyens d'explosion, ont eu beaucoup
» plus de peine. Le commandant supérieur, M. Bourgeois, est
» enchanté et a fait un rapport à l'amiral. Le peu de longueur
» de nos fils nous a obligés, le capitaine et moi, à construire, à
» 50 mètres de là, un petit abri où nous avons éprouvé tous
» deux un véritable tremblement de terre. J'ai été obligé aussi
» de ne me servir que d'un seul fil pour chaque fusée et, par con-
» séquent, du manipulateur à un seul contact. Succès complet ! »

Il existe, dans plusieurs pays, un engouement très-grand pour ce genre d'appareils, à cause de leur faible volume, de leur facilité de transport et de la possibilité de réduire les deux fils à un seul ; ils n'exigent ni liquides, ni matériaux fragiles comme ceux qu'on rencontre dans plusieurs piles ; mais, par contre, ils obligent à l'emploi de fils isolés. Cet engouement très-général s'explique par le caractère hautement scientifique que cette application présente, caractère séduisant dont on a peine à se défendre. Mais, dans les applications militaires, ainsi qu'on l'a souvent fait remarquer, le mieux est quelquefois l'ennemi du bien (1).

La question de l'appareil électro-moteur semble, du reste, devoir faire de grands progrès dans un avenir prochain. L'Exposition de 1867 a fait connaître un appareil mystérieux, désigné sous le nom de *machine de Holtz*, qui, comme source puissante d'électricité, paraît appelé à un grand avenir. « Vous prenez, dit » Figuier, une plaque de caoutchouc longue comme le pouce, » vous l'électrisez en la frottant avec la main, avec la manche » de votre habit ou une brosse de crin, et l'électricité de ce » mince fragment se trouve multipliée au point de faire partir, » du conducteur de la machine, des étincelles de 15 à 20 centi- » mètres, qui se succèdent d'une façon non interrompue, sans » que l'on ait besoin de renouveler la petite source d'électricité... » Mais par quels moyens s'opère cette transformation ? » Le célèbre physicien de Genève De la Rive considérait cette machine comme la merveille de l'Exposition.

V

Procédés mécaniques et électriques.

Pour achever cette étude, il nous reste à dire quelques mots sur les procédés mécaniques fondés sur l'électricité ; quoique abandonnés la plupart aujourd'hui, ils marquent en quelque sorte

---

(1) Il y a peu d'années, on considérait comme un progrès la substitution du fusil rayé au fusil lisse, à cause de son tir *plus parfait quoique moins rapide*. Depuis, on en est revenu à préférer avant tout la *rapidité* du tir. N'en sera-t-il pas de même pour ces appareils de mine perfectionnés?

les premiers pas dans la voie de l'application de cet agent, à l'inflammation des mines.

On sait que si l'on enveloppe un morceau de fer doux d'un fil conducteur, le courant galvanique qui parcourt ce fil développe dans le fer des propriétés magnétiques capables de produire des effets mécaniques, d'attirer, par exemple, avec une certaine violence une armature de fer. Le capitaine Savare, dans ses recherches pour appliquer l'électricité à l'inflammation des mines, a essayé d'utiliser cette propriété, en faisant agir l'électro-aimant sur la détente d'une batterie de fusil placée dans la boîte aux poudres. Les batteries que l'on peut imaginer pour utiliser cette application sont très-variées.

Dans les expériences de Cherbourg, en 1854, Du Moncel conseilla d'appliquer un appareil du même genre, pour mettre le feu au *foyer général* d'un système de saucissons compassés communiquant avec plusieurs fourneaux. Les progrès réalisés par Verdu et Rhumkorf le firent renoncer ensuite à l'emploi de ces moyens électro-pyrotechniques.

Le problème mécanique à résoudre dans l'application de l'électricité se présente encore sous une autre face. Lorsqu'on doit enflammer des fourneaux considérables, lorsque l'on fait sauter des rochers aux bords de la mer, par exemple, il est souvent nécessaire de se tenir à grande distance, pour éviter les projections, les éboulements de terrain ou les refoulements d'eau. Dans ce cas, il faut employer des conducteurs très-longs, ce qui entraîne à la nécessité de piles très-puissantes. Pour résoudre ce problème d'une manière économique, on a proposé de faire usage du conducteur de longueur moindre, en y appliquant un appareil mécanique supplémentaire capable d'établir à distance le contact avec la pile. L'un des conducteurs de la pile est plongé dans une cuvette à mercure ; l'autre est suspendu au-dessus de la cuvette au moyen d'une mèche lente dont la combustion s'opère dans un temps suffisant, pour qu'on puisse s'écarter à distance convenable. Lorsque la mèche est brûlée, le second conducteur retombe dans la cuvette et établit la continuité du circuit. Ce moyen a été employé avec succès en Angleterre.

A ce moyen on peut encore substituer un appareil très-simple : la traction sur une ficelle opère le rapprochement des fils dont les extrémités sont munies de plaques pour faciliter le contact. Du Moncel a obtenu un résultat analogue pour les mines monstres de Cherbourg, dont on devait rester éloigné de plus de 500 mètres, au moyen d'un commutateur électro-électrique. Une boite renfermant la bobine d'un électro-aimant était placée près du fourneau ; l'opérateur, au moyen d'une petite pile auxiliaire, développait dans la bobine le pouvoir électro-magnétique, qui, attirant l'armature de la bobine, établissait la continuité du circuit dans le courant principal. Il imagina même un appareil compliqué qui permit d'appliquer ce commutateur à l'inflammation simultanée de plusieurs mines.

Le professeur O'Shaugnessy a résolu le même problème en plongeant les deux conducteurs de la pile dans un vase de mercure qui, produisant une dérivation du courant, empêchait la communication du feu ; ce vase de mercure était muni d'un robinet dont on pouvait régler l'écoulement de manière à fournir un temps suffisant pour se retirer, avant que le mercure ne découvrît le fil et ne rétablît le circuit principal, capable de produire l'inflammation de l'amorce.

VI

Conclusion.

En résumé, nous croyons qu'il importe, dans les applications ordinaires, de se borner aux appareils les plus simples et en quelque sorte à la portée du soldat. Parmi ceux-ci nous n'hésitons pas à conseiller

Le gros saucisson,
Le cordeau porte-feu,
La pile de campagne (Dupont),
La pile intermittente (Barisien),

auxquelles on peut ajouter, pour le service des places,

La pile de Bunzen.

Dans la pratique, le progrès résulte avant tout de la simplicité.

« Tout ce qui est compliqué, dit Napoléon III, n'a jamais pro-
» duit de bons effets à la guerre, et les prôneurs de systèmes
» oublient toujours que le but du progrès doit être d'obtenir le
» plus grand effet possible avec le moins d'efforts et de dépense. »

L'idée de proscrire les appareils plus délicats est cependant loin de notre pensée, car ils pourront rendre des services utiles dans des cas exceptionnels, par exemple, dans les expériences dangereuses de l'artillerie, où l'utilité de la vérification des amorces est secondaire. Dans leur emploi, nous croyons seulement qu'il importe de se rappeler souvent la fable du célèbre comique de Kœnigsberg :

« Le charlatan, dans le *Mariage à la mode, d'Hogarth,* se sert
» d'une machine très-compliquée, bâtie avec d'ingénieux leviers,
» des poids, des culasses, etc., etc., pour tirer un bouchon
» de bouteille. Le bouchon s'élève à peine de l'épaisseur d'un
» cheveu que la machine est brisée en mille pièces. Certaines
» inventions ressemblent à cette machine. Avec la dépense de
» riches forces, avec de prodigieuses dispositions, au lieu de la
» simple opération que l'on a en vue de produire, on amène à
» détruire le tout sans retour. » (Hoffmann.)

Août 1868.

ANNEXES.

NOTE I.

L'application des lois de Ohm permet de résoudre avec facilité toutes les questions relatives à l'inflammation des mines, au moyen d'un courant galvanique. Les divers coefficients numériques nécessaires pour compléter les formules générales, ont été déterminés avec précision par le capitaine Barisien, dans une suite d'expériences exécutées à Arras, sous la direction du commandant Noché. Nous essayerons de résumer le remarquable mémoire du capitaine Barisien, publié dans le nº 17 du *Mémorial de l'officier du génie.*

Lorsque les pôles d'une pile en activité sont réunis par un fil conducteur, celui-ci est le siége d'un mouvement électrique complexe qu'on nomme *courant électrique.* L'existence de ce courant se décèle, soit par la déviation de l'aiguille d'un *galvanomètre,* soit par la décomposition de l'eau dans un *voltamètre.* Son intensité peut se mesurer par l'étendue plus ou moins grande de la déviation de l'aiguille, ou par le poids plus ou moins considérable d'hydrogène libre produit. L'expérience prouve qu'en tous les points d'un courant, l'intensité est constante, quelles que soient les parties diverses dont les conducteurs sont composés.

L'*intensité* du courant est d'autant plus grande que la *puissance électromotrice* de la pile est plus considérable et que la résistance au mouvement dans le circuit est moindre. Dans un circuit analogue à celui établi pour mettre le feu à une mine, cette résistance se compose :

1º De la *résistance dans les conducteurs,* que nous désignerons par r ;

2º De la *résistance dans le fil interpolaire,* que nous désignerons par r' ;

3º *De la résistance dans la pile* elle-même.

Si nous désignons par E la puissance électro-motrice d'un élément de la pile, par R la résistance propre de cet élément, l'intensité du courant produit par cet élément, agissant seul sur les conducteurs, peut être représentée par

$$I = \frac{E}{R + r + r'} \quad . \quad . \quad . \quad . \quad . \quad (A)$$

La réunion de plusieurs éléments constitue ce qu'on appelle une *batterie électrique*. Cette réunion peut s'opérer, soit en assemblant les éléments entre eux sur les pôles de mêmes noms, ce qui revient à augmenter la surface d'un seul élément, soit en réunissant les pôles de noms contraires. L'expérience prouve que les phénomènes produits présentent des différences remarquables dans les deux combinaisons. « Il faut, dit Lamé, une pile composée d'éléments » peu nombreux, mais à grande surface, pour produire l'incandescence des fils » métalliques; il est, au contraire, essentiel de multiplier davantage les éléments » de la pile, pour produire le phénomène lumineux observé au contact de deux » morceaux de charbon. » Dans le premier cas, la batterie est dite *chargée en quantité;* dans le second cas, elle est *chargée en tension*. L'équation précédente nous permet de déterminer l'intensité du courant dans ces deux espèces de batteries.

Dans une pile de n éléments *chargée en tension*, c'est-à-dire dont les éléments sont réunis par les pôles de noms contraires, l'intensité produite par chaque élément agissant isolément est toujours représentée par (A); mais si on les réunit entre eux, la résistance R se trouve augmentée par le passage au travers des $(n\text{-}1)$ éléments ajoutés et devient n R; par conséquent, l'intensité produite par un élément de la pile devient

$$I = \frac{E}{n\,R + r + r'}$$

et l'intensité totale des n éléments sera

$$I' = n\,I = \frac{n\,E}{n\,R + r + r'} \quad . \; . \; . \; . \; . \; (B)$$

Si, au contraire, la pile est *chargée en quantité*, c'est-à-dire tous les éléments réunis par les pôles de même nom, le pouvoir électro-moteur est augmenté proportionnellement au nombre d'éléments et devient n E, en même temps que la quantité d'électricité n fois plus considérable éprouve dans le circuit une résistance n fois plus forte ou $n\,(r + r')$, d'où résulte que l'intensité de la pile sera

$$I'' = \frac{n\,E}{R + n\,(r + r')} \quad . \; . \; . \; . \; . \; (C).$$

Des expériences nombreuses ont démontré qu'en appliquant à une pile des conducteurs de longueur, de section et de conductibilité différentes, l'intensité du courant varie :

1° En raison inverse de la longueur du circuit l;

2° En raison directe de sa section s (dans le cas où le conducteur est cylindrique de diamètre d, $s = \frac{\pi}{4}\,d^2$);

3° En raison directe de la conductibilité c du métal du fil. On peut donc poser :

$$I = Q\,\frac{cs}{l}$$

Supposons la pile réduite à un seul élément de conductibilité parfaite, ce qui revient à faire dans l'équation (A), $R = o$; supprimons en outre le fil interpolaire, $r' = o$, ; on trouvera

$$I = \frac{E}{r}.$$

Comparant cette expression à la précédente, on en déduit

$$r = \frac{E}{Q} \frac{l}{cs}.$$

Si l'on adopte pour unité de mesure de la résistance, celle qui se produit dans un fil de cuivre rouge de 0^m, 0024 de diamètre (en usage dans l'armée française), il résulte de cette équation que la résistance dans une longueur l de ce *fil type*, sera représentée par

$$r = l.$$

Dans un fil de longueur l', de section s' et de conductibilité c', la résistance sera évidemment équivalente à celle qui se produirait dans une longueur λ de fil type, pourvu que l'on ait

$$\frac{l'}{c's'} = \frac{\lambda}{cs}$$

$$\lambda = \frac{cs}{c's'} l'.$$

Cette longueur λ représente ce que l'on appelle la *longueur réduite* du fil. La résistance pour ce nouveau fil sera encore représentée par

$$r = \lambda.$$

En supposant la section et le diamètre du fil exprimés en millimètres, on sait que

$$s = \frac{\pi}{4} (2,4)^2 = 4,52$$

$$s' = \frac{\pi}{4} d'^2 = 0,79\, d'^2$$

donc

$$\frac{s}{s'} = \frac{4.52}{s'} = \frac{5.76}{d'^2}.$$

L'expérience donne, pour la conductibilité des diverses matières, les rapports suivants :

Cuivre pur . . . . $c = 1.000$
Argent pur . . . . $c = 1.049$

Or	c =	0,722
Zinc	c =	0,271
Fer.	c =	0,177
Platine.	c =	0,140
Mercure	c =	0,020
Sulfate de cuivre saturé	c =	0,000 000 061
Eau distillée	c =	0,000 000 000 14.

D'où résulte que la *longueur réduite* d'un fil quelconque pourra être exprimée par

$$\lambda = 4.52 \frac{l}{cs} = 5.76 \frac{l}{cd^2} \quad . \; . \; . \; . \; . \; (D).$$

Par analogie, la résistance R d'un élément de pile pourra être représentée par une *longueur réduite* L qui variera nécessairement à la nature de cet élément

$$R = L.$$

En substituant ces valeurs dans les équations (A), (B), (C), on trouve :

$$I = \frac{E}{L + \lambda + \lambda'} \quad . \; . \; . \; . \; . \; (A')$$

$$I' = \frac{n\,E}{n\,L + \lambda + \lambda'} \quad . \; . \; . \; . \; . \; (B')$$

$$I'' = \frac{n\,E}{L + n\,(\lambda + \lambda')} \quad . \; . \; . \; . \; . \; (C').$$

L'inflammabilité de l'amorce dépend de sa nature, c'est-à-dire du pouvoir thermo-électrique du *fil d'amorce* ou fil interpolaire et de la combustibilité de l'*allumeur* ou matière inflammable de l'amorce ; elle dépend aussi de la puissance électro-motrice de la pile et de l'intensité du courant produit.

Les deux derniers éléments sont seuls variables ; si l'on a adopté une amorce type, on peut donc admettre que, pour enflammer cette amorce, il faut que le rapport $\frac{I}{E}$ ait une valeur déterminée $\frac{1}{K} = \frac{I}{E}$.

Supposons, par exemple, que l'on ait constaté qu'un seul élément d'une pile peut enflammer une amorce dans un circuit de longueur réduite λ, l'équation (A') donnera la valeur de K

$$K = L + \lambda + \lambda' \quad . \; . \; . \; . \; . \; . \; . \; (E),$$

qu'il sera facile de calculer dès que l'on connaîtra la valeur de L, λ, et λ'.

Pour déterminer la valeur de L correspondante à un élément de Bunzen (système Archereau), le capitaine Barisien a opéré comme suit : Dans un circuit formé d'un fil type de longueur l (sans fil interpolaire), enroulé en partie autour d'un galvanomètre, il a introduit un premier élément de pile et constaté la déviation de l'aiguille aimantée correspondant à l'intensité

$$I = \frac{E}{L + l};$$

puis il a remplacé cet élément par un second, dont la quantité de liquide a été fixée de manière à produire exactement la même intensité. Ces deux éléments étant ainsi réglés, ont été réunis par les pôles de même nom et placés dans le circuit ; ils ont alors produit une intensité (C')

$$I' = \frac{2\,E}{L + 2\,l} = \frac{E}{\frac{L}{2} + l}$$

supérieure à celle d'un seul élément, mais que l'on a pu réduire par l'adjonction d'une certaine quantité du fil type dans le circuit. En recoupant successivement ce fil supplémentaire, il a été facile de ramener la déviation de l'aiguille du galvanomètre à l'écart constaté dans la dernière expérience. En désignant par ι la longueur du fil supplémentaire correspondant à cet écart, on avait alors pour expression de l'intensité

$$I'' = \frac{E}{\frac{L}{2} + l + \iota}$$

qui étant égalée à celle ci-dessus, fournissait la valeur de L

$$L = 2\,\iota.$$

L'expérience a donné en moyenne :

1° Grand modèle Bunzen—Archereau . . . . $L = 30^m$
2° Petit modèle idem . . . . $L = 90^m$

La longueur réduite du fil interpolaire de platine en usage dans l'armée française λ, peut se déduire du calcul, par la formule (D), si l'on pose $c = 0{,}140$, $d = 0^{mm},14$ et $l = 0^m,01$:

$$\lambda' = 5.76\ \frac{0.01}{0.14 \times (0.14)^2} = 20^m,9.$$

Le capitaine Barisien a cherché à déterminer également cette valeur par des expériences directes. Il a mesuré la déviation de l'aiguille aimantée sous l'action d'un circuit de fil type de longueur l (sans fil interpolaire) et d'un élément de pile correspondant à une intensité

$$I = \frac{E}{L + l};$$

dans le même circuit, il a introduit un fil interpolaire semblable à celui de l'amorce, ce qui a réduit l'intensité à

$$I = \frac{E}{L + l + \lambda'};$$

puis en recoupant successivement le fil type, il a été facile de ramener la déviation de l'aiguille à son écart primitif. En désignant par ι la longueur du fil coupé, l'intensité dans ce dernier cas peut être exprimée par :

$$I = \frac{E}{L + l - \iota + \lambda'}.$$

Étant égale à la précédente, elle fournissait le moyen de calculer λ' par la relation

$$\lambda' = \iota.$$

L'expérience a donné $\lambda' = 14^m,7$, valeur un peu différente de celle ci-dessus et qui paraît indiquer qu'il faut adopter dans le calcul $c = 0.2$, au lieu de la valeur généralement admise par les physiciens $c = 0.14$. Cette anomalie se justifie parfaitement, car on sait que la conductibilité du métal varie avec sa température et que plus un métal s'échauffe, moins sa conductibilité est grande. D'après cette observation, le capitaine Barisien a reconnu la nécessité de déterminer par des expériences directes les valeurs de λ', pour les diverses températures auxquelles pouvait être porté le fil interpolaire. Ces expériences ont fourni les résultats suivants :

$\lambda' = 20^m$ à la température ordinaire.

$\lambda' = 60^m$ quand le fil ne manifeste à la vue aucune trace d'échauffement et met le feu au pyroxyle.

$\lambda' = 80^m$ quand le fil commence à rougir et met le feu au pulvérin, au bout de trois à quatre secondes.

$\lambda' = 100^m$ quand le fil est au rouge presque blanc et met le feu instantanément au pulvérin.

$\lambda' = 120^m$ quand le fil est au rouge blanc.

Il résulte de ces données, qu'il convient d'adopter :

1° Pour les amorces au pulvérin . . . . $\lambda' = 100^m$
2° Pour les amorces au pyroxyle . . . . $\lambda' = 60^m$

Enfin, par des expériences directes, on a encore cherché, dans un circuit formé par un élément de pile, un fil conducteur type et une amorce, la longueur maximum l dans laquelle le feu pouvait être communiqué avec certitude à l'amorce, et l'on a trouvé :

1° Pile de grand modèle — amorce au pulvérin. . $l = 50^m$.
2° id. — amorce au pyroxyle. . $l = 170^m$.
3° Pile de petit modèle — id. . . $l = 110^m$.

Substituant ces diverses quantités dans l'équation (E), on trouve enfin :

1° Pile de grand modèle. — Amorce au pulvérin :

$$\left.\begin{array}{l} L = 30 \\ \lambda' = 100 \\ l = 50 \end{array}\right\} K = 180;$$

2° Pile de grand modèle. — Amorce au pyroxyle :

$$\left.\begin{array}{l} L = 30 \\ \lambda' = 60 \\ l = 170 \end{array}\right\} K = 260;$$

3° Pile de petit modèle. — Amorce au pyroxyle :

$$\left.\begin{array}{l} L = 90 \\ \lambda' = 60 \\ l = 110 \end{array}\right\} K = 260.$$

Ces valeurs de L, λ' et *k* introduite dans les équations (B') et (C') donnent les formules suivantes, qui permettront de résoudre les divers problèmes que l'on peut se poser sur les piles chargées *en tension* et *en quantité*.

$$L + \frac{\lambda + \lambda'}{n} = K \quad . \quad . \quad . \quad . \quad . \quad (B'')$$

$$\frac{L}{n} + \lambda + \lambda' = K \quad . \quad . \quad . \quad . \quad . \quad (C'').$$

Par exemple :

1° Déterminer la longueur du circuit λ dans lequel une pile déterminée de *n* éléments pourra mettre le feu à l'amorce?

2° Déterminer le nombre d'éléments *n* qu'il faudra pour enflammer une amorce dans un circuit de longueur connue?

NOTE II.

La formule (D) nous permet d'exprimer la *longueur réduite* du *courant tellurique,* mais malheureusement les valeurs de *l* et de *s* sont difficiles à déterminer. Celle de *c* peut être comparée à la valeur correspondante à l'eau $c = 0,00000000014$.

Matteucci a fait remarquer que quelque petit que soit *c*, la valeur de *cs* n'en a pas moins une valeur très-comparable à *l* et que, par conséquent, la valeur de λ n'a pas en réalité une valeur aussi grande que paraît l'indiquer l'équation. Ce fait confirmerait donc l'opinion de Feschner, qu'*à partir de certaine limite, la résistance du courant tellurique est constante*. En opérant suivant la méthode du capitaine Barisien, il ne serait, par conséquent, pas impossible de déterminer la valeur de λ.

NOTE III.

Les deux expressions (B') et (C') nous permettent de calculer la différence d'intensité des piles chargées en tension et en quantité.

$$I' - I'' = \frac{n \,E\, (n-1)\,(l + \lambda' - L)}{(n\,L + l + \lambda')\,(L + n\,l + n\,l')}.$$

D'où résulte que le chargement en tension devra être préféré aussi longtemps que

$$l > L - \lambda'.$$

Dans le cas de la pile Archereau adoptée en France, cette équation devient :

1° Grand modèle. — Amorce au pulvérin . . . . . $l > -70$
2° Id. — Amorce au pyroxyle . . . . . $l > -30$
3° Petit modèle. — Id. . . . . . $l > +30.$

D'où résulte que le chargement *en quantité* ne peut être utilement employé que dans le cas fort rare où l'on fait usage de la pile de petit modèle et où la portée de l'amorce devrait être inférieure à 15 mètres.

NOTE IV.

La théorie nous permet d'apprécier l'influence exercée sur l'intensité par une série de circuits dérivés, établis à l'extrémité de deux *conducteurs maîtres*. Désignons par L la résistance réduite de la pile, λ la résistance réduite des fils maîtres et λ_1, λ_2, λ_3... la résistance réduite de chacun des dérivés. Sans altérer l'intensité du courant, on pourra remplacer chacun de ces fils dérivés par un fil d'*une unité de longueur* et de sections s_1, s_2, s_3... (s étant la section du fil type), pourvu que l'on ait :

$$\frac{1}{s_1} = \frac{\lambda_1}{s}, \quad \frac{1}{s_2} = \frac{\lambda_2}{s}, \quad \frac{1}{s_3} = \frac{\lambda_3}{s}, \quad \ldots\ldots$$

Le courant parcourra avec autant de facilité ces fils soudés ensemble, de manière à former un fil unique de section $S = \Sigma s_1$ et d'une unité de longueur, que s'ils restaient isolés. La longueur réduite de ce fil unique serait alors $\lambda' = \frac{s}{S}$ et, par conséquent, l'intensité totale des courants dans les fils maîtres pourra être représentée par

$$I = \frac{E}{L + \lambda + \lambda'}.$$

On admet que les intensités du courant I_1, I_2, I_3,... sur chacun des fils dérivés sont proportionnelles à leurs sections, c'est-à-dire pour $\Sigma I_1 = I$,

$$I_1 = I \frac{s_1}{S},\ I_2 = I \frac{s_2}{S},\ I_3 = I \frac{s_3}{S} \ldots\ldots$$

Le plus ordinairement, les fils maîtres et les dérivés ont une section uniforme et, de plus, la longueur de tous les fils dérivés est la même. Dans ce cas, en désignant N le nombre de ces circuits dérivés, les formules ci-dessus deviennent :

$$S = Ns_1 = \frac{Ns}{\lambda_1},\ \lambda' = \frac{\lambda_1}{N}$$

$$I = \frac{NE}{NL + N\lambda + \lambda_1}$$

$$I_1 = I_2 = I_3 = \ldots\ldots = \frac{I}{N}.$$

Si nous désignons par l la longueur du circuit dans lequel on peut enflammer une amorce au moyen d'une pile de forme déterminée produisant, par conséquent, une intensité de courant $\frac{E}{L + l}$, il est évident que la même pile pourra enflammer n amorces disposées sur des circuits dérivés d'une longueur totale $\lambda + \lambda_1$, pourvu que l'on ait

$$I_1 = \frac{E}{L + l} = \frac{I}{N},\ L + l = \frac{NE}{I},$$

$$L + l = NL + N\lambda + \lambda_1$$

$$\lambda + \lambda_1 = l - (N - 1)(L + \lambda).$$

Cette équation permettra donc de déterminer la portée d'une amorce disposée dans un système analogue à celui du lieutenant Larcum.

Il résulte de cette formule que la portée de l'amorce sera d'autant plus considérable que la longueur du conducteur maître λ sera moindre ; la plus grande portée correspond à $\lambda = o$. D'où l'on conclut que le système qui consiste à greffer les conducteurs dérivés directement sur la pile sans interposition de conducteurs maîtres, tel que celui qui fut employé à Spithead, doit être préféré dans tous les cas. L'emploi des conducteurs maîtres ne peut avoir d'autre avantage que de ménager la longueur des conducteurs à employer.

Dans la pratique, ces formules peuvent être simplifiées :

1° Si tous les fils dérivés sont directement en communication avec les pôles de la pile $\lambda = o$, on trouve

$$\lambda_1 = l + L - NL.$$

2° Si les conducteurs dérivés sont greffés sur des conducteurs maîtres, en général on ne donne à ces dérivés que peu de longueur et on peut admettre $\lambda_1 = o$, d'où

$$\lambda = \frac{L + l}{N} - L.$$

Application. — L'expérience donne pour la pile Barisien et l'amorce française $= 1000^m$, $L = 60^m$, d'où l'on déduit

$$\lambda_1 = 1060 - 60\ N$$
$$\lambda = \frac{1060}{N} - 60.$$

FIN.

TABLE.

ERRATA.

Page 18, *dans la note, au lieu de* Baxton-Bragg, *lisez* Buell.

www.ingramcontent.com/pod-product-compliance
Ingram Content Group UK Ltd.
Pitfield, Milton Keynes, MK11 3LW, UK
UKHW020550180726
13838UKWH00001B/161

9 782329 257716